Preleção sobre o Livro de Jó

O Homem Carnal, e o Homem Espiritual I

Preleção sobre o Livro de Jó

O Homem Carnal, e o Homem Espiritual I

Dr. Jaerock Lee

O Homem Carnal e o Homem Espiritual I escrito
por Rev. Jaerock Lee
Publicado pela Livros Urim (Representante: Kyungtae Noh)
73, Yeouidaebang-ro 22-gil, Dongjak-gu, Seul, Coréia
www.urimbooks.com

Todos os direitos reservados. Este livro ou partes dele não podem ser reproduzidos, armazenados ou introduzidos em um sistema de recuperação, nem transmitidos de nenhuma forma ou por nenhum meio (eletrônico, mecânico, fotocópia, gravação ou outro), para nenhuma finalidade, sem a prévia permissão expressa e por escrito da editora.

A menos que se tenha feito observação específica, todas as citações das Escrituras foram retiradas da Bíblia Sagrada, Nova Versão Internacional (NVI) ®, Copyright ©. Usado sob permissão.

Copyright © 2016 por Rev. Jaerock Lee
ISBN: 979-11-263-0075-4 04230
ISBN: 979-11-263-0074-7 (set)
Translation Copyright © 2009 por Dr. Esther K. Chung. Usado sob permissão.

Publicado anteriormente em coreano pela *Imprensa Cristã (Christian Press)*, em 2006

Primeira Publicação em março de 2016

Editado por Eunmi Lee
Design de Editorial da Livros Urim
Para mais informações, entre contato: urimbook@hotmail.com

Abrindo a Porta do Livro de Jó

O Velho Testamento é basicamente dividido entre a Torá, o Neviim e o Ketuvim. A Torá é o conjunto dos Cinco Livros de Moisés que abordam leis e outros ensinamentos. O Neevim é o conjunto dos livros dos profetas e o Ketuvim, a sabedoria do antigo Israel.

O Livro de Jó pertence ao Ketuvim. Ele fala sobre os sofrimentos de um homem, a providência de Deus e a fé de Jó. O nome "Jó" pode significar 'homem que volta', ou 'homem que chora' – o significado exato não é conhecido.

Jó viveu em Uz, algum lugar perto dos limites do Iraque e da Arábia Saudita. Alguns estudiosos acham que Jó é um personagem fictício de uma obra literária. Entretanto, ele realmente existiu e a Bíblia nos faz saber sobre o lugar onde ele nasceu, quantos filhos teve e tudo aquilo que possuiu detalhadamente.

Ezequiel, Noé e Daniel foram todos homens da história, e a Bíblia nos diz que Jó também foi um (Ezequiel 14:14, 20). Tiago, no Novo Testamento, também fala sobre a perseverança de Jó (Tiago 5:11).

O Livro de Jó contém muitas palavras hebraicas que não podem ser encontradas em outros livros do Antigo Testamento. Além disso, ele abrange vários assuntos como astrologia, geografia, zoologia, oceanografia, mineração, viagens e leis com profundidade e vasto conhecimento. É verdadeiramente uma obra-prima da literatura mundial.

Prólogo

Um Livro de Sabedoria que lhe Fornece Respostas Claras a Questões Comuns da Vida Conduzindo-lhe a um Caminho Bem Sucedido

O Livro de Jó é um dos livros mais difíceis da Bíblia. Geralmente, as pessoas pensam em Jó como um homem justo e íntegro; que foi provado por Deus sem nenhum motivo; que não se queixou, passou por todas as provas e, no fim, recebeu o dobro de todas as bênçãos que havia perdido. Entretanto, com essa rasa interpretação, não podemos obter as respostas para as perguntas que surgem neste livro.

Tudo o que eu queria era entender a palavra de Deus corretamente e viver de acordo com ela. Desde quando aceitei Jesus, comecei a orar a Deus pedindo-Lhe que me explicasse a Bíblia de forma detalhada. Com muito jejum e oração por sete anos, Deus finalmente respondeu minha oração. Com a inspiração do Espírito Santo, Ele primeiro me fez entender as passagens difíceis da Bíblia, e eu então pude compreender o profundo significado espiritual que cada versículo possui.

O Livro de Jó examina cuidadosamente o coração dos homens e fala sobre a maldade e a verdadeira natureza que possuímos nas profundezas dos nossos corações, fazendo, assim, com que saibamos quem somos. Mais importante, através deste livro, podemos descobrir se somos homens carnais ou espirituais; e ele nos ensina como nos tornar homens espirituais. 'Carne' significa algo que pode mudar, inverdade e escuridão; enquanto 'espírito' significa verdade, imutabilidade, coisas eternas e mundo de luz.

Em dezembro de 1986, comecei a pregar o que o Senhor me ensinou sobre o Livro de Jó nas vigílias de sexta; e assim foi por seis anos – até 11 de dezembro de 1992. Enquanto pregava sobre o Livro de Jó, muitos membros da igreja se viram através da palavra e tentaram quebrar seu ego, transformando-se em pessoas de verdade, e não inverdade.

O Livro de Jó trata da importância das palavras positivas assim como da política das interações sociais adequadas e bem sucedidas. No entanto, o significado espiritual desse livro é tão profundo que só conseguimos entendê-lo completamente com a inspiração do Espírito Santo. Ele abrange uma série de coisas conectadas a vários problemas da vida e detalha de forma extensa o fluxo de regras espirituais entre Deus, o homem e Satanás. O Livro de Jó descreve a maneira para se receber bênçãos e como e por que Satanás é capaz de acusar os homens.

Deus fez com que tudo em relação a como Ele trabalha em nossas vidas fosse registrado através de Jó, para que pudéssemos identificar e solucionar nossos problemas. Ele fez com que as conversas entre Jó e seus amigos fossem também registradas para que houvesse verdade e inverdade presentes no livro. Podemos discerni-las e determinar se são realmente corretas ou não, quando refletimos sobre elas com a palavra de Deus.

Se entendermos o Livro de Jó, poderemos adquirir sabedoria e força para superar qualquer tipo de provação ou problema nesta vida.

Agradeço à poetisa Eunmi Lee, que editou os scripts para a publicação desta obra – *Preleção sobre o Livro de Jó: O Homem Carnal e o Homem Espiritual*. Também agradeço à Christian Press por publicá-lo. Sobretudo, agradeço ao Pai e dou toda glória a Ele, que nos abençoou para que isso tudo acontecesse.

Que todos os leitores deste livro possam ter uma esperança ainda maior pelo reino dos céus, que tudo vá bem com eles, que suas almas possam prosperar e que eles possam desfrutar de uma boa saúde. Em nome do Senhor Jesus Cristo, eu oro!

Jaerock Lee

Revisão Literária

Mi visión espiritual fue abierta
por medio de la interpretación espiritual,
y fui capturada por la literatura
y arte de este libro.

Jó é um símbolo daqueles que sofrem. É claro, entretanto, que seu sofrimento não pode equiparar-se com o de Jesus. Mas ter de raspar suas feridas com um caco de louça é um exemplo do 'sofrimento humano.'

Preleção sobre o Livro de Jó: O Homem Carnal e o Homem Espiritual escrita pelo Dr. Jaerock Lee deu-me uma interpretação teológica completamente nova, que anulou tudo que entendia sobre Jó.

Antes eu só sabia que Jó era um homem justo que repreendeu sua mulher quando ela disse: *"Amaldiçoe seu Deus e morra"* (Jó 2:9-10). Ele não amaldiçoou a Deus, mas superou a dor da morte e recebeu o dobro das bênçãos que antes havia possuído. Seus amigos só lhe traziam mais sofrimento.

Quando eu era jovem, certa vez escrevi uma peça bíblica sobre Jó em minha igreja. Ela falava apenas de Jó e seus três amigos. Contudo, a *Preleção sobre o Livro de Jó: O Homem Carnal e o Homem Espiritual*, escrita pelo Dr. Jaerock Lee me sacudiu. Ela abriu meus olhos espirituais ao citar várias passagens do Novo e de Velho Testamentos e ao fazer comparações claras com situações da vida real.

Entristeci-me ao perceber que Jó poderia ter simplesmente ficado calado quando seus amigos estavam tentando lhe dar uma lição e reconhecido seus erros e iniqüidades. Se alguém tivesse realmente ensinado corretamente a Jó será que ele chegaria ao ponto de dar desculpas ilógicas e murmurar tanto contra Deus?
Mas como o Livro de Jó e o Livro do Apocalipse são os Livros da Bíblia mais difíceis de ser compreendidos, pois cada pessoa pode ter várias interpretações. Assim, quando o Rev. Jaerock Lee disse: "O Livro de Jó é escrito do ponto de vista da fé de Jó, e assim, nem tudo escrito ali é verdade. As idéias errôneas de Jó também são expressas", ele foi muito feliz.

Então eu tinha uma pergunta. O sofrimento vem quando o homem peca? Ou será ele uma chicotada de Deus?
Considerando o conselho de Elifaz, podemos achar que doenças e sofrimentos são causados pelo pecado do homem. E o Rev. Jaerock Lee também dá uma resposta muito clara a essa pergunta – é a arrogância de Elifaz que condena Jó.
Mesmo quando dizemos algo certo, temos de dizê-lo da maneira apropriada, de acordo com a palavra de Deus, que é a verdade. Percebi que realmente não devemos falar as palavras certas apenas com o nosso mero conhecimento.
Mais uma vez pude perceber através desse Livro que não há

ninguém que pode julgar crentes neste mundo, mas apenas Jesus Cristo, que pode nos dar a vida e também o julgamento.

    Tentei entender o que os assuntos abordados na Preleção sobre Jó realmente significam, comparando-os com a Bíblia. Graças às detalhadas e apropriadas explicações sobre cada versículo, pude compreender até os mais complicados, aplicando-os diretamente à minha vida através deste livro. Mais uma vez fui capturado pela literatura e habilidade artística do Livro de Jó. Pude perceber por que a Bíblia é um dos livros mais vendidos do mundo.

    Gostaria de recomendar este livro a todos os cristãos hoje vivos, a qualquer que crê que sofrimentos são bênçãos e a quem nunca se queixa de Deus quando afligido por algo.

Março de 2007
Yoorim Han (Escritor de uma emissora de TV coreana)

Recomendação

Uma das últimas obras-primas sobre as Preleções sobre o Livro de Jó

O Dr. Jaerock Lee, Pastor Presidente da Igreja Central Manmin, para ser um dos pastores mais felizes do mundo, pois além de ter levantado uma das maiores igrejas do mundo, ganhou o favor e o reconhecimento absoluto de seus membros.

Já curou inúmeras pessoas dentro e fora de casa pelo poder de Deus e guiou-as a Ele, e ainda existem outras incontáveis que sofrem atualmente de alguma dor ou doença ansiando para receber sua oração.

Mas há algo que não podemos deixar de observar. A cura através da oração não é o principal objetivo de seu ministério. Seu alvo é fazer com que aqueles que foram e são curados por suas orações obtenham a salvação de suas almas e possuam esperança pelo céu. O ministério de cura é um dos meios para se alcançar o objetivo final.

Nosso Senhor Jesus passou a maior parte de Seu ministério público, que foi considerado precioso como o ouro, executando o ministério da cura dos enfermos. Mas então será que o alvo principal do Senhor era fazer com que as pessoas recuperassem sua saúde? De forma alguma! A razão pela qual Ele executou obras do poder de Deus foi para que as pessoas O conhecessem, O louvassem e alcançassem a salvação. Da mesma maneira, o ministério de cura do Dr. Jaerock Lee é para que muitos possam entrar no precioso reino dos céus.

Preleção sobre o Livro de Jó: O Homem Carnal e o Homem Espiritual analisa toda a vida de Jó, incluindo suas doenças físicas, sofrimentos e recuperação, e nos apresenta um modo novo e espiritual de ver Jó, que redescobriu Deus e abriu seus olhos para a esperança pelo céu.

O modo como muitas pessoas veem a história de Jó é o seguinte: Jó era um homem justo do leste e servia a Deus fielmente. Certo dia ele começou a passar por provações e doenças por causa de acusações sem sentido de Satanás, mas como foi paciente até o fim e não se queixou de Deus, Deus fez com que tudo lhe fosse restaurado e suas bênçãos voltaram em dobro. Em conclusão, Jó continuou sendo justo enquanto sofria, mas seus amigos acabaram sendo injustos por o julgarem e condenarem.

Agora, com este livro *Preleção sobre o Livro de Jó: O Homem Carnal e o Homem Espiritual*, o Dr. Jaerock Lee mudou completamente a compreensão superficial que normalmente se tem do Livro de Jó. Jó foi considerado íntegro e justo, mas na realidade ele não tinha um entendimento correto do céu e nem certeza da justiça de Deus, pois sua fé era carnal. É verdade que ele fez tudo o que pôde para fazer obras perfeitas, mas podem-se encontrar evidências de que ele não circuncidou seu coração. Além disso, os versículos que dizem que ele tinha medo de perder suas riquezas e tudo que tinha na terra provam que lhe faltavam fé e confiança em Deus.

Quando sua fé desmoronou diante de rígidas provações e tribulações, ele finalmente liberou toda a raiva, reclamações e maldade que estavam escondidas nas profundezas de seu coração e tudo foi revelado. Com o período de tribulações e provações, ele se tornou uma pessoa com fé espiritual.

Através deste drama magnífico sobre o Livro de Jó, eu entendi que o alvo principal do ministério de cura física e espiritual do Dr. Jaerock Lee, que ele tanto sonha, é guiar o máximo de pessoas possível para o reino dos céus.

Esta obra *Preleção sobre o Livro de Jó: O Homem Carnal e o Homem Espiritual* não está separada de suas outras obras *A Medida da Fé*, *A Mensagem da Cruz*, *Céu* e *Inferno*, pois a linda história da remição da humanidade por Deus vem como um arco-íris atrás de doenças, provações, tribulações, cura e recuperação de Jó. Vemos que aqui está implícito o ponto central do Dr. Jaerock Lee, Pastor Presidente da Igreja Central Manmin. Ele não tem se cansado de revelar os segredos do reino dos céus e encorajar as pessoas a tomá-lo à força. Seu alvo não está em fazer com que o manco jogue fora suas muletas, mas sim que marche com pernas fortes corajosamente para frente, em direção ao céu.

    Ouvi dizer que o Dr. Lee, quando jovem, também já sofreu várias doenças e teve até o apelido de "Loja de Departamento de Doenças." Então ele conheceu o Deus Vivo, foi completamente curado de todos os males que sofria, e desde então tem se dedicado ao reino do Senhor com o coração em chamas. Como ele já sofreu dores intensas e já emitiu intensos gemidos por causa de seus problemas físicos, ele trata os sofrimentos de Jó de forma mais real na obra *Preleção sobre o Livro de Jó*. A glória dos céus que Jó viu depois de ser curado parece ainda maior neste livro.

    A mensagem transmitida pelos livros do Dr. Jaerock Lee é tão simples e forte como suas pregações; e como seu livro é baseado em suas próprias experiências, as emoções e impressões acabam durando mais. Sua pregação é carismática e pessoalmente ele passa a impressão de uma pessoa realmente gentil e mansa. Com sua própria vida ele pôde obter humildade e amor, o bastante para não tratar nem as menores crianças com descuido ou desdém.

    Creio, inclusive, que essa seja a razão de os membros da Manmin o amarem tanto.

    Estou muito feliz com esta obra poderosa, que pode despertar muitas pessoas de seu sono espiritual, e desejo dividir essa alegria com o maior número de cristãos possível, estejam eles dentro ou fora de casa.

Byung Jong Kim
(Ph.D. & Prof. na Universidade Nacional de Seul)

Abrindo a Porta do Livro de Jó
Prólogo
Revisão Literária
Recomendação

Capítulo 1 **Jó era Íntegro e Justo · 1**
1. Jó era Íntegro em Suas Obras
2. A Origem de Satanás
3. Satanás Acusa de acordo com as Leis do Mundo Espiritual
4. Jó Passa pelo Primeiro Teste de Satanás

Capítulo 2 **Jó Queixa-se de Deus · 19**
1. A Segunda Prova de Satanás
2. Jó Acha que Deus Dá Bençãos e Maldições sem Motivos
3. O Aparecimento dos Três Amigos de Jó

Capítulo 3 **A Indignação e Lamentação de Jó · 29**
1. Jó Amaldiçoa o Dia de seu Nascimento
2. Jó Ofereceu um Sacrifício Carnal

Capítulo 4 **Elifaz – A Refutação do Temanita · 41**
1. Elifaz Condena Jó como um Homem Mal
2. O Status Espiritual e Orgulho de Elifaz

Capítulo 5 **A Raiva e a Inveja dos Homens Tolos · 55**
1. Com Arrogância Espiritual Elifaz Discute Erroneamente a Palavra de Deus
2. A Diferença entre o Ponto de Vista Carnal e o Ponto de Vista Espiritual
3. Palavras e Ações Diferentes de Elifaz

Capítulo 6 **O Debate de Jó · 71**

1. Jó Expressa Seus Sentimentos com Sarcasmo Distorcido
2. Jó Não Entende Bem que Deus é um Deus Temeroso
3. Jó Desaponta Deus com Suas Palavras
4. Jó Fica Mais Fraco
5. O Amor Carnal Muda
6. Não Vamos Discutir
7. As Maldades de Jó que Ele Mesmo Não Conhecia são Reveladas

Capítulo 7 **Despojando Dos Vermes do Coração · 87**

1. A Rotina Entediante e Dolorosa de Jó
2. Um Coração Cheio de Vermes
3. Jó Desiste de Si Mesmo
4. A Respeito do Sheol (a Sepultura) na Bíblia
5. O que é o Julgamento da Consciência?
6. Jó Entende Erroneamente que é Deus Quem O Tortura

Capítulo 8 **O Sábio Conselho de Bildade, o Suanita · 109**

1. Bildade Explica Sobre o Salário do Pecado
2. Como Resolver Problemas e Ser Respondido
3. Bildade Tenta Usar Parábolas para Fazer Jó Entender
4. Bildade Aconselha Jó a se Recuperar Vivendo na Verdade

Capítulo 9 **A Ignorância de Jó · 123**

1. Jó Entende Erroneamente que Deus Faz as Coisas que Bem Quiser, Sem Razões
2. Jó Entende Erroneamente que Deus Predestina Todas as Coisas
3. O Séquito de Raabe e Bênçãos Espirituais
4. Jó Entende Erroneamente que Deus é um Juiz Terrível
5. Mente Dividida
6. A Razão pela Qual Deus disse que Jó era Justo
7. Jó diz que Deus é um Deus Mau

Capítulo 10 **A Maldade Escondida no Coração de Jó é Revelada · 145**

1. Arrogância
2. Achando Erroneamente que Deus Ama Homens Maus
3. Achando Erroneamente que Deus é Um Caçador de Justos
4. O autoabandono de Jó

Capítulo 11 **O Argumento de Zofar, o Naamatita · 157**

1. A Importância das Palavras
2. Repreendendo Jó, Explicando a Verdade
3. Que Não nos Tornemos Homens Falsos
4. As Bênçãos de Deixar o que é Errado e Obedecer à Palavra de Deus

Capítulo 12 **A Resposta Emocionalmente Cicatrizada de Jó · 171**

1. As Refutações Sarcásticas de Jó a Seus Amigos
2. Entendendo Erroneamente que Deus Abençoa Homens Maus
3. Jó Exalta a Grandeza de Deus
4. O que é que Jó Quer Realmente Dizer?

Capítulo 13 **Jó Discute com Deus · 189**

1. A Arrogância de Jó
2. Coração Enganoso que Muda Frequentemente
3. Dando Desculpas
4. Jó Ouve a Verdade como se Ela Fosse um Provérbio
5. Jó Se Defende
6. Lembrando de Pecados da Infância

Capítulo 14 **A Diferença Entre a Carne e o Espírito · 205**

1. Discutindo a Falta de Sentido da Vida
2. Jó Diz que Deus Predestina Tudo Segundo o Seu Querer
3. Jó Tenta Ensinar uma Lição a Deus com Parábolas
4. Lembrando de Seu Passado, Recebendo o Amor de Deus

Capítulo 15 **O Segundo Argumento de Elifaz, o Temanita · 221**

1. Não Vamos Discutir
2. Sarcasmo e uma Mente Insolente
3. Os maus sentimentos de Elifaz ficam mais ameaçadores
4. Elifaz Tenta Ensinar Jó com Palavras de Seus Ancestrais
5. Elifaz Amaldiçoa com Inveja e Ciúmes

Capítulo 16 **Jó Coloca Toda a Culpa em Deus · 241**

    1. Palavras Sem Sentido E Inúteis
    2. Jó Percebe as Coisas
    3. Jó Diz que Deus O Resseca e Destrói Seus Amigos
    4. Jó Diz que Deus o Feriu
    5. As Bençãos nas Provas
    6. Removamos o Nosso Orgulho
    7. Jó Insiste que Está Certo

Capítulo 17 **Jó Se Sente Mais Aflito com o Passar do Tempo · 263**

    1. Jó Pede a Deus um Pacto
    2. Jó Amaldiçoa Seus Amigos
    3. Jó Zomba Seus Amigos com Palavras Pedantes

Capítulo 18 **Pagando o Mal com o Bem · 277**

    1. Não Vamos nos Destruir
    2. Livremo-nos dos Ciúmes
    3. Se Amaldiçoarmos e Desejarmos que os Outros Caiam
    4. Quando a Maldade Original do Coração é Revelada

Capítulo 19 **A Angústia e Tormento de Jó · 293**

    1. Não Destruamos uns aos Outros Com Palavras
    2. Jó Culpa a Deus e dá Desculpas
    3. A Diferença entre o Amor Carnal e o Amor Espiritual
    4. Corações Astutos e Covardes

Capítulo 20 **O Resultado de Ser Mal · 315**

    1. Não Sejamos Agitados
    2. Que Tipo de Coração Nós Temos?
    3. O Resultado de Ser Mal
    4. Despojemos de Sentimentos Maus

Capítulo **1**
Jó era Íntegro e Justo

1. Jó era Íntegro em Suas Obras
2. A Origem de Satanás
3. Satanás Acusa de acordo com as Leis do Mundo Espiritual
4. Jó Passa pelo Primeiro Teste de Satanás

Um Homem Justo e Íntegro se Aproximando de Deus

"Na terra de Uz vivia um homem chamado Jó. Era homem íntegro e justo; temia a Deus e evitava fazer o mal" (1:1).

1. Jó era Íntegro em Suas Obras

"Na terra de Uz vivia um homem chamado Jó. Era homem íntegro e justo; temia a Deus e evitava fazer o mal" (1:1).

Os homens julgam pela aparência, mas Deus olha o coração e, assim, Ele sabe exatamente quem é honesto. Quando Deus olhava o coração de Jó, ele era íntegro e justo.

O dicionário *Webster's Revised Unabridged Dictionary* define a palavra "íntegro" como algo 'livre de culpa; sem culpa; inocente.' A expressão "ser íntegro" espiritualmente significa 'mostrar gentileza com obras.' Uma pessoa gentil tem um caráter manso, brando, meigo e afetuoso, juntamente com a capacidade e a virtude de abraçar o outro. Independente do quanto uma pessoa pareça ser gentil por fora, se ela fica brava em uma situação extrema, como por exemplo, sendo esbofeteada por alguém sem motivo, ela na verdade não o é.

Depois, o mesmo dicionário se refere à palavra 'justo' como 'moralmente erguido; tendo retidão; honesto; como um reto em todos os seus caminhos.' Contudo, o significado espiritual de 'justo' não é apenas ser honesto com os outros, mas ser honesto e reto consigo mesmo também. Deus sabe que uma pessoa é justa quando ela cumpre as promessas que fez aos outros e a si mesmo. Aqueles que não enganam a si mesmos nunca prejudicarão ou farão mal aos outros.

Na passagem que vimos, Jó era íntegro e justo, e temia a Deus. 'Temer' é respeitar e reverenciar. Aqueles que temem a Deus creem Nele, logo O reverenciam. Livram-se de todas as formas de maldade (1 Tessalonicenses 5:22) e guardam todas as Suas palavras, deixando os pecados para trás.

Jesus é a Palavra que Se tornou carne e veio ao mundo. Ele temia a Deus. Foi fiel em todas as coisas e respondia a Deus apenas com 'sim' e 'amém' (Apocalipse 3:14). Na Bíblia, os pais da fé também temiam a Deus e conseguiram se humilhar e devotar completamente suas vidas. Se você vive pela palavra de Deus sem ter nada em sua vida que é contra a verdade, então podemos dizer que você verdadeiramente O teme.

Quando você inicia uma vida em Cristo e sua fé ainda não é muito forte, você pode dizer temer a Deus, quando na verdade não O teme ainda. Entretanto, à medida em que sua fé cresce, você aprende a temê-Lo. Enquanto ela cresce, você vai entendendo mais claramente as coisas Dele e não peca. Então, você não tem medo Dele, mas O ama de todo o coração.

Jó temia a Deus e, por isso, ele guardou a Sua palavra e afastou-se de qualquer forma de maldade. Jó não pecava por causa do seu temor a Deus, pois sabia que Ele odiava o pecado. Podemos então entender que Jó não servia a Deus porque O amava verdadeiramente ou O temia no sentido de reverenciá-Lo, mas porque temia que Deus pudesse tirar-lhe o poder.

> "Tinha ele sete filhos e três filhas, e possuía sete mil ovelhas, três mil camelos, quinhentas juntas de boi e quinhentos jumentos, e tinha muita gente a seu serviço. Era o homem mais rico do oriente. Seus filhos costumavam dar banquetes em casa, um de cada vez, e

convidavam suas três irmãs para comerem e beberem com eles. Terminado um período de banquetes, Jó mandava chamá-los e fazia com que se purificassem. De madrugada ele oferecia um holocausto em favor de cada um deles, pois pensava: 'Talvez os meus filhos tenham, lá no íntimo, pecado e amaldiçoado a Deus.' Essa era a prática constante de Jó" (1:2-5).

Essa passagem nos fala sobre as bênçãos dadas àqueles que temem a Deus e afastam-se da maldade. Jó foi considerado o homem mais rico do oriente porque temia a Deus e afastava-se da maldade. O mesmo acontece hoje. Aqueles que são reconhecidos por Deus podem desfrutar de bênçãos de riquezas, filhos e saúde, dentre muitas outras.

Nessa passagem, os números 3.000 ou 7.000 não têm significados especiais. Na Bíblia, o número 3 é o número de ser certo, correto; e o 7 é o número da perfeição. A razão de os números 3 e 7 aparecerem em Jó é para mostrar que o próprio Deus está trabalhando por ele, por ele ser um homem que O teme e se afastou do pecado. Em outras palavras, os números dizem que Jó era um varão muito abençoado.

Como Jó era íntegro e justo. Seus filhos também amavam uns aos outros e o relacionamento entre eles era muito bom. Se o cabeça da família dá um bom exemplo, os filhos crescem bem e em paz entre si. Os filhos de Jó faziam festas e banquetes em suas casas e quando era aniversário de alguém todos se reuniam.

Todavia, a paz que eles tinham não era verdadeira e espiritual, mas somente uma paz na carne. Obviamente, no mundo de hoje, onde o amor se esfriou, muitas famílias não possuem nem mesmo a alegria carnal ou paz. Jó era rico, mas estava sempre preocupado por causa de seus filhos.

Os filhos de Jó não temiam a Deus e ele temia que eles pudessem fazer algo contra Ele. Assim, Jó sempre oferecia holocaustos a Deus pelo perdão dos pecados de seus filhos. Essas suas obras nunca mudaram, então podemos entender que ele verdadeiramente temia a Deus e evitava o mal.

Nos tempos do Velho Testamento, as pessoas eram perdoadas de seus pecados através de sacrifícios feitos sempre que pecavam. Pecar no Velho Testamento era fazer obras contrárias às leis. Logo, Jó podia ser santo em obras se oferecesse sacrifícios. Contudo, Deus olha o interior, e o que Ele realmente quer não é a circuncisão exterior, mas a do coração.

Nos tempos do Novo Testamento, o Espírito Santo veio a nós e cada um de nós que crê no sangue de Jesus pode circuncidar o coração pelo Seu poder. Através do poder do Espírito Santo, podemos nos desfazer de nossas naturezas pecaminosas e coisas imundas do coração, e ter até as mais difíceis personalidades transformadas em verdade. A razão fundamental de Deus ter permitido Jó passar por severas provações foi porque Ele queria que ele tivesse um coração santo, santificado, através da circuncisão do mesmo, e não a circuncisão por obras exteriores.

2. A Origem de Satanás

"Certo dia os filhos de Deus vieram apresentar-se ao SENHOR, e Satanás também veio com eles. O SENHOR disse a Satanás: 'De onde você veio?' Satanás respondeu ao SENHOR: 'De perambular pela terra e andar por ela.' Disse então o SENHOR a Satanás: 'Reparou em meu servo Jó? Não há ninguém na terra como ele, irrepreensível, íntegro, homem que teme a

Deus e evita o mal'" (1:6-8).

Sobre os 'filhos de Deus' nesta passagem, alguns estudiosos da Bíblia dizem que eles eram anjos. Contudo, Hebreus 1:5 diz: *"Pois a qual dos anjos Deus alguma vez disse: 'Tu és meu Filho; eu hoje te gerei'? E outra vez: 'Eu serei seu Pai, e ele será meu Filho'?"*

Deus nunca chama anjos ou outros seres espirituais de Seus filhos. Em Gênesis capítulo 1 há o registro da Criação de Deus. Gênesis 1:26 diz: *"Façamos o homem à nossa imagem, conforme a nossa semelhança,"* e podemos entender que o Pai, o Filho e o Espírito Santo também participaram da Criação.

Além disso, Jó 38:6-7 diz: *"E os seus fundamentos, sobre o que foram postos? E quem colocou sua pedra de esquina, enquanto as estrelas matutinas juntas cantavam e todos os filhos de Deus se regozijavam?"* Também há a menção de 'filhos de Deus.' Quando Deus estabeleceu os fundamentos para fazer a terra e durante o processo da Criação, os filhos de Deus estavam regozijando-se.

A saber, aqui, 'filhos de Deus' refere-se a Jesus Cristo, o único Filho de Deus, e ao Espírito Santo, que é o nosso Consolador. Dessa forma, 'os filhos de Deus' em Jó, capítulo 1, refere-se a 'Deus Filho – Jesus Cristo', e a 'Deus Espírito Santo' – às duas entidades.

Alguns podem se perguntar: "Deus é um Ser perfeitamente Santo. Como Ele pode ter diálogos como o mau Satanás?" O fato é que essas pessoas acham que Satanás pode ir até o lugar onde Deus está a conversar com Ele. Contudo, se ele não pode sequer entrar no Jardim do Éden, quanto mais no reino dos céus ou diante do trono de Deus! Deus vasculha todas as coisas no universo. O Seu trono está localizado no reino dos céus, mas Ele pode ir para onde quiser. No mundo espiritual, se Deus quiser, ele pode conversar com Satanás a qualquer hora.

Agora, que tipo de ser é Satanás? A Bíblia fala sobre sua origem.

> *"Como você caiu dos céus, ó estrela da manhã, filho da alvorada! Como foi atirado à terra, você, que derrubava as nações! Você, que dizia no seu coração: 'Subirei aos céus; erguerei o meu trono acima das estrelas de Deus; eu me assentarei no monte da assembleia, no ponto mais elevado do monte santo. Subirei mais alto que as mais altas nuvens; serei como o Altíssimo'"* (Isaías 14:12-14).

Na Versão King James, a palavra 'Lúcifer' é usada em vez de 'estrela.' Lúcifer era um arcanjo que tinha o dever de louvar a Deus antes de Ele criar o homem. Lúcifer foi amado por Deus por muito tempo, mas ele desenvolveu dentro de si um sentimento de orgulho, achando que também podia ser como Deus.

Naquela época, Lucifer mantia controle sobre os anjos, os dragões, que estavam em posição de liderança entre os querubins e também outras bestas que estavam sob controle dos dragões. Juntamente armaram um esquema de rebelião contra Deus. Apocalipse 12:9 diz; *"E foi precipitado o grande dragão, a antiga serpente, chamada o Diabo, e Satanás, que engana todo o mundo; ele foi precipitado na terra, e os seus anjos foram lançados com ele."*

A razão da Bíblia mencionar animais detestáveis é porque foram esses tipos de bestas que participaram na rebelião contra Deus, liderada por Lúcifer (Levítico, capítulo 11). Mas Lúcifer perdeu a batalha contra o exército de Deus e foi expulso do cargo de escoltar o trono de Deus para os ares. Depois de ser expulso, formou uma organização com todos os espíritos malignos do mundo. Ele começou a controlar os espíritos malignos como dragões e seus anjos, Satanás e o diabo, a fim de que se opusessem a Deus.

Satanás Acusa Dia e Noite

Quando os homens pecam ou fazem algo que não está certo aos olhos de Deus, Satanás os acusa diante de Deus, dia e noite (Apocalipse 12:10). O Deus de justiça governa todas as coisas de acordo com as leis do mundo espiritual e, assim, se fazemos inverdades aos Seus olhos, Ele tem de permitir que provações venham sobre nós, através do inimigo diabo e Satanás.

Todavia, Deus não permite que Satanás nos acuse, nos aflija com provas sem motivo. Adão violou uma lei do mundo espiritual ao comer do fruto proibido. Deus o havia proibido de comer da árvore do conhecimento do bem e do mal, mas ele violou a palavra de Deus e então teve de passar sua autoridade como senhor de toda a criação a Satanás.

Deus amaldiçoou a serpente para que ela comesse do pó da terra todos os dias de sua vida (Gênesis 3:14). Pó aqui significando os homens, que são feitos do pó da terra; e a serpente significando o inimigo diabo e Satanás. A saber, significa que aqueles que vivem na escuridão e inverdade, cometendo pecados, serão presas do inimigo.

Satanás acusa os homens diante de Deus, quando eles pecam, e os aflige com testes e provações, controlando-os da maneira como quer. Contudo, ele não pode tocar naqueles que se despojaram de toda forma de maldade, que andam na luz e que vivem pela palavra de Deus.

3. Satanás Acusa de acordo com as Leis do Mundo Espiritual

O Livro de Jó nos fala sobre as leis do mundo espiritual através de relacionamentos triangulares que existem entre Deus, o homem e Satanás. No capítulo 1, versículo 7, Deus pergunta a Satanás de onde ele vem. Não que o Deus Todo Poderoso não saiba de onde ele vinha, mas esses diálogos só estão escritos detalhadamente na Bíblia, para que saibamos como as acusações de Satanás contra o homem acontecem.

Como Deus ordenou a Satanás que comesse pó, ele consume as pessoas que se afastam da palavra de Deus e pecam. Mas mesmo pecadoras, Satanás só pode devorá-las com a permissão de Deus, o Deus de justiça e amor.

É por isso que Satanás perambulou por toda a terra buscando alguém a quem pudesse tragar e foi até Deus para fazer acusações (1 Pedro 5:8). O Deus de justiça tem de permitir as acusações de Satanás, se forem de acordo com as leis do mundo espiritual. Satanás havia observado Jó cuidadosamente, pois era muito amado por Deus e o diabo desejava fazê-lo cair.

Assim, o Deus onisciente perguntou a Satanás: "Reparou em meu servo Jó?" Satanás não precisa observar cuidadosamente aqueles que não creem, pois eles já cometem pecados e seguem para um caminho de morte, já controlados por Satanás. Contudo, o diabo observa cuidadosamente aqueles que agem de acordo com a verdade, tentando achar algum motivo para acusá-los. Logo, o diabo só consegue trabalhar naqueles que andam e agem em inverdade.

Contudo, nada pode ser feito àqueles que acreditam em Deus e andam na luz:

"Será que Jó não tem razões para temer a Deus?",

respondeu Satanás. "Acaso não puseste uma cerca em volta dele, da família dele e de tudo o que ele possui? Tu mesmo tens abençoado tudo o que ele faz, de modo que os seus rebanhos estão espalhados por toda a terra. Mas estende a tua mão e fere tudo o que ele tem, e com certeza ele te amaldiçoará na tua face" (1:9-11).

Satanás conhecia o coração enganoso do homem que agradece a Deus só quando recebe bênçãos de riquezas, saúde e fama. É por isso que ele veio com acusação de que Jó estava firme para com Deus só porque Ele lhe dava muitas bênçãos.

Há pessoas que agradecem a Deus quando recebem Suas respostas, mas quando enfrentam alguma provação se esquecem de Sua graça, caem em tentação e se queixam de Deus. A maior razão de os filhos de Deus terem sempre reverência para com Ele é porque Deus nos salvou e está nos guiando pelo caminho da vida eterna. Portanto, não é certo ter um temor reverente de Deus somente quando somos abençoados.

Depois, Deus pôs uma cerca ao redor de Jó e tudo que ele tinha. Isto quer dizer que Deus o protegia em todas as coisas que Jó fazia, e lhe dava abundância.

Todavia, Satanás conhecia o coração astuto do homem e começou a testar o de Jó com acusação.

"O SENHOR disse a Satanás: 'Pois bem, tudo o que ele possui está nas suas mãos; apenas não toque nele.' Então Satanás saiu da presença do SENHOR" (1:12).

Satanás sabe que a autoridade de abençoar ou amaldiçoar pertence a Deus e, assim, ele O pediu para acabar com tudo que Jó tinha. Deus permitiu então que todas as posses de Jó lhe fossem tiradas, mas não deixou que o diabo tocasse em seu corpo, pois já sabia que Satanás pediria pela vida de Jó em seguida.

Uma vez que a autoridade sobre a vida e a morte pertence a Deus, Satanás não pode tirar a vida de ninguém sem Sua permissão. Em outras palavras, quando Deus permite que Satanás acuse alguém, provas e tribulações podem vir sobre essa pessoa. Mas o importante é que a acusação do diabo não foi só uma simples acusação aqui. Ele tirou tudo que Jó possuía de suas mãos e até a vida de seus filhos, mas Jó só louvava a Deus, ao invés de se queixar.

Então, por que o Deus Todo Poderoso permitiu as acusações de Satanás contra Jó? Deus falava apenas das qualidades Jó – que ele era íntegro e justo; mas não falava dos pontos fracos dele. Assim, Satanás tinha uma razão e algumas coisas que podia usar para acusar Jó diante de Deus. É por isso que ele pôde acusar Jó e Deus teve de permitir.

Se Jó não tivesse absolutamente nenhuma inverdade dentro de si, Deus não teria permitido que Satanás o acusasse, independente das explicações que ele apresentasse.

4. Jó Passa pelo Primeiro Teste de Satanás

"Certo dia, quando os filhos e as filhas de Jó estavam num banquete, comendo e bebendo vinho na casa do irmão mais velho, um mensageiro veio dizer a Jó: 'Os bois estavam arando e os jumentos estavam pastando por perto, quando os sabeus os atacaram e os levaram embora. Mataram à espada os empregados, e eu fui o único que escapou para lhe contar!'" (1:13-15)

Uma vez que Deus permitiu que Satanás acusasse Jó, ele então começou a testá-lo. Deus deixou que somente as posses de Jó lhe fossem tiradas. 'Posses' significa tudo o que ele tinha, inclusive seus filhos. Enquanto seus filhos e filhas estavam comendo e bebendo em uma festa na casa do primogênito, um servo que trabalhava no campo trouxe más notícias. Os sabeus haviam atacado, levado consigo os bois e jumentos, e matado os servos.

Testes advêm sobre crentes e não-crentes. Crentes podem encontrar seus problemas com a palavra de Deus e se arrepender de seus pecados, para que possam receber a graça de Deus e se recuperarem de novo, recebendo bênçãos ainda maiores do que as que tinham antes.

Mas não-crentes não têm ninguém a quem pedir ajuda ou se apoiar senão eles mesmos. Em alguns casos, conseguem até resolver os problemas facilmente, mas em alguns, tudo o que conseguem é piorar a situação.

Satanás controlou os gentios fazendo com que eles tomassem os bens de Jó. Mesmo hoje, ao nosso redor, podemos ver aqueles que dizem ser crentes, mas não são protegidos de desastres e são roubados, sofrendo grandes perdas.

Nessas ocasiões, eles não devem se queixar dizendo: "Por que Deus não me protegeu?", mas devem achar a razão dentro de si e ver por que tiveram de enfrentar tais problemas. Então, eles devem se arrepender de seus erros e não mais cometê-los, e seus problemas serão resolvidos.

> "Enquanto ele ainda estava falando, chegou outro mensageiro e disse: 'Fogo de Deus caiu do céu e queimou totalmente as ovelhas e os empregados, e eu fui o único que escapou para lhe contar!'" (1:16)

Antes de o primeiro servo terminar de falar, outro servo chegou e disse que o fogo do céu caiu e queimou mais bens de Jó.

No Velho Testamento, havia muitos castigos de fogo e Elias também recebeu uma resposta com fogo. Nos dias do Velho Testamento, que é a sombra do Novo Testamento, as pessoas eram salvas por suas obras. Então Deus, às vezes, mostrava fogo mesmo. Entretanto, no Novo Testamento, o próprio Jesus desceu do céu à terra e mostrou muitas evidências através das quais podemos acreditar. Logo, Deus não precisa mostrar fogo do céu.

Esse desastre de Jó pode ser comparado com casas e fábricas de pessoas, quando são queimadas completamente com incêndios, ou quando grandes plantações são danificadas demasiadamente por tufões e outros desastres naturais.

Você pode pensar que desastres naturais causam dano a todo mundo da mesma maneira, mas aqueles crentes que andam na palavra de Deus podem ser protegidos. Como o Espírito Santo move em seus corações, eles também podem fazer plantações que não serão atingidas por desastres.

> **"Enquanto ele ainda estava falando, chegou outro mensageiro e disse: 'Vieram caldeus em três bandos, atacaram os camelos e os levaram embora. Mataram a espada os empregados, e eu fui o único que escapou para lhe contar!'" (1:17)**

Satanás então criou mais uma situação para danificar os bens de Jó. Aqui, se Jó conhecesse as leis do mundo espiritual, ele teria olhado para trás e se arrependido de seus defeitos. Quando nos arrependemos e convertemos, não sofremos mais dano algum, mas quando não nos convertemos, problemas ainda maiores surgem em nossos caminhos.

Com um plano cuidadosamente elaborado, Satanás tirou de Jó tudo o que possuía através dos gentios. Se comparado com os dias de hoje, é como se uma pessoa sofresse o golpe de um trapaceiro e perdesse todo o seu dinheiro.

"Enquanto ele ainda estava falando, chegou ainda outro mensageiro e disse: 'Seus filhos e suas filhas estavam num banquete, comendo e bebendo vinho na casa do irmão mais velho, quando, de repente, um vento muito forte veio do deserto e atingiu os quatro cantos da casa, que desabou. Eles morreram, e eu fui o único que escapou para lhe contar!'" (1:18-19)

Em três ocasiões Satanás tomou todas as propriedades de Jó, que era o homem mais rico da terra, e finalmente tocou em sua casa e filhos. Quando os sete filhos e três filhas de Jó estavam comendo e bebendo na festa, um grande vento veio e a casa caiu matando todos eles.

Os 'cantos da casa' significam posições importantes. Atingir os quatro cantos da casa significa que Satanás atingiu os filhos de Jó, que eram como pilares em sua família. Jó ficou arrasado ao perder tudo que tinha, inclusive seus filhos. Em tal situação, a maioria das pessoas teria provavelmente chorado muito e se queixado contra Deus. Mas Jó, que era íntegro e justo, só louvou a Deus e Lhe agradeceu, sem reclamações.

"Ao ouvir isso, Jó levantou-se, rasgou o manto e rapou a cabeça. Então prostrou-se, rosto em terra, em adoração, e disse: 'Saí nu do ventre da minha mãe, e nu partirei. O SENHOR o deu, o SENHOR o levou; louvado seja o nome do SENHOR.' Em tudo isso Jó não pecou e não

culpou a Deus de coisa alguma" (1:20-22).

Rasgar o manto significa que Jó se humilhou. Ele expressou seus defeitos e fraquezas. Essa atitude significava que ele não podia fazer nada sem a ajuda de Deus. Ele se humilhou completamente e dizia com sua atitude: "Não foi por causa da minha habilidade que tive meus filhos ou obtive meus bens. Todas essas coisas vieram de Deus, e eu sou nada."

Ele também expressou sua falta de sabedoria e virtude. Ao rasgar seu manto ele estava expressando seu sofrimento e incapacidade de criar seus filhos da maneira adequada.

Quando deixamos o mal completamente e vivemos somente pela palavra de Deus, o nosso orgulho, nosso 'eu' e nosso 'ego' morrem. Quando confessamos que não podemos fazer nada, mas que tudo é possível no Senhor, e confiamos completamente em Deus, então não nos queixamos Dele, mesmo quando todas as nossas posses nos são tiradas.

Depois, raspar a cabeça significa que todos os seus pertences haviam desaparecido.

O cabeça do homem é Cristo (1 Coríntios 11:3), e ao raspar a cabeça, Jó estava mostrando que tudo o que tinha ele havia recebido de Deus, e Deus o tirou – então agora ele não tinha mais nada.

No Velho Testamento, as pessoas demonstravam sua fé em Deus com ações. Assim, Jó raspou sua cabeça, prostrou-se no chão e adorou dizendo: "Saí nu do ventre da minha mãe, e nu partirei. O SENHOR me deu, o SENHOR levou; louvado seja o nome do SENHOR" (v. 21). Tudo que ele fez foi agradecer a Deus, sem se queixar contra Ele. Com isso, as acusações de Satanás, que diziam que Jó temia a Deus só porque Deus o havia abençoado com abundância, mostraram estar erradas.

A partir do capítulo 2, veremos por que Satanás acusou Jó e por que Deus teve de permitir as acusações.

Capítulo 2
Jó Queixa-se de Deus

1. Segunda prueba de Satanás
2. Job mal interpreta las bendiciones dadas por Dios y maldice sin ninguna razón
3. La llegada de los tres amigos de Job

Um Homem Justo e Íntegro se Aproximando de Deus

"Então Jó apanhou um caco de louça e com ele se raspava, sentado entre as cinzas. Então sua mulher lhe disse: 'Você ainda mantém a sua integridade? Amaldiçoe a Deus, e morra!' Ele respondeu: 'Você fala como uma insensata. Aceitaremos o bem dado por Deus, e não o mal?' Em tudo isso Jó não pecou com seus lábios" (2:8-10).

1. A Segunda Prova de Satanás

"Num outro dia os filhos de Deus vieram apresentar-se ao SENHOR, e Satanás também veio com eles para apresentar-se. O SENHOR perguntou a Satanás, 'De onde você veio?' Satanás respondeu ao SENHOR: 'De perambular pela terra e andar por ela.' Disse então o SENHOR a Satanás: 'Reparou em meu servo Jó? Não há ninguém na terra como ele, irrepreensível, íntegro, homem que teme a Deus e evita o mal. Ele se mantém íntegro, apesar de você me haver instigado contra ele para arruiná-lo sem motivo'" (2:1-3).

Apesar de todos os seus sofrimentos, a fé de Jó não foi abalada porque ele era íntegro e justo diante de Deus. Então, Satanás deveria ter ido para longe dele. Por que isso não aconteceu e Satanás ainda o acusou novamente?

Geralmente, quando alguém tem algo difícil para discutir, a pessoa não vai direto ao ponto, mas começa falando de questões menores, até chegar ao que realmente importa. Da mesma forma, Satanás já sabia que a prova das riquezas não foi um problema para Jó, mas continuava rondando-o e acusando-o, até não haver mais nada do que acusá-lo.

Se não ficarmos firmes sobre a verdade, sofreremos provações e tribulações frequentemente. Uma vez que Deus verdadeiramente ama a Seus filhos, se eles forem por um caminho de morte por causa de seus pecados ou se não ficarem firmes sobre a verdade, Deus vira as costas para eles a fim de que assim eles possam se converter, se arrepender e ser mais perfeitos. É por isso que Hebreus 12:5-6 diz: *"Vocês se esqueceram da palavra de ânimo que ele lhes dirige como a filhos: 'Meu filho, não despreze a disciplina do Senhor, nem se magoe com a sua repreensão, pois o Senhor disciplina a quem ama, e castiga todo aquele a quem aceita como filho'"*

Se os filhos de Deus forem capazes de se regozijar e dar graças sob qualquer circunstância, eles poderão passar nas provações e receber grandes bênçãos. Como Jó era íntegro e justo, ele passou na primeira provação. Contudo, ele ainda tinha algumas inverdades dentro de si que não deixariam de ser objeto de acusação.

Satanás conhecia muito bem o coração de Jó e o seu verdadeiro interesse não era tirar-lhe sua riqueza. É por isso que ele não parou ali, mas continuou com as acusações. O Deus de justiça tinha de permitir as acusações contra Jó.

> "Pele por pele!, respondeu Satanás. 'Um homem dará tudo o que tem por sua vida. Estende a tua mão e fere a sua carne e os seus ossos, e com certeza ele te amaldiçoará na tua face.' O SENHOR disse a Satanás: 'Pois bem, ele está nas suas mãos; apenas poupe a vida dele.' Saiu, pois, Satanás da presença do SENHOR e afligiu Jó com feridas terríveis, da sola dos pés ao alto da cabeça" (2:4-7).

Satanás acusou Jó dizendo: "Pele por pele!" A saber, se sua vida fosse ameaçada, Jó se queixaria de Deus. Satanás agora pede a permissão de Deus para tocar nos ossos e carne de Jó. Nós temos vida, morte, sorte e fortuna e não fortuna em Deus, mas se temos algo do que ser acusado, Satanás o fará diante de Deus.

Como Deus é justo, se a acusação de Satanás é válida, Ele tem de permitir que a mesma aconteça. Somente com a permissão de Deus é que Satanás traz provações aos homens. Além disso, Deus não toca o homem só com Seu poder de decisão e Satanás não pode tocá-lo sem a permissão de Deus.

Depois, 'tocar seus ossos e carne' significa que se os ossos não estiverem em seu devido lugar, a forma do homem também mudará, e isso significa risco de vida. Satanás estava dizendo que Jó havia reverenciado a Deus porque sua vida ainda não tinha sido ameaçada, mas se o fosse, ele se queixaria de Deus.

Os ossos são como pilares que suportam toda a carne e dão forma ao homem. Se os ossos e a carne são machucados, a estrutura fundamental é distorcida e a estrutura do corpo é transformada e danificada. Assim, isso se refere a uma provação ou desafio que pode ameaçar a vida da pessoa.

Satanás reconhecia que Deus tinha toda a autoridade sobre a vida e a morte, bênçãos e maldições, e está dizendo algo como: "Deixe-me tocar os ossos e a carne de Jó. Vamos ver se ele é realmente o tipo de pessoa que Tu me disseste que era." Quando uma pessoa é perfeitamente justa aos olhos de Deus, Deus sempre a protege e Satanás não pode acusá-la de nada.

Somente com a permissão de Deus é que Satanás pode levar provações aos homens e, portanto, quando passamos por alguma prova, temos de nos arrepender rapidamente de nossas iniquidades e virar as costas para o pecado, a fim de podermos ser protegidos por Deus.

Quando Deus permitiu acusação de Satanás, este atingiu Jó com feridas em todo o seu corpo. Feridas que havia inflamado desde a junta dos ossos até a pele, e na pele inflamavam de novo, causando terrível coceira. No início, tudo começou com uma pequena ferida, mas depois foi se abrindo mais e mais, espalhou-se rapidamente e atingiu todo o corpo de Jó – da cabeça aos pés.

2. Jó Acha que Deus Dá Bençãos e Maldições sem Motivos

"Então Jó apanhou um caco de louça e com ele se raspava, sentado entre as cinzas. Então sua mulher lhe disse: 'Você ainda mantém a sua integridade? Amaldiçoe a Deus, e morra!' Ele respondeu: 'Você fala como uma insensata. Aceitaremos o bem dado por Deus, e não o mal?' Em tudo isso Jó não pecou com seus lábios" (2:8-10).

Jó sentava-se sobre cinzas e coçava a si mesmo com as mãos, mas quando as feridas pioraram, ele pegou um pedaço de louça para se raspar. No Velho Testamento, sentar sobre cinzas significava humilhar-se diante de Deus ao ponto mais baixo possível, com arrependimento.

Mesmo nessa situação, Jó não amaldiçoou Deus, mas sua esposa amaldiçoou seu marido que estava sofrendo: "Você ainda acredita em Deus, que está fazendo-o passar por tudo isso? Amaldiçoe-O e morra! Morra logo!"

Na verdade, diferente do gentil caráter de Jó, sua esposa não temia a Deus. É por isso que Jó sempre tinha preocupações de que seus filhos poderiam puxar sua mãe e pecar, e é por isso que ele sempre oferecia sacrifícios por eles. Sua esposa, ao invés de tentar confortá-lo, disse-lhe para amaldiçoar a Deus e morrer, e amaldiçoou-o para ir para o inferno. Se a pessoa amaldiçoa a Deus e morre, para onde mais irá senão para o inferno?

Jó disse à sua esposa: "Você fala como uma insensata.

Aceitaremos o bem dado por Deus, e não o mal?" Ele não se queixou de Deus com seus lábios. Todavia, ele entendeu mal as coisas de Deus. Deus não abençoa ou amaldiçoa as pessoas sem razão.

> *"Se vocês derem atenção ao SENHOR, o seu Deus, e fizerem o que ele aprova, se derem ouvidos aos seus mandamentos e obedecerem a todos os seus decretos, não trarei sobre vocês nenhuma das doenças que eu trouxe sobre os egípcios, pois eu sou o SENHOR que os cura"* (Êxodo 15:26).

> *"Se vocês obedecerem fielmente ao SENHOR, o seu Deus, e seguirem cuidadosamente todos os seus mandamentos que hoje lhes dou, o SENHOR, o seu Deus, os colocará muito acima de todas as nações da terra. Todas estas bênçãos virão sobre vocês e os acompanharão, se vocês obedecerem ao SENHOR, o seu Deus: Vocês serão abençoados na cidade e serão abençoados no campo. Os filhos do seu ventre serão abençoados, como também as colheitas da sua terra e os bezerros e os cordeiros dos seus rebanhos. A sua cesta e a sua amassadeira serão abençoadas. Vocês serão abençoados em tudo o que fizerem"* (Deuteronômio 28:1-6).

Uma vez que o Livro de Jó foi escrito a partir do ponto de vista de Jó, não devemos achar que todas as coisas faladas por ele estejam certas. Os equívocos e as ideias erradas que Jó teve em relação à fé também foram expressos. A fim de interpretarmos esse Livro corretamente, é de extrema importância que entendamos que muitas coisas que ele falou não foram entendidas corretamente por ele, quando comparadas com a verdade.

Então, como podemos receber bênção, e como somos acusados por Satanás para enfrentarmos dificuldades? Deus não permite desastres ao homem sem motivo.

Há uma certa razão para Deus castigar. Se vivermos pela Sua palavra e obedecermos a Ele, seremos abençoados, mas se não obedecermos nem guardarmos os Seus decretos e mandamentos, maldições virão sobre nós (Deuteronômio 28:15-19).

Como Jesus disse em João 8:32: *"E conhecerão a verdade, e a verdade os libertará"*, se não conhecermos a verdade, teremos algo do que ser acusado por Satanás, pois não teremos a liberdade que vem da verdade.

Jó sabia muito bem que Deus era quem abençoava, mas equivocou-se achando que era Ele que trazia desastres sem razão, deixando assim que Satanás trabalhasse em sua vida. Humilhou-se ao sentar sobre cinzas e raspando sua cabeça, mas equivocou-se quando acreditou que Deus trazia doenças ou desastres sem causa. Dessa maneira, ele não pôde se descobrir e não podia achar nada do que se arrepender. Jó não entendia a palavra de Deus de verdade e cria que Ele era como um ditador que podia fazer qualquer coisa que lhe agradasse.

Assim sendo, devido à crença errada de Jó, ele não pôde ser protegido e teve de enfrentar a acusação de Satanás, passando por tragédias. Se ele tivesse entendido por que estava sofrendo, ele poderia ter se arrependido e convertido, mas como ele não encontrou nada do que se arrepender, ele não conseguia entender a razão de tudo aquilo estar acontecendo. É por isso que ele continuou sofrendo tribulações.

3. O Aparecimento dos Três Amigos de Jó

"Quando três amigos de Jó, Elifaz, de Temã, Bildade, de Suá, e Zofar, de Naamate, souberam de todos os males que o haviam atingido, saíram, cada um da sua região. Combinaram encontrar-se para, juntos, irem mostrar solidariedade a Jó e consolá-lo. Quando o viram à distância, mal puderam reconhecê-lo e começaram a chorar em alta voz. Cada um deles rasgou seu manto e colocou terra sobre a cabeça. Depois os três se assentaram no chão com ele, durante sete dias e sete noites. Ninguém lhe disse uma palavra, pois viam como era grande o seu sofrimento" (2:11-13).

Jó era um homem muito generoso e virtuoso e, assim, tinha muitos amigos. Seus amigos ouviram dizer que ele havia perdido toda a sua riqueza e filhos e fora atingido por uma doença. Duvidaram, mas ainda assim foram confortá-lo. Três deles eram Elifaz, de Temã, Bildade, de Suá, e Zofar, de Naamate.

Mesmo de longe, puderam ver que a situação de Jó era exatamente aquela da qual havia ouvido falar, e ficaram chocados. Choraram em alta voz. Cada um deles rasgou seu manto e colocaram terra sobre suas cabeças. Então, sentaram no chão com Jó por sete dias e sete noites sem dizer-lhe uma palavra.

Então, o que aconteceu? Jó, que tinha sempre temido a Deus e nunca O havia amaldiçoado, abriu sua boca e começou a amaldiçoar o dia em que nasceu.

Capítulo 3
A Indignação e Lamentação de Jó

1. Jó Amaldiçoa o Dia de seu Nascimento
2. Jó Ofereceu um Sacrifício Carnal

Um Homem Justo e Íntegro se Aproximando de Deus

"Por que não morri ao nascer, e não pereci quando saí do ventre? Por que houve joelhos para me receberem e seios para me amamentarem?" (3:11-12)

1. Jó Amaldiçoa o Dia de seu Nascimento

"Depois disso Jó abriu a boca e amaldiçoou o dia do seu nascimento, dizendo: Pereça o dia do meu nascimento e a noite em que se disse: 'Nasceu um menino! Transforme-se aquele dia em trevas, e Deus, lá do alto, não se importe com ele; não resplandeça a luz sobre ele'" (3:1-4).

A partir da Bíblia, podemos entender que o nosso corpo nos é dado por Deus e, assim, não podemos tratá-lo de qualquer forma. Entretanto, Jó estava amaldiçoando o dia em que nasceu, e podemos ver que a dor que sentia por causa das feridas era muito grande.

Antigamente, as pessoas consideravam a semente para continuar suas famílias muito mais importantes que hoje, então ficavam muito mais felizes ao terem um filho ao invés de uma filha. Os pais de Jó devem ter ficado muito felizes quando ele nasceu também. Contudo, como Jó estava enfermo e perdeu tudo o que tinha, ele percebeu que ter nascido homem também de nada valia e tudo era sem sentido.

Assim, Jó estava amaldiçoando o dia em que nasceu e lamentando. As trevas da qual ele falava se referem à escuridão total e também à Sepultura/Sheol. Referem-se ao ser inútil que não tem vida e não pode fazer nada – a ele mesmo, a quem se achava ter muito valor.

Jó amaldiçoou sua vida. Ele estava amaldiçoando seus pais e lamentando: "Aquela noite podia ter sido trevas e eu podia não ter nascido!" "Eu não devia ter recebido vida!" Ele estava reclamando de ter nascido.

Como ele reconhecia que Deus é que exerce controle sobre todas as almas, ele estava se queixando de Deus, que se importava com a sua. Se Deus não Se importasse com sua alma, ele não teria vida; ou se não houvesse a luz da vida, mesmo se o bebê nascesse, suas células não se desenvolveriam e sua sobrevivência não seria possível. Mas Deus deu-lhe a luz e ele pôde viver. Jó estava reclamando dessas coisas que haviam acontecido.

> "Chamem-no de volta às trevas e à mais densa escuridão; coloque-se uma nuvem sobre ele e o negrume aterrorize a sua luz. Apoderem-se daquela noite densas trevas! Não seja ela incluída entre os dias do ano, nem faça parte de nenhum dos meses" (3:5-6).

Se as trevas e a mais densa escuridão chamassem o dia do nascimento de Jó, isso iria prejudicá-lo e ele não teria nascido. 'Uma nuvem sobre ele' significa que choveria. Então os pais de Jó se ocupariam cuidando do gado e da plantação por causa da chuva, não teriam tempo para fazer amor e Jó não nasceria.

Jó continuou a fazer comparações até com o eclipse solar. Quando o eclipse solar acontece, ninguém consegue ver o sol e o dia fica escuro. Nós que vivemos em tempos modernos sabemos o que acontece em um eclipse e, por isso, não temos medo; mas naqueles tempos, as pessoas tremiam de medo diante da ocorrência de um eclipse.

Como o dia ficava escuro, as pessoas que tinham medo não faziam amor, e mesmo quando a noite chegava o medo continuava. Logo, Jó queria dizer que ele não teria nascido se tais coisas tivessem acontecido. "Não seja ela incluída entre os dias do ano" ou quando ele falou sobre os meses, também estava desejando não ter nascido. Ele estava se queixando de ter sido concebido e ressentindo o seu próprio nascimento.

> "Seja aquela noite estéril, e nela não se ouçam brados de alegria. Amaldiçoem aquele dia os que amaldiçoam os dias e são capazes de atiçar o Leviatã. Fiquem escuras as suas estrelas matutinas, espere ele em vão pela luz do sol e não veja os primeiros raios da alvorada" (3:7-9).

Se a noite tivesse sido estéril, seus pais também não teriam feito amor, e Jó não teria nascido. 'Brados de alegria' significa que seus pais deram brados de alegria quando fizeram amor e se regozijaram quando Jó nasceu, porque era um menino. Assim, ele queria dizer que se aqueles dias felizes não tivessem existido, ele não teria nascido.

Leviatã é como um grande crocodilo e tem a aparência repulsiva e má. Significa a própria forma do mal. Se alguém tem um caso com alguma outra pessoa que não o marido ou esposa, o seu coração está sujo e repulsivo como Leviatã. A pessoa que está preparada para despertar Leviatã pode fazer coisas que não podem ser feitas por seres humanos.

Ou seja, Jó queria que alguém lhe tirasse a vida. Ele achava que qualquer um já estava bom. Queria que algum homem mau amaldiçoasse aquela noite, para que ele não tivesse nascido. Jó disse todas essas coisas porque ressentia seu nascimento.

Deus prometeu a Abraão que ele e seus descendentes seriam como as estrelas do céu. Assim, 'estrela' refere-se a 'homem', e 'estrelas matutinas' simbolizam 'palavra prometida', e referiam-se aos pais de Jó. Significa que se seus pais não tivessem mantido a promessa de fazer amor, Jó não teria sido concebido.

Se os pais de Jó não tivessem cumprido a promessa de fazer amor, eles não teriam tido nenhum filho, independente do quão iluminado fosse o dia. Além disso, se não houvesse estrela matutina neste mundo, ele seria uma completa escuridão e isso lhe traria destruição. Assim Jó também não teria nascido.

> "pois não fechou as portas do ventre materno para evitar que eu contemplasse males. Por que não morri ao nascer, e não pereci quando saí do ventre? Por que houve joelhos para me receberem e seios para me amamentarem?" (3:10-12)

Jó está lamentando, dizendo que se o útero de sua mãe tivesse sido fechado, ele não teria sido concebido e não estaria sofrendo tais tribulações. Ele também disse que, mesmo se tivesse sido concebido, mas tivesse morrido ao nascer, ele não estaria sofrendo desse jeito agora. Estava lamentando e reclamando contra seus pais.

Além do mais, ele estava dizendo que mesmo nascendo, mas se sua mãe não tivesse cuidado dele, ele teria morrido de fome; mas porque sua mãe o alimentou ele agora estava sofrendo. Jó sabia que Deus é que controla a vida, mas ainda assim estava amaldiçoando o seu nascimento. Consequentemente, estava fazendo reclamação contra Deus.

> "Agora eu bem poderia estar deitado em paz e achar repouso junto aos reis e conselheiros da terra, que construíram para si lugares que agora jazem em ruínas, com governantes que possuíam ouro, que enchiam suas casas de prata. Por que não me sepultaram como criança abortada, como um bebê que nunca viu a luz do

dia?" (3:13-16)

Jó estava dizendo que se ele não tivesse nascido ou tivesse morrido ao nascer, ele estaria na Sepultura, deitado e descansando em paz. Estava dizendo que ali ele estaria com os conselheiros da terra ou aqueles que construíram para si lugares que jazem ruínas. Se ele tivesse nascido morto, ele não teria visto a luz, como um bebê abortado é descartado.

O que Jó estava dizendo agora não era verdade aos olhos de Deus, mas eram seus pensamentos pessoais, que eram palavras de inverdades.

> "Ali os ímpios já não se agitam, e ali os cansados permanecem em repouso; os prisioneiros também desfrutam sossego, já não ouvem mais os gritos do feitor de escravos. Os simples e os poderosos ali estão, e o escravo está livre do seu senhor" (3:17-19).

Jó começou a falar sobre a vida na Sepultura, dizendo que se ele tivesse morrido em seu nascimento ele teria ido para a Sepultura, e ali os ímpios não se agitariam e os cansados estariam em repouso. O 'feitor de escravos' aqui significa 'sendo controlado' ou 'controlando.' Refere-se a tudo em relação à restrição e estar sob controle, como colocar alguém sob algum tipo de restrição ou ser restringido na palavra de Deus.

Jó estava falando sobre a Sepultura e estava dizendo que naquele lugar ninguém estava sob o domínio de ninguém, e todos, fossem grandes ou pequenos, eram a mesma coisa ali. Contudo, essa era apenas a opinião de Jó, e não era exatamente verdade. O mendigo Lázaro, que temeu a Deus durante sua vida na terra, foi para Sepultura Superior depois de sua morte, e pôde estar ao lado de Abraão. Todavia, o homem rico, que desfrutou de muitas coisas na terra, foi para a Sepultura Inferior, que é o Ades, e sofreu para sempre (Lucas 16:19-31).

Não é verdade que todos sejam tratados da mesma maneira na Sepultura, sejam maus ou bons, como Jó disse:

"Por que se dá luz aos infelizes, e vida aos de alma amargurada, aos que anseiam pela morte e esta não vem, e a procuram mais do que a um tesouro oculto, aos que se enchem de alegria e exultam quando vão para a sepultura? Por que se dá vida àquele cujo caminho é oculto, e a quem Deus fechou as saídas? Pois me vêm suspiros em vez de comida; meus gemidos transbordam como água" (3:20-24).

Jó estava desesperado daquele jeito porque havia perdido todas as suas posses e filhos e ainda tinha feridas em todo o seu corpo. Amaldiçoou o fato de ter vida e queria morrer, mas não podia fazer como desejava. Quando uma pessoa sabe que tem um tesouro escondido em um campo, ele certamente tenta cavá-lo para achá-lo; Jó queria a morte mais do que essa pessoa queria o tesouro.

O seu único desejo era a morte. Assim, quando tinha de comer, ele lamentava. Não lamentava porque não tinha o que comer, mas porque quando comia sua vida estendia. Por causa das dores que sentia por causa das feridas, seus gemidos transbordavam como água.

A saber, existem pessoas que choram enquanto comem espiritualmente. Muitos vivem neste mundo em escuridão porque assim desejam e não querem conhecer a verdade. Mas quando aceitam o Senhor e saem para a luz, ouvem palavras espirituais. Ouvem: "guarde o Dia santo do Senhor", "Não beba álcool", "Não tenha inveja ou ciúmes", "Despoje-se de toda forma de maldade." Enquanto comem a palavra de Deus, o pão espiritual, eles precisam tentar desfazer-se de todos os hábitos antigos – e isso é doloroso para eles.

Se essas pessoas não se desfazem de seus maus hábitos, segundo a palavra, elas sentem uma aflição em seus corações e perdem a completude do Espírito. Passam então a não conseguir se livrar das coisas como desejam e começam a lamentar. Ainda comem do pão espiritual, mas ao mesmo tempo choram e lamentam por sua causa.

2. Jó Ofereceu um Sacrifício Carnal

"O que eu temia veio sobre mim; o que eu receava me aconteceu. Não tenho paz, nem tranquilidade, nem descanso; somente inquietação" (3:25-26).

Jó temia que Deus algum dia pudesse puni-lo sem nenhuma razão, e como estava passando por uma provação, confessava tal coisa de todo o coração. Ele geralmente pensava que Deus o atingiria e ele temia que Deus lhe desse uma doença ou algo do tipo. No fim isso acabou virando realidade.

Jó não oferecia sacrifícios espirituais com um coração cheio de amor, como Deus realmente agrada. Isso significa que ele não oferecia sacrifícios de todo o coração, mente e alma, nem com verdadeiro amor por Deus. Não O adorava em espírito e em verdade. Ele oferecia sacrifícios porque tinha preocupações. Ele achava que se não o fizesse, algo de mal poderia acontecer a seus filhos ou maldições cairiam sobre sua família. Ele estava confessando que na verdade oferecia sacrifícios carnais vindos de seu temor e apreensão.

Apocalipse 21:8 diz: *"Mas os covardes, os incrédulos, os depravados, os assassinos, os que cometem imoralidade sexual, os que praticam feitiçaria, os idólatras e todos os mentirosos – o lugar deles será no lago de fogo que arde com enxofre. Esta é a segunda morte."* Isso nos mostra que quem teme não será salvo.

Essas pessoas conhecem a palavra de Deus, mas não têm uma fé verdadeira Nele. Eles ainda têm amizade com o mundo e com coisas más e, por isso, têm medo. Essas pessoas não podem receber a salvação.

Provérbios 26:2 diz: *"Todos os caminhos do homem lhe parecem puros, mas o SENHOR avalia o espírito."* 1 João 3:21-22 também diz: *"Amados, se o nosso coração não nos condenar, temos confiança diante de Deus e recebemos dele tudo o que pedimos, porque obedecemos aos seus mandamentos e fazemos o que lhe agrada."*

Maldição sem causa não vem, mas Jó tinha medo de Deus, porque na verdade não entendia Sua palavra. Ele oferecia sacrifícios só porque tinha medo Dele. Os sacrifícios não eram oferecidos porque ele amava a Deus de verdade, de coração.

Jó disse que, como havia perdido tudo que ele tinha, inclusive seus filhos, agora não tinha mais nenhuma fundação para um lugar de descanso em vida. Ele disse que, como ele não tinha mais um lugar de descanso na terra, não tinha descanso. Isso nos diz que Jó era um homem carnal, que não tinha fé ou esperança pelo céu.

Portanto, os lábios de Jó estavam cheios de revolta e reclamação, então ele não conseguia ter nenhuma paz ou sossego. Antes ele desfrutava de paz e descanso por causa de suas condições materiais, mas a verdadeira paz e descanso não vêm de coisas materiais, mas são dados por Deus.

As pessoas que possuem uma fé verdadeira confiam em Deus completamente, mesmo quando estão com alguma doença. Mesmo se não tiverem mais filhos ou lugar para descansarem, eles ainda descansam, pois têm esperança pelo céu.

O Velho Testamento é a sombra do Novo Testamento, mas isso não significa que Deus só aceitava as obras exteriores. Entre homens, eles não entendem as coisas espirituais uns dos outros, então Deus permitia que obras exteriores fossem feitas e vistas pelo corpo físico. Contudo, Deus não permite nada carnal ou físico entre Ele e o homem. Ele é espírito e aceita somente coisas espirituais.

As leis do Velho Testamento não condenavam as pessoas mesmo quando elas tinham mentes adúlteras ou ódio em seus corações – desde que tais coisas não fossem cometidas em obras. Contudo, Deus não olha só as obras, mas também o interior, o coração do homem. Assim, se só temos coisas pecaminosas em nossos corações, Deus os considera maus. No Novo Testamento, só os pensamentos maus em si já são considerados pecados.

Deus aceitou sacrifício de sangue de Abel, mas não aceitou o de Caim (Gênesis 4:4-5). Sacrifício de sangue significa oferecer sacrifício espiritual em espírito e em verdade, de todo o coração, mente e alma.

Quando você adora a Deus em espírito e em verdade e tem uma fé espiritual com a qual você pode crer do fundo do coração, a alegria, paz, conforto e ações de graças não saem do seu coração. Em contrapartida, se você perde tais coisas de seu coração, você deve entender que você é apenas como uma criança na fé e não tem fé espiritual.

Deus disse a Saul para destruir todos os amalequitas e tudo o que tinham, mas Saul fez uso de seus pensamentos carnais.

Ele preservou o rebanho e as ovelhas gordas dizendo que eram para Deus. Isso pode parecer certo de um ponto de vista carnal, mas foi desobediência à palavra de Deus, que por sua vez diz que obedecer é melhor que sacrificar (1 Samuel 15:22). Enfim, Deus não recebeu os sacrifícios carnais de Saul e finalmente o descartou.

A Bíblia nos diz para 'temermos a Deus' e isso significa que devemos acreditar na existência do céu e do inferno e que Deus é o Juiz. Significa também que devemos guardar a Sua palavra sem cometer pecados com reverente temor a Ele.

1 João 4:18 diz: *"No amor não há medo; ao contrário, o perfeito amor expulsa o medo, porque o medo supõe castigo. Aquele que tem medo não está aperfeiçoado no amor."*

Jó era tão justo e honesto que foi reconhecido por Deus. Entretanto, seu coração ainda tinha inverdades escondidas. É por isso que Deus, que amava a retidão e honestidade de Jó, permitiu que ele passasse por tais provações, a fim de que ele pudesse remover todo o mal que tinha dentro de si, recebesse a bênção de prosperidade em tudo, recuperasse sua saúde e tivesse sua alma prosperando.

Deus não dá provações a seus filhos sem motivo. É porque temos coisas em nós que precisam ser mudadas é que enfrentamos prova. Portanto, se olharmos para dentro de nós e nos convertermos de nossos maus caminhos, poderemos ter uma vida cristã cheia de triunfos. Podemos receber as respostas de Deus e glorificá-Lo.

Capítulo 4
Elifaz – A Refutação do Temanita

1. Elifaz Condena Jó como um Homem Mal
2. O Status Espiritual e Orgulho de Elifaz

"Reflita agora: Qual foi o inocente que chegou a perecer?
Onde os íntegros sofreram destruição? Pelo que tenho observado,
quem cultiva o mal e semeia maldade, isso também colherá" (4:7-8).

1. Elifaz Condena Jó como um Homem Mal

Então respondeu Elifaz, de Temã: 'Se alguém se aventurar a dizer-lhe uma palavra, você ficará impaciente? Mas quem pode refrear as palavras? Pense bem! Você ensinou a tantos; fortaleceu mãos fracas. Suas palavras davam firmeza aos que tropeçavam; você fortaleceu joelhos vacilantes. Mas agora que se vê em dificuldade, você desanima; quando você é atingido, fica prostrado'" (4:1-5).

Como Jó estava amaldiçoando o dia em que nasceu e seus pais, seu amigo, Elifaz, não mais suportava aquilo e foi o primeiro a abrir a boca para falar. O que nós precisamos lembrar aqui é que as conversas entre Jó e seus amigos podem às vezes ser corretas aos olhos de Deus, mas muitas partes eram só suas opiniões.

Deus deixou todas essas coisas registradas porque era necessário que assim fosse. Agora, Elifaz estava dizendo o que ele já vinha pensando, porque estava já aborrecido. Aos seus olhos, Jó não era a pessoa que ele conhecia. Ele comparou as ações e palavras de Jó antes e depois dos incidentes que sofreu e achou que as palavras de seu amigo agora eram todas inúteis. É por isso que estava com raiva – por causa das coisas que Jó estava dizendo.

Segundo a Bíblia, podemos ver que a atitude de Elifaz não estava certa. Tiago 1:19 diz: *"Meus amados irmãos, tenham isto em mente: Sejam todos prontos para ouvir, tardios para falar e tardios para irar-se."*

Também vemos Mateus 7:1-5 dizer: *"Não julguem, para que vocês não sejam julgados. Pois da mesma forma que julgarem, vocês serão julgados; e a medida que usarem, também será usada para medir vocês. Por que você repara no cisco que está no olho do seu irmão, e não se dá conta da viga que está em seu próprio olho? Como você pode dizer ao seu irmão: 'Deixe-me tirar o cisco do seu olho', quando há uma viga no seu? Hipócrita, tire primeiro a viga do seu olho, e então você verá claramente para tirar o cisco do olho do seu irmão."*

Contudo, seu amigo se considerava correto e estava criticando e medindo Jó.

No versículo 3, podemos ver que Jó tinha vivido uma vida honesta e podia admoestar muitas pessoas. 'Mãos fracas" representa aqueles que perderam sua energia e entusiasmo pela vida. Jó havia fortalecido e aconselhado esse tipo de pessoa.

Além disso, 'os que tropeçavam' se refere àqueles que caíram e desistiram da vida como, por exemplo, pessoas cujos negócios faliram da noite para o dia ou quem já foi abandonado por seu parceiro. São pessoas que perderam a força de vontade ou o motivo para continuarem vivendo. Jó encorajava e fortalecia esse tipo de pessoa.

O que significa 'fortalece joelhos vacilantes'? O homem consegue andar só se tiver joelhos fortes. Com joelhos fracos não se consegue caminhar. Portanto, 'fortalecer joelhos vacilantes' refere-se a ações. Jó ajudou e segurou aqueles que não possuíam riquezas na vida ou cujas atitudes não eram suficientes para vencer. Como Jó era muito rico, de vez em quando dava dinheiro aos necessitados e os fortalecia com coragem e esperança. Contudo, quando o próprio Jó se viu naquele tipo de dificuldade, Elifaz se entristeceu e o estava repreendendo, dizendo que ele estava agindo da mesma forma que aquelas pessoas a quem costumava ajudar.

Por que Deus registrou todas essas coisas? Temos de nos certificar de que não somos como Jó. Suponha que alguém tenha vindo consultá-lo, enquanto você tinha uma vida cheia de fé e do Espírito. Então, você pode ter dito com confiança: "Se há algo de errado, você deve se arrepender e converter de seus maus caminhos. Se você confiar completamente em Deus, Ele resolverá o seu problema. Deus é justo e cheio de amor."

Entretanto, se você mesmo depois enfrentasse o mesmo tipo de problema, será que agiria como Jó e falaria coisas do tipo que ele falou? Será que não se preocuparia e se queixaria como Jó o fez? Através de Jó, Deus está nos mostrando diferentes atitudes que temos, quando estamos em condições favoráveis e desfavoráveis.

Podemos checar como anda a nossa fé, quando enfrentamos testes e provações, onde nossa fé e o interior do nosso coração são revelados. Quando diante de tribulações, podemos nos converter com jejum e oração para recebermos as soluções para os nossos problemas. O apóstolo Paulo foi espancado, aprisionado e sofreu muitas outras coisas pelo nome do Senhor Jesus, mas nunca se queixou de Deus. Nós também devemos ter uma fé assim.

"**Sua vida piedosa não lhe inspira confiança? E o seu procedimento irrepreensível não lhe dá esperança?**

Reflita agora: Qual foi o inocente que chegou a perecer? Onde os íntegros sofreram destruição?" (4:6-7)

A raiva de Elifaz estava aumentando e ele estava apontando para os defeitos de Jó; e, ao invés de olhar para dentro de si diante do que estava ouvindo, Jó ficou ainda mais nervoso. Quando você aconselha alguém com amor, a pessoa sente aquele amor e aceita o conselho. Mas o conselho com maus sentimentos ou raiva só causa maus sentimentos para a outra pessoa também. Assim, a pessoa não aceita o conselho.

Jó temia a Deus e confiava Nele. Confiar em Deus é deixar tudo por Ele. Temê-Lo é reverenciá-Lo e respeitá-Lo. Jó respeitava a Deus, mas ao mesmo tempo tinha medo Dele. Entretanto, como acreditava no Deus Todo Poderoso, Jó confiava Nele.

Não obstante, devemos checar se Jó realmente e verdadeiramente temia a Deus e confiava Nele. Temê-Lo é guardar as Suas palavras (Deuteronômio capítulo 28).

Quando acreditamos que Deus pode todas as coisas, podemos confiar Nele para tudo. Jó queria que suas obras fossem perfeitas aos olhos de Deus. Ele queria ser perfeito diante Dele; e Elifaz, como era amigo de Jó, sabia muito bem sobre suas obras.

Contudo, como o próprio Jó se viu diante de problemas, suas palavras estavam sendo bem diferentes das coisas que costumava dizer. "Jó, você não confiava e temia a Deus? Mas quando ouço suas palavras, como é que posso dizer que confiava Nele? Se você O teme verdadeiramente, não pode dizer tais coisas!"

"Você não queria que suas obras fossem perfeitas aos olhos de Deus? Pense! Todo mundo é destruído por causa dos pecados que comete. Se você fosse um homem honesto, Deus não daria prosperidade?" No versículo 7 Elifaz perguntou a Jó: "Onde os íntegros sofreram destruição?"

E então, pode um inocente perecer? Romanos 6:23 diz que o salário do pecado é a morte. A morte vem do pecado. O homem perece por causa de seus pecados. Uma vez que Enoque e Elias tiveram vidas santas sem nenhuma culpa ou mancha, foram arrebatados vivos para o céu, sem experimentar morte física.

A palavra de Deus nos deixa claro que Deus está com a pessoa que é honesta e justa e a guia por caminhos prósperos. Então, quando Elifaz disse: "Onde os justos sofreram destruição?, isso foi uma palavra de verdade. Mas não é verdade que Elifaz disse isso porque sabia muito bem que isso era verdade. Ele às vezes dizia a verdade porque acreditava em Deus. Entretanto ele disse várias inverdades também.

> **"Pelo que tenho observado, quem cultiva o mal e semeia maldade, isso também colherá. Pelo sopro de Deus são destruídos; pelo vento de sua ira eles perecem" (4:8-9).**

Se você arar iniquidade e plantar problema, o fruto não será nada além de problema. O campo arado aqui espiritualmente refere-se ao coração do homem. Deus quer que o nosso coração seja um bom solo. O solo do coração varia de pessoa para pessoa.

Os campos dos corações das pessoas podem ser como trilhas, solos rochosos, espinhosos ou bons solos. O coração de Jó era um bom solo. Até o ponto em que Elifaz disse: "quem cultiva o mal e semeia maldade, isso também colherá", o que ele dizia estava correto.

Todavia, na verdade, Elifaz estava julgando Jó com seus próprios pensamentos. Ele acreditava que Jó estava com aquelas feridas porque ele provavelmente tinha plantado maldade no passado e, portanto, estava colhendo maldade. "Na minha opinião, você arou o mal e plantou problema. Então isso deve ser o fruto do que plantou!"

Logo, ao dizer, "Pelo sopro de Deus são destruídos; pelo vento de sua ira eles perecem", Elifaz estava condenando Jó como pecador. Contudo, Jó não era o tipo de pecador do qual Elifaz estava falando. Pelo contrário, Jó era justo e íntegro.

Jó não havia arado maldade. Ele arou bondade e não plantou problemas. A razão pela qual Jó estava reclamando e lamentando não era porque o seu coração era mau, mas porque ele não conhecia a verdade realmente e não tinha tido a experiência de conhecer a Deus.

Dessa forma, o ponto de vista do amigo de Jó e o de Deus em relação ao coração de Jó eram completamente diferentes; e Elifaz continuava falando coisas más com sua maldade.

"Os leões podem rugir e rosnar, mas até os dentes dos leões fortes se quebram. O leão morre por falta de presa, e os filhotes da leoa se dispersam" (4:10-11).

Se o rugido do leão, que é o rei dos animais, acaba, isso significa que tudo está acabado. Se os dentes fortes dos jovens leões se quebram e eles não mais podem capturar suas presas, passam a ser inúteis. Leões velhos não têm força ou velocidade para capturar outros animais.

"Até o rei dos animais, os leões, seriam inúteis se seus dentes se quebrassem. Se envelhecem, não têm forças para capturar sua presa e, assim, até os filhotes se dispersam. Os leões são fortes de certo modo, pois também envelhecem. Da mesma maneira, os homens vivem bons e maus momentos. É o destino e nada podemos fazer em relação a isso."

Elifaz agora estava falando sobre os princípios deste mundo. Estava dizendo que os homens passam por altos e baixos na vida. Contudo, esse é um princípio apenas para este mundo; não é algo correto de acordo com a palavra de Deus.

Deus diz em Êxodo 15:26: *"Se vocês derem atenção ao SENHOR, o seu Deus, e fizerem o que ele aprova, se derem ouvidos aos seus mandamentos e obedecerem a todos os seus decretos, não trarei sobre vocês nenhuma das doenças que eu trouxe sobre os egípcios, pois eu sou o SENHOR que os cura."*

Esse versículo nos diz que se vivermos pela palavra de Deus, Ele nos livrará de todas as doenças. Se temermos a Deus e vivermos com fé, a palavra de Marcos 9:23 que diz, *"Se podes?", disse Jesus. "Tudo é possível àquele que crê"*, será cumprida em nossas vidas. É lei de Deus que colhamos aquilo que plantamos (Gálatas 6:7-8).

Assim sendo, dizer que a vida é feita de altos e baixos e momentos bons e ruins não passa de um princípio mundano, e não de Deus. Dessa maneira, deve ficar claro que essas palavras de Elifaz não eram verdade – não eram a palavra de Deus – mas era sua opinião pessoal.

No Livro de Jó devemos discernir bem o que são palavras de Deus e o que são opiniões pessoais. Há quem cite versículos que foram escritos com base em pensamentos humanos, como se eles fossem a palavra de Deus; e isso não pode estar certo.

2. O Status Espiritual e Orgulho de Elifaz

"Disseram-me uma palavra em segredo, da qual os meus ouvidos captaram um murmúrio. Em meio a sonhos

perturbadores da noite, quando cai sono profundo sobre os homens, temor e tremor se apoderaram de mim e fizeram estremecer todos os meus ossos" (4:12-14).

'Quando cai sono profundo sobre os homens' significa que 'no meio da noite' Elifaz teve algum tipo de visão. Ele teve uma experiência espiritual, mas não conseguiu entendê-la completamente, o que fazia com que tivesse pensamentos inquietos.

Apesar de não ter tido a experiência de conhecer Deus, Elifaz estudava a lei e sabia sobre Abraão e Moisés. Você já andou no meio de uma floresta sozinho no meio da noite? Se você não tiver completa confiança em Deus e crer que Ele está contigo, você pode tremer de medo. Pode sentir seus ossos tremerem como Elifaz.

"Então um espírito passou por diante de mim; fez-me arrepiar os cabelos da minha carne. Parou ele, porém não conheci a sua feição; um vulto estava diante dos meus olhos; houve silêncio, e ouvi uma voz que dizia: Seria porventura o homem mais justo do que Deus? Seria porventura o homem mais puro do que o seu Criador? Eis que ele não confia nos seus servos e aos seus anjos atribui loucura" (4:15-18).

Um certo espírito passou por Elifaz. Ele não conseguiu vê-lo claramente, mas sentiu que um espírito havia passado por ele. Então, seus pelos se arrepiaram. Quando temos uma experiência espiritual pela primeira vez, esse tipo de coisa pode acontecer.

Espíritos não podem ser vistos a olhos nus, mas até recém-convertidos podem sentir que um espírito passou ou que o diabo está trabalhando.

Quando eu era diácono, às vezes fazia vigília na igreja. Havia algumas diaconisas de idade que iam orar também. Certa vez, 30 minutos depois que elas começaram a orar, eu não podia mais ouvi-las orando, pois estavam cochilando.

Foi quando eu tive uma experiência espiritual. O diabo estava fazendo as diaconisas ficarem cansadas e caírem no sono. Quando orei em línguas fortemente, "Satanás, saia! O demônio do cansaço e do sono, saia!" as diaconisas acordaram de repente e eu pude ouvi-las orando novamente.

Quando orei fortemente a fim de expulsar o inimigo, pude sentir os demônios passando do meu lado. Depois que orei, "Deus, proteja-nos com as paredes de fogo do Espírito Santo, para que nenhum demônio possa trabalhar", pude ver as diaconisas orando fervorosamente.

Sempre que elas me diziam: "Nós oramos tão fervorosamente quando oramos com você!" eu sorria por dentro. Embora não tenhamos o dom de visões, aqueles que possuem um espírito limpo podem sentir algumas coisas. Muitas pessoas conseguem discernir se os espíritos estão ajudando ou atrapalhando.

Devemos Discernir Bem os Espíritos

O versículo 16 diz: "Parou ele, porém não conheci a sua feição; um vulto estava diante dos meus olhos." Havia um espírito na frente de Elifaz, mas ele não conseguia discernir se era Satanás ou um espírito enviado por Deus. Se o pudesse, ele não teria tido medo algum. Como Elifaz cria em Deus, ele tentou ouvir Sua voz.

"Seria porventura o homem mais justo do que Deus? Seria porventura o homem mais puro do que o seu Criador? Eis que ele não confia nos seus servos e aos seus anjos atribui loucura." Antes de Elifaz ouvir os ensinamentos de Jó, que temia a Deus, ele também estudou a Lei, mas como Jó, não tinha nenhuma experiência real com Deus.

Ele não estava no nível de discernimento de espíritos e, assim, com o mínimo de experiência espiritual que tinha, estava dizendo algo como se estivesse vindo de Deus, juntamente com seus próprios pensamentos.

Somos justificados diante de Deus pela fé, e podemos nos tornar mais justos e santos, a ponto de acharmos o mal dentro de nós, despojarmo-nos dele e praticarmos a palavra de Deus. Contudo, nunca podemos ser 100% justos e santos como o próprio Deus. É muito óbvio o ser humano não poder ser mais justo ou puro que Deus. Além disso, é verdade que o homem nunca poderá ser como Deus.

Contudo, o versículo 18 diz: "Eis que ele não confia nos seus servos e aos seus anjos atribui loucura." Isso não está certo.

Deus confiou em Abraão e o apontou como o Pai da Fé. Moisés, Davi e Paulo, todos eles tinham a confiança de Deus e foram usados por Ele. Se Deus nomeia Seus servos e mensageiros, Ele não lhes atribui erro ou loucura, mas os fortalece, a fim de que possam realizar seus ministérios.

Apenas pense em quem Deus é! Além do mais, como podem anjos administrados por Deus fazer alguma coisa tola? Sem considerar que o próprio Deus é quem os usa. Será que Ele lhes diria: "Por que vocês são tão tolos?" Deus sabe de todas as coisas e tem Seus planos desde antes do início dos tempos. Ele confia e usa servos apropriados, de acordo com o vaso que são. Agora, Elifaz estava ora citando a palavra de Deus e ora falando coisas contrárias a ela.

O mesmo acontece hoje entre aqueles que oram muito.

Alguns dizem ouvir vários tipos da voz do Espírito Santo, mas muitas vezes não é realmente isso. Há também muitos que citam a palavra de Deus de maneira incorreta.

Elifaz se Orgulha de Sua Experiência Espiritual

"...quanto mais nos que moram em casas de barro, cujos alicerces estão no pó! São mais facilmente esmagados que uma traça! Entre o alvorecer e o crepúsculo são despedaçados; perecem para sempre, sem ao menos serem notados. Não é certo que as cordas de suas tendas são arrancadas, e eles morrem sem sabedoria?" (4:19-21)

Elifaz comparou Jó com aqueles que habitam em casas de barro, cuja fundação está sobre a terra e que são esmagadas mais facilmente que uma traça. Ele queria dizer que o status de Jó, que era o homem mais rico do leste, havia se perdido, pois Jó havia perdido tudo. Mas falar que os homens são mais facilmente esmagados que a traça foi demais.

Na opinião de Elifaz, Jó estava completamente destruído para sempre. Parecia não haver possibilidade de ele se erguer novamente. Elifaz estava julgando e concluindo que ninguém se lembraria de Jó, que foi completamente destruído, sem forças para se levantar de novo.

As 'cordas de suas tendas são arrancadas' significa que a fundação em si desapareceu. Elifaz estava sendo cínico ao dizer: "Morre, mas sem sabedoria." "Jó! Você costumava aconselhar as pessoas por causa da grande sabedoria que tinha, mas onde estará ela agora? Se você tivesse sabedoria mesmo, será que estaria passando por tudo isso hoje?"

Elifaz costumava ouvir os ensinamentos de Jó e respeitava-o, mas quando Jó não tinha mais nada para oferecer, Elifaz estava pisando nele e fazendo-o sentir ainda mais miserável. Essa atitude de Elifaz é como a dos fariseus e escribas nos tempos de Jesus, que ensinavam a lei, mas não a praticavam.

Agora, Elifaz estava muito orgulhoso dizendo: "Ouvi isso em uma visão. Também recebi inspiração." Ele estava julgando e criticando Jó, olhando o exterior apenas. Ele estava sendo espiritualmente arrogante, pensando que havia ouvido a voz de Deus, quando, na verdade, estava sendo alvo da obra de Satanás.

Capítulo 5
A Raiva e a Inveja dos Homens Tolos

1. Com Arrogância Espiritual Elifaz Discute Erroneamente a Palavra de Deus
2. A Diferença entre o Ponto de Vista Carnal e o Ponto de Vista Espiritual
3. Palavras e Ações Diferentes de Elifaz

Um Homem Justo e Íntegro se Aproximando de Deus

"O ressentimento mata o insensato, e a inveja destrói o tolo" (5:2).

1. Com Arrogância Espiritual Elifaz Discute Erroneamente a Palavra de Deus

"Clame, se quiser, mas quem o ouvirá? Para qual dos seres celestes você se voltará? O ressentimento mata o insensato, e a inveja destrói o tolo" (5:1-2).

No capítulo 4, foi explicado que Elifaz teve alguma experiência espiritual, mas não conhecia a verdade completamente e, por isso, usava seus próprios pensamentos como se estivesse ouvindo a voz de Deus. Ele achou que tinha conhecido o mundo espiritual e ficou arrogante.

Em sua arrogância espiritual, ele disse: "Chame agora! Será que haverá alguém para lhe responder? Deus o abandonou. Será que haverá alguma resposta se você clamar? Se estivesse entre os santos, estaria com vergonha de si mesmo e não ousaria estar mais em seu meio." Isso não era palavra de Deus, mas ele falou como se fosse.

Elifaz concluiu que não importava o tanto que Jó orasse ou clamasse a Deus, Ele não lhe responderia. Em sua arrogância ele negou a palavra de Deus. A Bíblia diz: *"clame a mim no dia da angústia; eu o livrarei, e você me honrará"* (Salmo 50:15), e *"Clame a mim e eu responderei e lhe direi coisas grandiosas e insondáveis que você não conhece"* (Jeremias 33:3).

Portanto, é da vontade de Deus que clamemos a Ele nos dias de provação ou tribulação. Elifaz havia chegado a uma conclusão errônea, ao dizer que Deus não responderia a Jó, independente do tanto que ele orasse ou clamasse por Ele.

Jesus não veio para os justos, mas para os pecadores. Por causa de suas interpretações erradas da palavra de Deus, Elifaz, como os fariseus, culpou Jó pela sua situação e também negou a verdade da palavra de Deus. Devido às suas más interpretações da palavra de Deus, Elifaz criticou Jó erroneamente. Ele não se deu conta de sua própria maldade e estava repreendendo um homem justo.

Contudo, no versículo 2, o que Elifaz disse estava certo: que o ressentimento mata o insensato. Provérbios 12:16 diz: *"O insensato revela de imediato o seu aborrecimento, mas o homem prudente ignora o insulto."* São muitas as pessoas que se aborrecem facilmente. Isso ocorre entre pais e filhos, entre amigos e entre esposo e esposa.

Há, inclusive, mães que ficam nervosas com crianças novas que não sabem nem o que estão fazendo – e isso é insensato. A raiva, ciúmes ou inveja vêm de Satanás e levam o homem para um caminho de destruição. São males que temos de remover de dentro de nós.

2. A Diferença entre o Ponto de Vista Carnal e o Ponto de Vista Espiritual

"Eu mesmo já vi um insensato lançar raízes, mas de repente a sua casa foi amaldiçoada. Seus filhos longe estão de desfrutar segurança, maltratados nos tribunais, não há quem os defenda. Os famintos devoram a sua

colheita, tirando-a até do meio dos espinhos, e os sedentos sugam a sua riqueza" (5:3-5).

Elifaz achou que Jó era insensato porque não controlou os seus sentimentos, mas derramou suas reclamações e ressentimentos contra Deus. Agora Elifaz estava amaldiçoando a insensatez de Jó e sua família. Antes de Jó ter problemas, seus filhos também eram bem de vida, mas depois que seu pai entrou em agonia, não tiveram mais paz.

No versículo 4, temos: 'desfrutar segurança.' 'Maltratados nos tribunais' significa que eles eram oprimidos por algum tipo de autoridade. Elifaz estava dizendo que Jó e seus filhos eram oprimidos pela autoridade de Deus ao se encontrarem naquele desastre. Ele também concluiu que, como Deus estava fazendo aquilo, não havia ninguém para defendê-los.

O que significa "Os famintos devoram a sua colheita, tirando-a até do meio dos espinhos, e os sedentos sugam a sua riqueza"? Famintos significa invasores. Como invasores sempre têm alguma necessidade, eles invadem outros lugares a fim de satisfazê-la.

Os espinhos podem ser comparados com o arame farpado colocado sobre os muros das casas dos ricos. Podemos dizer que Jó tinha arame farpado para proteger suas plantações, mas ele era tirado por invasores. Elifaz queria dizer que as más palavras vindas da boca de Jó se tornaram uma armadilha para ele, que ele era oprimido por uma autoridade e que todas as suas posses lhe haviam sido tiradas.

Provérbios 18:21 diz: *"A língua tem poder sobre a vida e sobre a morte; os que gostam de usá-la comerão do seu fruto."* Mesmo quando falamos as coisas de brincadeira, se são contrárias à palavra, elas se tornam um espinho e uma armadilha que trazem a acusação de Satanás para nossas vidas. Muitos de nós percebemos isso em nossa vida na terra.

> "Pois o sofrimento não brota do pó, e as dificuldades não nascem do chão. No entanto, o homem nasce para as dificuldades tão certamente como as fagulhas voam para cima. Mas, se fosse comigo, eu apelaria para Deus; apresentaria a ele a minha causa" (5:6-7).

Essa palavra parece ser certa, mas temos de perceber que Elifaz ainda estava interpretando mal as coisas. É claro que está certo dizer que o sofrimento não brota do pó e as dificuldades não nascem do chão. Contudo, de certa forma, toda aflição, provação ou bênção vêm do chão, pois o homem come do chão, colhendo o que planta.

Agora, Elifaz estava dando uma palestra para Jó. Será que o homem nasce para a dificuldade, como ele disse? Não-crentes diriam que sim e que só vivemos para comer e sobreviver.

Não-crentes também acham que tudo termina com a morte física, e então eles procuram satisfazer só seus próprios interesses, enquanto vivem nesta terra. Eles mantêm seu ponto de vista carnal em relação à vida, como ela sendo apenas para se desfrutar o máximo de fama, autoridade e dinheiro possível. Logo, essas pessoas estão, na verdade, indo em direção a suas sepulturas dia após dia. Ao invés de terem vidas felizes e cheias de alegria, suas lágrimas, dores e suspiros só aumentam.

Portanto, do ponto de vista das pessoas que têm esperança por este mundo apenas, a vida é uma continuação de sofrimentos e elas sentem que o homem nasceu para ter problemas. Assim, não apenas não-crentes, mas também crentes que não conseguem ter uma fé verdadeira, não têm esperança pelo céu e terão um ponto de vista carnal como Elifaz. Eventualmente essas pessoas podem ficar cansadas de seu dia-a-dia.

Por outro lado, aqueles com uma perspectiva espiritual têm esperança pelo reino dos céus, onde viverão felizes para sempre. Essas pessoas conseguem sempre se regozijar, dar graças em todas as circunstâncias e orar continuamente. Elas também têm uma visão clara sobre o propósito da vida, que é viver para a glória de Deus. Quer comam ou bebam ou façam qualquer outra coisa, suas vidas na terra são sempre felizes e cheias de alegria.

Sendo assim, aqueles que possuem um ponto de vista espiritual pensam que o homem não nasceu para ter problemas, mas para a glória de Deus e para desfrutar de gozo eterno.

3. Palavras e Ações Diferentes de Elifaz

"Mas, se fosse comigo, eu apelaria para Deus; apresentaria a ele a minha causa. Ele realiza maravilhas insondáveis, milagres que não se pode contar. Derrama chuva sobre a terra e envia água sobre os campos. Os humildes, ele os exalta, e traz os que pranteiam a um lugar de segurança" (5:8-11).

Podemos ver como Elifaz não é confiável através desses versículos. Ele se esquece completamente das coisas que acabara de dizer. Ele disse que não importava o quanto Jó clamasse por Deus, não tinha como Deus responder-lhe. E agora Elifaz está aconselhando Jó a pedir as coisas a Deus e receber Sua resposta.

Elifaz estava aconselhando Jó com a verdade, mas ele mesmo era um hipócrita que falava as palavras, mas não agia segundo elas, como os fariseus. O Deus Todo Poderoso controla tudo nos céus, terra e natureza. Ele faz maravilhas e exalta os que se humilham.

Então, o que significa "traz os que pranteiam a um lugar de segurança"? Aqui, 'os que pranteiam' são aqueles que choram não por coisas carnais, mas em espírito com amor por Deus. 'A um lugar de segurança' significa que seu espírito será levantado.

Devemos ser capazes de prantear pelo reino de Deus e pelas pobres almas que estão se dirigindo para um caminho de morte. Se nos depararmos com algum tipo de blasfêmia ou ações que incomodam a Deus, nossos espíritos podem se indignar de vez em quando, mas a justiça carnal, com raiva, só desonra a Deus.

"Ele frustra os planos dos astutos, para que fracassem as mãos deles. Apanha os sábios na astúcia deles, e as maquinações dos astutos são malogradas por sua precipitação. As trevas vêm sobre eles em pleno dia; ao meio-dia eles tateiam como se fosse noite" (5:12-14).

O dicionário *The Webster's Revised Unabridged Dictionary* define 'astuto' como 'ser capaz ou hábil em assuntos práticos; esperto em negócios; sagaz, afiado.' Mas seu significado espiritual é trapacear os outros com métodos injustos. Judas Iscariotes, que vendeu Jesus, e Ananias e Safira, que traíram um poderoso servo de Deus, pertencem a esse tipo de definição espiritual de 'astuto.'

Tramar é organizar algo secreta ou desonestamente. Tramando, essas pessoas podem sentir que as coisas acontecerão da maneira como querem, mas depois de algum tempo, elas cairão nos testes e provações. O sábio seguirá pelo caminho certo honestamente.

A Bíblia diz que aqueles que não vivem segundo a verdade são tolos, insensatos. Como o homem pensa e planeja as coisas que não estão certas, segundo a palavra da verdade, ele é pego em seus próprios esquemas e cai. Deus protege aqueles que vivem na verdade. A Bíblia proíbe que sejamos fiadores de dívidas. Se nos tornamos fiadores de alguma dívida, isso significa que violamos a verdade (Provérbio 22:26).

Uma vez que os homens são insensatos, eles tramam e, como eles tramam as coisas, pessoas são traídas ou enganadas. Contudo, se vivermos na verdade, Deus nos dá uma saída e trabalha para o bem de tudo em nossas vidas. É importante sabermos também que mesmo se amarmos a Deus e formos amados por Ele, se elaborarmos esquemas diante Dele, Ele não nos aceitará. Considerando que Deus pune a quem Ele ama, Ele destruirá as coisas tramadas.

Ser perspicaz está em um nível superior de maldade do que ser astuto. Quando diante de testes ou provações, essas pessoas não encontram um modo de resolver seu problema e enfrentam a escuridão.

Entretanto, aqueles que vivem na verdade não enfrentarão uma situação como a escuridão, pois eles têm domínio sobre o diabo, o inimigo. Mesmo se se encontrassem em meio às trevas, Deus ainda trabalharia para o seu bem.

> **"Ele salva o oprimido da espada que trazem na boca; salva-o das garras dos poderosos. Por isso os pobres têm esperança, e a injustiça cala a própria boca" (5:15-16).**

Os pobres aqui não significa apenas os tristes e afligidos, mas também os pobres espiritualmente. Em outras palavras, são pessoas que estão sedentas e famintas por retidão e cujos corações são pobres. Aqueles que possuem corações pobres têm esperança pelo céu e buscam a Deus ardentemente. Assim, eles ganham fé.

Em Lucas, capítulo 16, o mendigo Lázaro era pobre, mas conseguiu estar do lado de Abraão. Ele foi salvo e foi para o céu. Já o homem rico, por sua vez, desfrutou de todo conforto na terra e não buscou a Deus. Logo, ele caiu na morte eterna. É por isso que os pobres têm esperança e a injustiça tem de calar a sua própria boca.

Se temos fome e sede por retidão e confiamos em Deus, Ele nos salva da espada da boca e, o pobre, das mãos dos poderosos. Aqueles que são pobres de coração terão esperança pelo céu e, naturalmente, se afastarão da injustiça.

> "Eis que bem-aventurado é o homem a quem Deus repreende; não desprezes, pois, a correção do Todo-Poderoso. Porque ele faz a chaga, e ele mesmo a liga; ele fere, e as suas mãos curam. Em seis angústias te livrará; e na sétima o mal não te tocará" (5:17-19).

Quando aceitamos Jesus Cristo como nosso Salvador e nos arrependemos de nossos pecados, recebemos o dom do Espírito Santo. Se recebemos o Espírito Santo, nossos nomes são escritos no livro da vida no céu e ganhamos os direitos como filhos de Deus. É por isso que, se os filhos de Deus violarem a palavra Dele e seguirem por um caminho errado, Deus permitirá a punição.

Se não houver punição quando não guardarmos santo o Dia do Senhor e não vivermos de acordo com a palavra de Deus, devemos nos averiguar se somos Seus filhos legítimos (Hebreus 12:5-8). Elifaz estava aconselhando Jó dizendo: "Você está sendo punido por causa de seus pecados. Então, por que está reclamando? Receba a correção do Deus Todo-Poderoso com alegria."

Então, por que Elifaz disse no versículo 18: "Porque ele faz a chaga, e ele mesmo a liga; ele fere, e as suas mãos curam"? Ele havia aprendido muito sobre a lei com seus antecedentes, desde o Livro do Gênesis, e também havia estudado a palavra de Deus.

Todavia, ele não tinha entendimento espiritual do conhecimento que tinha. Ele estava tentando ensinar a Jó só com o conhecimento que tinha adquirido (Jó 5:27). Embora Jó estivesse ouvindo suas palavras, ele não conseguia entendê-las claramente ou se converter de seus pecados e mudar. A palavra de Deus foi escrita pela inspiração do Espírito Santo. Assim, só quando entendemos o significado espiritual das coisas ali escritas é que o nosso coração pode mudar. Ensinar a palavra de Deus literalmente não dá a vida verdadeira a ninguém.

Aqui, qual é o significado espiritual de "Ele fere, mas trata do ferido"? Quando Satanás acusou Jó, Deus permitiu a prova. Isso porque havia uma razão para Deus permiti-la. Não é o próprio Deus que pune Jó e dá-lhe doenças, mas Satanás o acusa de acordo com o quanto ele violou as leis do mundo espiritual, trazendo-lhe tragédias e doenças.

Como Deus ordenou a serpente a comer pó, Satanás traz tragédias aos homens, a ponto de fazê-los pecar. Todavia, se eles se converterem e se arrependem, Deus os cura e os faz perfeitos.

Depois, o que significa 'seis angústias'? As 'seis angústias' se referem aos seis mil anos em que a humanidade vive na terra, desde quando Adão e Eva foram expulsos do Jardim do Éden. Contudo, Elifaz não usou essa expressão sabendo de seu sentido espiritual.

"Em seis angústias te livrará" significa que assim como Deus criou os céus e a terra em seis dias e descansou no sétimo, aqueles que temerem a Deus e viverem na verdade durante os seis mil anos, nos quais a espécie humana está sobre o governo do diabo, o inimigo, receberão a salvação pelo nome de Jesus Cristo.

"Na sétima, o mal não te tocará" se refere à providência de Deus. O número '7' é o número da perfeição na Bíblia. Depois de seis mil anos de história humana, o Reino do Milênio acontecerá na terra, e depois de sete mil anos de história, o eterno reino dos céus e o inferno serão revelados através do Julgamento do Grande Trono Branco.

Portanto, 'na sétima, o mal não te tocará' simboliza a perfeita providência e vontade de Deus, que planejou os sete mil anos de história. Mesmo em provações, a Bíblia promete que aqueles que depositam sua confiança em Deus completamente e pedem as coisas a Ele serão libertados.

> "Na fome ele o livrará da morte, e na guerra o livrará do golpe da espada. Você será protegido do açoite da língua, e não precisará ter medo quando a destruição chegar. Você rirá da destruição e da fome, e não precisará temer as feras da terra" (5:20-22).

Na fome todos são afetados, e como Deus pode nos resgatar? Em 1 Reis, capítulo 17, houve uma fome de três anos e meio no tempo em que Acabe reinava sobre Israel, por causa da tremenda idolatria que atraiu a ira de Deus.

Entretanto, o profeta Elias era amado por Deus e Ele o guiou até o riacho de Querite, onde Ele o alimentou com pão e carne através de um corvo. Além disso, quando o riacho de Querite também secou, Deus o guiou até a viúva em Sarepta. Aqueles que não duvidam de Deus, despojam-se de seus pecados, confiam Nele e recebem a Sua ajuda.

Depois vemos, "e na guerra o livrará do golpe da espada." Os profetas também eram poupados da espada. Jeremias foi levado cativo, mas foi sempre protegido por Deus. Mesmo quando a rainha Jezebel tentou matar Elias, ele foi sempre protegido.

Da mesma forma, se confiarmos e dependermos completamente de Deus, poderemos ser reconhecidos e amados por Ele, e nenhuma espada poderá nos prejudicar.

Em seguida vemos: "do açoite da língua estarás encoberto." O que é o açoite da língua? São as palavras da boca de uma pessoa em ação.

Por exemplo, quando alguém diz: "Eu vou te matar!" e então realmente mata a outra pessoa, isso é a palavra em ação. Em Daniel, capítulo 6, havia um decreto dizendo que se qualquer pessoa orasse a qualquer outro deus ou homem, que não fosse o rei, a pessoa seria lançada na cova dos leões.

Daniel, sabendo disso, voltou para casa e, seguindo seu hábito, orou a Deus três vezes no dia, virado em direção a Jerusalém. Então ele foi jogado na cova dos leões. Contudo, seu corpo não foi tocado por nenhum leão – o anjo de Deus fechou a boca dos leões.

Depois, 'violência' é a destruição causada por guerras e doenças em campos familiares e de negócios. Mesmo quando provações vêm sobre as famílias ou os negócios, ou mesmo se alguém está morrendo de uma doença, se a pessoa se arrepende e se converte, ela pode ser curada e receber as respostas de Deus.

Vemos em seguida: "Da assolação e da fome te rirás." Isso quer dizer que se Jó tivesse confiado e dependido de Deus, deixando tudo nas mãos Dele, ele não estaria amaldiçoando e lamentando agora, mas estaria rindo da violência e fome. Em outras palavras, 'rir' significa que a pessoa está confiante e corajosa.

Depois, "e os animais da terra não temerás." Deus criou

Adão e o fez governar sobre todas as bestas, pássaros e peixes. Entretanto, desde que desobedeceu a Deus e foi amaldiçoado, ou os animais têm medo das pessoas ou as atacam.

"Pois fará aliança com as pedras do campo, e os animais selvagens estarão em paz com você" (5:23).

"Jó, se você realmente confiasse e dependesse de Deus, você não teria lábios tolos amaldiçoando a Ele, a você mesmo e a seus pais. Mesmo diante de fome e violência, você tem de permanecer confiante e corajoso. Você não temerá as feras, e as pedras do campo e os animais selvagens estarão em paz com você!"

Aqui, o que 'campo' e 'pedra' simbolizam espiritualmente? O campo é o coração do homem e a pedra é Jesus Cristo, que é a Rocha. Quando abrimos nossos corações e aceitamos Jesus Cristo, o Espírito Santo vem para dentro do nosso coração. Enquanto ouvimos a verdade, as palavras vêm para dentro de nós e então começamos a entender as coisas e a mudar nossos corações. Essa verdade é a palavra de Deus e o próprio Jesus Cristo é que é a Rocha.

Logo, quando o nosso coração se transforma em um solo fértil, nossa alma prospera, tudo vai bem conosco e somos saudáveis. 1 João 3:21-22 diz: *"Amados, se o nosso coração não nos condenar, temos confiança diante de Deus e recebemos dele tudo o que pedimos, porque obedecemos aos seus mandamentos e fazemos o que lhe agrada."* Deus promete bênçãos a serem dadas àqueles que prosperam através da Sua palavra, em muitas partes da Bíblia.

Semelhantemente, a verdade de Jesus Cristo nos transforma em homens e mulheres de Deus e Ele nos protege com as paredes de fogo do Espírito Santo e a luz de glória, para que o inimigo diabo e Satanás não possam nos atingir.

Se nossa fé cresce e nossa alma prospera, tragédias não podem nos sobrevir e o diabo, que é simbolizado por 'animais selvagens', não pode nos prejudicar. Assim, até nossos inimigos estarão em paz conosco.

"Você saberá que a sua tenda é segura; contará os bens da sua morada e de nada achará falta. Você saberá que os seus filhos serão muitos, e que os seus descendentes serão como a relva da terra. Você irá para a sepultura em pleno vigor, como um feixe recolhido no devido tempo. Verificamos isso e vimos que é verdade. Portanto, ouça e aplique isso à sua vida" (5:24-27).

Elifaz estava instruindo Jó, dizendo que se ele confiasse em Deus e Lhe pedisse as coisas, a sua família teria paz e ele receberia todas as bênçãos da vida, inclusive as de riqueza, filhos e longevidade. Contudo, Elifaz estava falando sobre algo que havia estudado, e não de algo que tinha realmente experimentado ou crido.

O que precisamos lembrar é que mesmo se estudarmos a palavra de Deus e a ensinarmos, mas só com conhecimento, o ouvinte não poderá ganhar fé. Se você acumular mais e mais conhecimento da verdade sem colocá-la em prática, é bem provável que você se torne arrogante. Você não terá nenhuma fé com a qual poderá crer em Deus de todo o coração e assim será difícil para você viver segundo a palavra.

Como Jesus disse em João 3:6: *"O que nasce da carne é carne, mas o que nasce do Espírito é espírito"*, temos de pregar mensagens espirituais para que o Espírito Santo possa trabalhar com a palavra. Assim, os corações são abertos, entendem a verdade e adquirem fé.

Elifaz aconselhava a Jó orgulhosamente a respeito do que havia investigado, mas ao invés de se arrepender, Jó só tinha mais sentimentos prejudiciais.

Capítulo **6**
O Debate de Jó

1. Jó Expressa Seus Sentimentos com Sarcasmo Distorcido
2. Jó Não Entende Bem que Deus é um Deus Temeroso
3. Jó Desaponta Deus com Suas Palavras
4. Jó Fica Mais Fraco
5. O Amor Carnal Muda
6. Não Vamos Discutir
7. As Maldades de Jó que Ele Mesmo Não Conhecia são Reveladas

Um Homem Justo e Íntegro se Aproximando de Deus

"Se tão somente pudessem pesar a minha aflição e pôr na balança a minha desgraça! Veriam que o seu peso é maior que o da areia dos mares. Por isso as minhas palavras são tão impetuosas" (6:2-3).

1. Jó Expressa Seus Sentimentos com Sarcasmo Distorcido

"Então Jó respondeu: 'Se tão somente pudessem pesar a minha aflição e pôr na balança a minha desgraça! Veriam que o seu peso é maior que o da areia dos mares. Por isso as minhas palavras são tão impetuosas'" (6:1-3).

Jó estava revoltado e com muita raiva e, por isso, estava dizendo que seu sofrimento era maior do que a areia do mar. Havia motivos para sua raiva ser tão grande.

Primeiro, é porque ele pensa que o Deus Todo Poderoso lhe tirou seus filhos e posses. Como Jó era um homem justo, ele não reclamava de Deus no início. Mas quando começou a sofrer com feridas em todo o seu corpo, não mais suportou a pressão e começou a se queixar contra Deus e seus pais.

Além do mais, seus amigos foram até ele, mas, ao invés de confortá-lo, só o repreenderam com as palavras de Deus, fazendo com que sua revolta aumentasse.

Deus nos diz para não deixarmos que o sol se ponha sobre a nossa ira, amar nossos inimigos, nos regozijarmos sempre e dar graças em toda e qualquer circunstância. Contudo, Jó sequer percebeu que sua ira não estava certa aos olhos de Deus, enquanto apresentava seus argumentos. Pensou que estivesse sofrendo sem razão.

Aqui, quando ele disse: "minhas palavras são tão impetuosas", isso não queria dizer que ele tinha se dado conta de seus defeitos e se arrependido. Ele estava sendo cínico. Como seus amigos não aceitaram suas palavras, mas o criticaram por causa delas, ele se arrependeu de tê-las dito.

Do outro lado da discussão, os amigos de Jó achavam que eles estavam certos e repreendiam-no. Ao mesmo tempo, Jó também achava que era ele quem estava certo e dizia que seus amigos eram maus. Ambos os lados estavam alegando que estavam certos, mas de acordo com a palavra de Deus, as duas partes não entendiam a verdade realmente.

Se temos fé, nós clamamos a Deus em oração em uma situação como a de Jó, e se amigos vêm até nós para nos repreender com a verdade, aceitamos a repreensão com gratidão.

2. Jó Não Entende Bem que Deus é um Deus Temeroso

> "As flechas do Todo Poderoso estão cravadas em mim, e o meu espírito suga delas o veneno; os terrores de Deus me assediam" (6:4).

Ao dizer que foi atingido pelas flechas de Deus e que o seu espírito, a saber, seu coração, sugava o veneno delas, Jó entende erroneamente que Deus tinha previamente planejado puni-lo.

Jó tinha medo de Deus (Jó 3:25). O Deus que Jó conheceu através das leis era um Deus de punição, que dividiu o Mar Vermelho e enviou as Dez Pragas. Jó oferecia sacrifícios a Ele por causa do medo que sentia e porque queria receber a salvação.

Deus é o justo Juiz e também Deus de amor, mas Jó não havia percebido isso. Assim, será que suas ofertas poderiam ser agradáveis a Deus? Mas como pôde Deus simplesmente deixar esse justo e íntegro homem que Jó era?

Deus permitiu que Jó passasse por aqueles provações, para que negasse a si mesmo e percebesse que Deus era amor e justiça. Assim, Jó poderia amar a Deus de todo o seu coração e ser amado por Ele. Através desse processo, Jó poderia se despojar de toda inverdade dentro de si e se santificar. Semelhantemente, é importante que uma vez que nos damos conta de nós mesmos, nos livremos de tudo que não é reto e certo dentro de nós, de acordo com a verdade.

"Zurra o jumento selvagem, se tiver capim? Muge o boi, se tiver forragem? Come-se sem sal uma comida insípida? E a clara do ovo, tem algum sabor? Recuso-me a tocar nisso; esse tipo de comida causa-me repugnância" (6:5-7).

O jumento selvagem zurra quando tem fome, do contrário, ele não o faz. Da mesma maneira, Jó estava dizendo que estava chorando porque tinha uma dor insuportável. Mais uma vez estava sendo cínico quanto às palavras de seus amigos, dizendo que as palavras deles eram tão ruins e inaceitáveis como comida sem sal ou clara de ovo sem sabor.

Jó disse: "Recuso-me a tocar nisso", e isso nos diz que Jó era arrogante. Como o que seus amigos estavam dizendo não lhe trazia nenhum benefício, ele via as palavras deles como inúteis, que só o irritavam e feriam seus sentimentos.

Seus amigos pensavam que estavam dando uma lição em Jó, segundo a palavra da verdade enquanto, na verdade, estavam batendo nele com seus próprios sentimentos maus. Jó, por sua vez, ainda estava levando tudo para o lado pessoal. Ele pensava: "Vocês são Deus? Eu também tenho muita sabedoria e conhecimento. O que vocês sabem?" Ele havia fechado a porta de seu coração com a arrogância de sua mente, de modo que até as palavras de verdade de seus amigos não poderiam lhe dar nenhuma lição. Independente do tanto de verdade presente nas palavras de seus amigos, Jó era incapaz de entendê-la e aceitá-la.

Deus nos falou para não lançarmos pérolas aos cães e porcos. Se não aceitarem, não devemos falar da palavra de Deus, mesma ela sendo a verdade. Entretanto, Elifaz não percebeu que Jó havia fechado a porta de seu coração e continuou discutindo com ele, querendo ensinar-lhe uma lição.

Jó não só recusava o conselho de seu amigo, mas também se irritava com tudo aquilo. É por isso que ele disse que suas palavras eram como comida crua e sem gosto para ele.

3. Jó Desaponta Deus com Suas Palavras

"Se tão somente fosse atendido o meu pedido, se Deus me concedesse o meu desejo, se Deus se dispusesse a esmagar-me, a soltar a mão protetora e eliminar-me! Pois eu ainda teria o consolo, minha alegria em meio à dor implacável, de não ter negado as palavras do Santo" (6:8-10).

Jó estava pedindo a Deus para tirar sua vida. Podemos compreender suas dores, mas jamais se deve pedir coisa assim a Deus, pois isso O entristece. Não se deve sequer pensar em algo assim.

A vida do homem é dada por Deus e nós não podemos tratá-la como se ela fosse algo à nossa disposição. Além disso, se cremos em Deus e Lhe pedimos para tirar-nos a vida, isso mostra que não temos fé nenhuma – o que é decepcionante para Deus.

No entanto, Jó não havia percebido essas coisas.

Daniel sabia que seria lançado na cova dos leões, por causa das tramas feitas por outras pessoas que tinham ciúmes dele, mas ele não abriu mão do que acreditava. Ele continuou seguindo seu hábito de agradecer a Deus em orações feitas com ele virado em direção a Jerusalém (Daniel 6:10).

Daniel foi lançado na cova dos leões, mas Deus estava com ele e o protegeu através de Seu anjo, a fim de que nem um só pelo de seu corpo sofresse algum dano. Com isso ele pôde dar testemunho do Deus vivo ao rei e ao povo da nação e glorificou grandemente a Deus.

Mesmo quando em terríveis dores, quando damos graças a Deus esperando que Ele trabalhe para o bem de tudo, Ele pode trabalhar ao ver nossa fé.

Contudo, Jó não havia entendido a verdade da maneira correta e não tinha mais esperança quanto à vida por vir. É por isso que ele se queixou de Deus e O entristeceu. Jó não estava agindo segundo a verdade, mas foi bem cabeça dura diante de Deus, insistindo que estava certo.

Jó achou que o Deus Todo Poderoso não havia demonstrado misericórdia para com ele, mas atingiu-o com terrível dor. Ele estava dizendo que o Todo Poderoso o havia punido severamente, apesar de ele não ter violado Sua palavra, ou seja, apesar de viver segundo a verdade.

Jó estava dizendo todas essas inverdades, porque ele não tinha um entendimento correto sobre Deus. Mesmo assim, ele continuava insistindo que ele vivia segundo a verdade e que não se arrependeria de nada na vida, mesmo se Deus a tirasse.

4. Jó Fica Mais Fraco

"Que esperança posso ter, se já não tenho forças? Como posso ter paciência, se não tenho futuro? Acaso tenho a força da pedra? Acaso a minha carne é de bronze?" (6:11-12)

Jó pensava que era impossível ele se recuperar e achava que não lhe restava outra escolha senão voltar ao pó, pois não tinha fé. Ele estava cansado de pedir a Deus para curá-lo e estava completamente exausto.

É essa a razão pela qual ele estava dizendo que não podia mais suportar aquilo. Ele se sentia miserável em relação ao seu corpo, que tinha sido atingido por feridas da cabeça aos pés. Como não tinha nenhuma esperança de recuperação, esperava que Deus lhe tirasse a vida.

"Haverá poder que me ajude, agora que os meus recursos se foram? Um homem desesperado deve receber a compaixão de seus amigos, muito embora ele tenha abandonado o temor do Todo Poderoso. Mas os meus irmãos enganaram-me como riachos temporários, como os riachos que transbordam" (6:13-15).

Jó estava dizendo que ele já tinha sido rico e ajudado muitas pessoas, mas agora não havia nada que pudesse fazer. Outrora era famoso por seu conhecimento e sabedoria, mas agora já não tinha mais nada.

Deus é poderoso e ressuscitou até um morto de quatro dias – Lázaro. No entanto, Jó não tinha fé espiritual para crer em Deus, que criou todas as coisas do nada. Como ele não conseguia depender de Deus e não tinha fé, ele só se enfraqueceu.

Finalmente, perdeu todas as suas forças e força de vontade. Como ele não confiava em Deus, não tinha sabedoria e só lhe restou insensatez. Podemos ver que Jó se afastou do caminho da verdade e o seu mal se revelou.

"Amigos, vocês são pessoas sem coração. Quando eu era rico e saudável e a minha família parecia feliz, vocês me amavam e respeitavam, mas quando não me restou mais nada, onde está o seu amor? Sem a chuva, os riachos secam; e não foi assim com o nosso relacionamento?"

Jó esperava ser confortado por seus amigos, mas eles só lhe davam conselhos duros, com seus sentimentos maus, para ele confiar em Deus. Quando estamos passando por uma provação, podemos esperar pelo consolo de alguém. Contudo, na verdade, ele só nos enfraquece e não ajuda absolutamente em nada.

Quando Pedro estava andando sobre o mar, ele viu as ondas, seus próprios pensamentos começaram a surgir, e ele então afundou. Jesus não o confortou dizendo algo como: "Pedro! Você quase se afogou! Que bom que não afogou. Isso era perigoso!" Em vez disso, Ele o repreendeu dizendo-lhe que tinha pouca fé.

Da mesma forma, devemos plantar fé naqueles que estão passando por provações com a palavra de Deus e fazê-los orar, a fim de que fiquem cientes de si mesmos e se convertam de suas iniquidades. Devemos fazer com que eles recebam a força para expulsar o inimigo diabo e Satanás. Isso é o verdadeiro amor espiritual, a saber. Não devemos aconselhar as pessoas com os nossos sentimentos maus, como os amigos de Jó. Só quando aconselhamos ou repreendemos com amor é que o ouvinte se fortalece, para ficar reto diante de Deus.

Se damos apenas uma simples consolação àqueles que

estão passando por um momento de fracasso ou que estão em desespero, eles podem até dizer que você é o único que os entende, mas não receberão forças do alto. Eles se enfraquecerão e falarão palavras destituídas de fé diante de Deus. Assim, eles desapontarão a Deus e farão o inimigo feliz.

5. O Amor Carnal Muda

"Quando o degelo os torna turvos e a neve que se derrete os faz encher, mas que param de fluir no tempo da seca, e no calor desaparecem dos seus leitos" (6:16-17).

A neve em si é pura, mas derrete, vira água e fica suja. Com o calor do sol, mesmo essa água evapora. Jó estava dizendo que o coração de seus amigos era como a neve. Por que Deus deixou isso registrado através de Jó?

É porque o coração do homem é tão engenhoso e mutável como a neve. Os amigos de Jó o aconselharam e repreenderam, usando a palavra de Deus com a interpretação de seus pensamentos. Assim, como tais palavras não eram palavras de amor, elas não tocaram ou comoveram o coração de Jó. É por isso que a conversa deles era só discussão.

No mundo, quando uma pessoa é rica, muitas pessoas a seguem. Entretanto, se essa pessoa vem a falir, é dificílimo encontrar alguém que a ame até o fim.

Além do mais, a amor carnal faz com que a pessoa satisfaça seus próprios interesses. Em contrapartida, o amor espiritual procura o benefício do outro, se sacrifica e é imutável. Os amigos de Jó tinham amor carnal e Jó estava se referindo aos seus corações mutáveis.

"As caravanas se desviam de suas rotas; sobem para lugares desertos e perecem. Procuram água as caravanas de Temá, olham esperançosos os mercadores de Sabá. Ficam tristes, porque estavam confiantes; lá chegaram tão-somente para sofrer decepção" (6:18-20).

Quando no deserto, as pessoas andam em grupos a fim de procurar água, se não a encontram, não lhes resta nada a fazer senão morrer. "As caravanas de Temá olham esperançosas os mercadores de Sabá" significa que nossos corações são a mesma coisa.

Antes, amavam e tinham afeto uns com os outros, mas quando não podiam mais ter nada de Jó, a natureza original de seus amigos foi revelada e eles foram confundidos.

6. Não Vamos Discutir

"Pois agora vocês de nada me valeram; contemplam minha temível situação, e se enchem de medo. Alguma vez lhes pedi que me dessem alguma coisa? Ou que da sua riqueza pagassem resgate por mim? Ou que me livrassem das mãos do inimigo? Ou que me libertassem das garras de quem me oprime?" (6:21-23)

Enquanto Jó continuava discutindo, seus sentimentos ficavam cada vez mais intensos. Ele sentia que seus amigos tinham de estar confortando-o e tendo compaixão dele, mas, na verdade, eles estavam repreendendo-o. Então Jó achou que eles o tivessem entendido mal, isto é, que eles acharam que Jó queria apoiar-se neles.

Jó disse que jamais pediria alguma coisa a seus amigos ou

que eles o resgatassem. É por isso que ele lhes perguntou se eles estavam com medo e, por isso, estavam tratando-o daquela maneira.

Nessa situação, como os amigos de Jó devem ter ficado embasbacados! Tentavam ensinar-lhe uma lição com o que tinham estudado, mas Jó havia fechado a porta de seu coração e não lhes dava ouvido. Na verdade, sua raiva só crescia e eles só discutiam cada vez mais. Quando as pessoas discutem, muitas vezes esse tipo de coisa acontece.

É por isso que a palavra de Deus nos fala para não discutirmos. Em 1 Coríntios 6:7, Deus nos diz para não haver litígios entre os irmãos e que é melhor que estes sofram injustiça.

Quando discutimos, o diabo e Satanás encontram uma forma de entrar com suas obras. Satanás trabalha através dos sentimentos das pessoas, fazendo com que elas tenham sentimentos prejudiciais de uma para com as outras, que acabam se desenvolvendo em um tipo de ódio entre inimigos. É essa a razão pela qual temos de nos despojar de todos os sentimentos maus que há dentro de nós. Se tivermos sentimentos ruins, mesmo se dermos os melhores conselhos, estes não funcionarão.

> "Ensinem-me, e eu me calarei; mostrem-me onde errei. Como doem as palavras verdadeiras! Mas o que provam os argumentos de vocês?" (6:24-25)

Os amigos de Jó estavam apontando para os defeitos de Jó, mas ele não se deu conta disso. É por isso que ele disse: "Se me mostrarem como eu errei, ficarei quieto."

7. As Maldades de Jó que Ele Mesmo Não Conhecia são Reveladas

"Vocês pretendem corrigir o que digo e tratar como vento as palavras de um homem desesperado? Vocês seriam capazes de pôr em sorteio o órfão e de vender um amigo por uma bagatela! Mas agora, tenham a bondade de olhar para mim. Será que eu mentiria na frente de vocês? Reconsiderem a questão, não sejam injustos; tornem a analisá-la, pois a minha integridade está em jogo" (6:26-29).

Em outras palavras, Jó estava dizendo: "Vocês estão tentando julgar o que eu disse? Minhas palavras saíram do meu desespero, e são como o vento." A expressão 'tratar como vento' significa que aquelas palavras não eram verdadeiras e não tinham valor.

Quando ele disse: "Vocês pretendem corrigir o que digo?", Jó estava continuamente repreendendo seus amigos, perguntando como suas ações poderiam ter algum sentido e ser apropriadas. Como vemos no versículo 27, "por em sorteio o órfão e vender um amigo por uma bagatela" são coisas totalmente inaceitáveis. Aos olhos de Jó, seus amigos eram tão maus como as pessoas que fazem essas coisas.

Em outras palavras, eis o que Jó estava dizendo: "Agora, julguem-me vocês, mesmo se tiverem certeza de que estão certos e não tiverem nenhuma dúvida, olhem nos meus olhos e falem! Minhas palavras são a verdade e os fatos. Vocês é que têm de olhar para trás e para dentro de si e se convencerem. Eu estou certo!"

Jó não tinha um coração mau e não falava mentira. Contudo, como ele não entendia a verdade corretamente, ele não conseguia enxergar sua iniquidade. Seus amigos estavam falando para o próprio bem dele, mas Jó se aborreceu com o que disseram. Eles estavam machucando Jó ao invés de ajudá-lo.

Assim, quando damos um conselho a alguém, mesmo se estivermos completamente certos, temos de falar o que fazer sem a interferência de nenhuma emoção pessoal, mas com gentileza e amor verdadeiros. É importante que conselhos sejam dados com um coração terno e amoroso.

Aqui, podemos ver por que Jó teve de passar por aquelas provações. Como ele não entendia a verdade de fato, Jó pensou que seus amigos estivessem todos errados e só ele estava certo. Isso era arrogância. Ser arrogante significa que o ego e a importância de uma pessoa se unem para desprezar ou desconsiderar outros. É por isso que ele não se deu conta de si mesmo. Mesmo quando seus amigos tentaram fazê-lo perceber o que estava fazendo, ele não quis ouvir, mas repreendeu-os, crendo que estavam todos errados.

Até agora, nós descobrimos que Jó tinha cometido vários erros nas coisas em que disse. Ele estava dizendo palavras que podiam amarrá-lo espiritualmente. Com suas palavras, ele estava dando oportunidades para Satanás trazer-lhe acusações.

Deus nos diz: *"Assim, aquele que julga estar firme, cuide-se para que não caia!"* (1 Coríntios 10:12) É perigoso quando pensamos "Já fiz o suficiente." Como a confissão do apóstolo Paulo, temos de morrer todos os dias (1 Coríntios 15:31). Jó pensava que estava firme, e é por isso que estava sofrendo e caindo.

Outra razão por que Jó não caiu em si e se entendeu foi porque ele acreditava que tinha feito tudo para ter uma vida boa e reta e, por isso, pensava que nunca tinha tido nenhum tipo de mal dentro de si.

"Há alguma iniquidade em meus lábios? Será que a minha boca não consegue discernir a maldade?" (6:30)

Isso nos revela claramente por que Jó tinha de passar por todas essas provações. Dentre as coisas que ele disse, havia muitas que não eram condizentes com a verdade e outras eram palavras de injustiça. Contudo, Jó concluiu que todas as suas palavras eram certas e apropriadas e que as de seus amigos eram todas más e erradas. Como as coisas que Jó estava dizendo eram ridículas e erradas!

Capítulo 7
Despojando Dos Vermes do Coração

1. A Rotina Entediante e Dolorosa de Jó
2. Um Coração Cheio de Vermes
3. Jó Desiste de Si Mesmo
4. A Respeito do Sheol (a Sepultura) na Bíblia
5. O que é o Julgamento da Consciência?
6. Jó Entende Erroneamente que é Deus Quem O Tortura

"Como o escravo que anseia pelas sombras do entardecer,
ou como o assalariado que espera ansioso pelo pagamento" (7:2).

1. A Rotina Entediante e Dolorosa de Jó

"Não é pesado o labor do homem na terra? Seus dias não são como os de um assalariado? Como o escravo que anseia pelas sombras do entardecer, ou como o assalariado que espera ansioso pelo pagamento, assim me deram meses de ilusão e noites de desgraça me foram destinadas. Quando me deito, fico pensando: Quanto vai demorar para eu me levantar? A noite se arrasta, e eu fico me virando na cama até o amanhecer" (7:1-4).

Enquanto Jó sofria com as provações por que passava, ele sentia que a vida era miserável, pois tinha perdido tudo que tinha. Estava apenas esperando pela morte, mas não conseguia nem morrer. Ao invés de confortar Jó, seus amigos só mostraram desprezo. Ele não tinha mais esperanças.

A única esperança de um assalariado é receber o seu pagamento diário. Quando o sol nasce, ele vai trabalhar. Com o pôr do sol, volta para casa e dorme. Além disso, um servo só faz aquilo que o seu mestre diz para ele fazer. Tudo o que faz é esperando a noite chegar, para que possa ir para casa e descansar.

Uma vez que Jó vinha sofrendo já há meses, ele sentiu que ele era como um assalariado, que passava dias sem sentido ou esperança, ansiando sempre pelo pôr do sol. Por causa de suas dores, não conseguia dormir e ficava virando de um lado para o outro por toda a madrugada. Como Jó tinha perdido seus sonhos e sua visão, ele lamentava agora em desespero.

Contudo, nem um assalariado contratado, que recebe diariamente, não deveria ter o tipo de atitude que Jó teve. O homem que conhece a Deus e sabe sobre as coisas celestiais tem vida dentro de si. Assim, que tipo de vida esse homem tem? Ele dá glória a Deus diante de qualquer circunstância – quer coma, beba ou faça qualquer outra coisa.

Em Lucas, capítulo 16, o homem rico não acreditava em Deus, mas curtia a sua vida nesta terra. Depois que morreu, foi para a Sepultura Inferior, que pertence ao inferno. Lázaro, por sua vez, que havia comido do que havia caído da mesa do homem rico, tinha reverência por Deus e foi para o seio de Abraão na Sepultura Superior, que pertence ao céu. Nós devemos ter um sonho.

Devemos ter esperanças e sonhos de ir para a Nova Jerusalém, o melhor lugar do céu. Temos de sonhar em receber a Coroa de Ouro e a Coroa da Justiça, trabalhando fielmente para o reino de Deus na terra e lutando contra o pecado, a fim de nos santificarmos. A riqueza deste mundo pode ser levada por ladrões ou desaparecer com o passar do tempo. Contudo, se armazenarmos tesouros no céu, jamais teremos de nos preocupar com coisas assim; pelo contrário, Deus retribui 30, 60 ou 100 vezes mais.

Aqueles que temem a Deus e têm esperança pelo céu podem viver com um sonho e uma visão. Assim, mesmo se forem meros assalariados ou escravos, podem ainda ter vidas felizes e transbordantes de alegria. Eles não têm por que lamentar, reclamar ou discutir, como Jó estava fazendo.

2. Um Coração Cheio de Vermes

"A minha carne está vestida de vermes e de crostas terrosas; a minha pele se encrosta e de novo supura" (7:5).

Jó já tinha sido rico. Uma vez na sua vida ele já tinha vivido em um bom ambiente com abundância de tudo, inclusive roupas e outras coisas. Entretanto, agora vermes e cascas de ferida estavam em todo o seu corpo. Mesmo quando uma pessoa conhece a Deus, se não tiver tido nenhuma experiência com Ele ou não tiver fé espiritual, ela naturalmente lamenta e fala palavras de revolta ao passar por uma provação como essa.

Então, qual é o significado espiritual desse versículo? Se examinarmos o que Jó estava dizendo até esse ponto, percebemos que suas palavras não eram boas nem verdadeiras. Ele estava dizendo palavras que não eram apropriadas aos olhos de Deus. O que estava em seu coração estava saindo por seus lábios. Isso significa que o que estava em seu coração era como algo imundo, cheio de vermes.

Originalmente, Jó tinha um bom coração, que era como um solo rico e fértil. Ele era reto e honesto aos olhos de Deus. Contudo, se deixarmos um solo sem tratamento por 10 anos, ainda que seja um bom solo, ele acaba ficando cheio de ervas daninhas e pode endurecer.

Nesse caso, temos de ará-lo, arrancar as ervas daninhas e amaciá-lo, a fim de fazê-lo ficar bom de novo. Obviamente, o simples fato de remover as ervas daninhas não pode fazer com que o solo fique completamente bom, pois cada solo tem suas características e tratamentos específicos.

Jó poderia ter-se tornado um solo muito bom, se tivesse apenas arrancado as inverdades, que eram como ervas daninhas, de dentro de seu coração. É por isso que Deus o considerou como justo e íntegro (Jó 1:1). No entanto, como ele ainda não tinha encontrado Deus e nem conhecido bem a verdade da palavra de Deus, suas palavras eram imundas como vermes.

Uma vez que Jó estava lamentando e reclamando, falando palavras sujas como vermes, o diabo e Satanás não perderiam a oportunidade de acusá-lo. Assim, Deus permitiu as acusações de Satanás.

Jó também disse: "Minha pele está rachada e vertendo pus." Sua pele ter-se encrostado significa que a nova pele crescia e formava bolhas ou rachaduras. Sua pele estava caindo e estragando todo o seu corpo. O pus pingava e pingava de novo. O que isso significa espiritualmente?

Quando as pessoas estão cheias do Espírito, parece que sua fé é enorme. Independente do teste ou provação por que elas passam, elas se sentem confiantes de sua vitória. Isso seria como a pele encrostada. No entanto, ao enfrentar provações que não conseguem superar, elas desmoronam, mostram sua revolta e reclamam. Essa reclamação e lamentação correspondem à pele 'supurar.' Nesse tipo de situação, como o coração deve ficar perturbado e doloroso!

Semelhantemente, Jó tinha o tipo de coração que continuamente encrostava e depois supurava. É por isso que temos de ficar firmes sobre a rocha da fé. Aquele que é armado com a verdade não tem nada do que Satanás possa acusá-lo, pois está firme na Rocha e já se despojou de sentimentos contrários à verdade.

Portanto, precisamos matar rapidamente todos os vermes de nossos corações. Se tivermos coisas sujas assim dentro de nós, devemos nos limpar completamente. Deus olha o interior do coração e, assim, ele tem de estar limpo. Ser limpo por fora não tem valor algum. Quando há alguma poeira ou sujeira em nossas roupas, nós as lavamos rapidamente, não é mesmo?

Se tivermos coisas como vermes em nossos corações, você tem ideia de como ele deve estar imundo? As coisas da carne, que se dão por causa da natureza pecaminosa do nosso coração; suas obras, que são ações de pecado; e todas as coisas más como sentimentos maus, inveja, ciúmes e ódio, são todas como vermes aos olhos de Deus. Se até o homem abomina vermes imundos, quanto mais Deus abominaria aquilo que eles representam!

É essa a razão pela qual Jó estava sofrendo com vermes em todo o seu corpo.

3. Jó Desiste de Si Mesmo

"Meus dias correm mais depressa que a lançadeira do tecelão, e chegam ao fim sem nenhuma esperança" (7:6).

Jó estava virando de um lado para o outro na cama até o amanhecer, porque não conseguia dormir. Ele esperava que a manhã chegasse logo e que o dia passasse rápido. Sentia como se os dias parecessem meses.

Então, "Meus dias correm mais depressa que a lançadeira do tecelão" significa que seus dias estavam passando rápido? Há muito tempo atrás, as pessoas faziam o tecido para roupas com lançadeiras. Quando você a utiliza, sua lançadeira passa rapidamente.

O que Jó queria dizer não era que o tempo dele passava rápido como a lançadeira do tecelão. Com aquela expressão, ele queria mencionar o valor do tempo. Estava lamentando que o tempo estava passando enquanto ele não fazia nada. Antes ele tinha feito muitas coisas preciosas e significativas, mas agora o tempo passava e ele não tinha nenhuma esperança. Estava lamentando esse fato.

> "Lembra-te, ó Deus, de que a minha vida não passa de um sopro; meus olhos jamais tornarão a ver a felicidade. Os que agora me veem, nunca mais me verão; puseste o teu olhar em mim, e já não existo" (7:7-8).

O sopro do homem, geralmente, não dura mais que dois segundos. Às vezes pode chegar a um ou dois minutos no máximo. Ao dizer que sua vida não passava de um sopro, mais uma vez Jó fazia referência ao valor dela. Ele nunca soube quando morreria e não podia esperar mais nada em sua vida.

Antes das provações, Jó tinha uma vida de nobre. Não lhe faltava nada, sua vida era abençoada e ele tinha o respeito e reconhecimento dos outros. Contudo, sua fé não era verdadeira, então ele estava dizendo que não conseguiria mais ver nada de bom de novo.

Independente do tipo de situação que estamos enfrentando, nunca podemos desistir, como Jó. Lázaro estava morto no túmulo já havia quatro dias, mas ainda assim foi ressuscitado.

Jó concluiu que as pessoas não o veriam mais quando, na realidade, no fim, sua vida gloriosa acabou voltando. Como isso aconteceu? Isso aconteceu porque ele finalmente teve um encontro com Deus e se arrependeu. Foi assim que ele tirou os 'vermes de seu coração.'

Quando Satanás nos acusa de algo, o problema pode ser resolvido só se acabarmos com o objeto de sua acusação. Da mesma maneira, se estivermos em uma situação como a de Jó, ou até pior, se conseguirmos ficar firmes e retos diante de Deus, as circunstâncias não serão nada na verdade. Com Deus em nossas vidas, qualquer problema pode ser resolvido.

4. A Respeito do Sheol (a Sepultura) na Bíblia

"Assim como a nuvem se esvai e desaparece, assim quem desce à sepultura não volta. Nunca mais voltará ao seu lar; a sua habitação não mais o conhecerá. Por isso não me calo; na aflição do meu espírito desabafarei, na amargura da minha alma farei as minhas queixas" (7:9-11).

As nuvens do céu não ficam paradas em um lugar, mas movem-se e jamais voltam para seu lugar de origem. Outras nuvens podem até passar pelo lugar onde as primeiras estavam, mas as mesmas jamais voltam. Como Jó não tinha esperança pelo céu, ele pensava que a vida do homem terminava como as nuvens que se movem e, quando alguém morresse, seu espírito desceria para o Sheol.

Uma vez que ele achava que a vida na terra era tudo, estava reclamando de acordo com o seu coração. Ele reclamou segundo a 'amargura de sua alma.' Como o seu coração devia estar doloroso, já que ele havia perdido seus filhos e tudo que tinha!

Ele não havia reclamado até certo ponto, mas quando as bolhas ou furúnculos apareceram por todo o seu corpo e inflamavam continuamente, ele não conseguia mais suportar aquilo e falou palavras de revolta e reclamação. Isso porque Jó, realmente não tinha conhecimento sobre o reino dos céus.

Se ele tivesse conhecimento sobre o reino celestial, ele não teria feito o que fez. No entanto, como seu coração doía, ele falava o que tinha vontade de falar. Ele não sentiu a necessidade de ter lábios justos e retos. Aqueles que possuem esperança pelo céu, todavia, obedecem à palavra de Deus e tentam suportar e entender tudo, mesmo diante de dores em seus corações (no sentido figurado). Eles não saem falando palavras más só porque estão desapontados ou arrasados.

A palavra 'Sheol' é encontrada no Velho e no Novo Testamentos. Já os termos 'reino dos céus' e 'Paraíso', por sua vez, são registrados apenas no Novo Testamento.

Genesis 37:35 diz: *"Todos os seus filhos e filhas vieram consolá-lo, mas ele recusou ser consolado, dizendo: 'Não! Chorando descerei à sepultura (hebraico Sheol) para junto de meu filho.' E continuou a chorar por ele."* Jacó soube que seu filho José havia sido morto por um animal e estava dizendo que, se Jó morresse, ele desceria ao Sheol chorando por ele. Quando as pessoas morriam nos tempos do Velho Testamento, elas iam para o Sheol, também chamado de Sepultura.

1 Samuel 2:6 também diz: *"O SENHOR mata e preserva a vida; ele faz descer à sepultura e dela resgata."* Contudo, Jó não sabia que mesmo depois que o homem morria e ia para a Sepultura, ele podia subir de novo, ser resgatado.

A Estrutura do Sheol (A Sepultura)

Provérbios 9:18 diz: *"Mas eles nem imaginam que ali estão os espíritos dos mortos, que os seus convidados estão nas profundezas da sepultura."* Esse versículo está falando sobre as profundezas do Sheol.

Isaías 14:9 diz: *"Nas profundezas o Sheol está todo agitado para recebê-lo quando chegar. Por sua causa ele desperta os espíritos dos mortos, todos os governantes da terra. Ele os faz levantar-se dos seus tronos, todos os reis dos povos,"* e sabemos que há Sheol inferior e também Sheol superior.

Isaías 14:14-15 diz: *"'Subirei mais alto que as mais altas nuvens; serei como o Altíssimo.' Mas às profundezas do Sheol você será levado, irá ao fundo do abismo!"* Lúcifer, que traiu a Deus, foi lançado nas profundezas do Sheol.

Lucas 16:19-26 fala sobre o mendigo Lázaro e o homem rico. Lázaro, que temia a Deus, foi para a Sepultura Superior e foi colocado ao lado de Abraão, e o homem rico desceu para a Sepultura Inferior, ou Hades, e estava sofrendo dores insuportáveis no fogo.

O homem rico pediu a Abraão que refrescasse sua língua, nem que fosse com uma gota d'água, mas Abraão lhe disse que havia um enorme abismo entre a Sepultura Superior e o Hades, o que o impedia de ir lá.

A saber, as partes do Sheol, as Duas Sepulturas são diferenciadas. Uma é a Sepultura Inferior que também é chamada de 'Hades' e pertence ao inferno. A outra é a Sepultura Superior e pertence ao céu. O papel de cada uma delas no Velho Testamento e no Novo é diferente.

Durante os tempos do Velho Testamento, o Sheol Superior era como uma sala de espera para aqueles que eram salvos. Contudo, depois que o Senhor ressuscitou e subiu aos céus, as pessoas que são salvas agora não vão para o seio de Abraão na Sepultura Superior, mas para o Paraíso, onde podem estar ao lado do Senhor.

Assim, quando um dos criminosos que estava do lado de Jesus na cruz se arrependeu e O aceitou como Salvador, Jesus lhe disse: *"Eu lhe garanto: hoje você estará comigo no Paraíso"* (Lucas 23:43).

Mas a Bíblia nos diz que Jesus não foi para o Paraíso assim que morreu na cruz. Jesus disse: *"Pois assim como Jonas esteve três dias e três noites no ventre de um grande peixe, assim o Filho do homem ficará três dias e três noites no coração da terra"* (Mateus 12:40). Em outras palavras, Jesus desceu à Sepultura.

5. O que é o Julgamento da Consciência?

O que o Senhor fez na Sepultura?

1 Pedro 3:18-20 diz: *"Pois também Cristo sofreu pelos pecados uma vez por todas, o justo pelos injustos, para conduzir-nos a Deus. Ele foi morto no corpo, mas vivificado pelo Espírito, no qual também foi e pregou aos espíritos em prisão que há muito tempo desobedeceram, quando Deus esperava pacientemente nos dias de Noé, enquanto a arca era construída. Nela apenas algumas pessoas, a saber, oito, foram salvas por meio da água."*

Como dito, o espírito de Jesus pregou aos espíritos em prisão. Aqui, 'prisão' se refere à Sepultura. Jesus foi à Sepultura Superior, onde as almas salvas esperavam, e pregou o evangelho.

Nos tempos do Velho Testamento, deve ter havido muito mais pessoas com vidas moral e espiritualmente melhores que agora. Sendo assim, é verdade que todas elas foram julgadas e então seguiram para o caminho da morte? Teve gente que buscou a Deus e viveu em bondade também. É por isso que Deus permitiu a todos os que poderiam receber a salvação ficar na Sepultura Superior.

A história da Coreia tem milhares de anos, mas há apenas 120 anos que o cristianismo foi introduzido nela. Então todo mundo que morreu antes da introdução do evangelho na Coreia foi para o inferno? Não pode ser! Se assim fosse, Deus não seria um justo Juiz. Portanto, entre aqueles que viveram antes de Jesus

Cristo, quem reconhecia a Deus e vivia segundo sua consciência podia ser salvo e ir para a Sepultura Superior. Então, Jesus morreu na cruz e subiu à Sepultura Superior para pregar àquelas almas por três dias. Assim elas poderiam ser salvas pelo nome de Jesus Cristo.

Então, isso significa que as almas ainda estão na Sepultura Superior? Não é bem assim. Depois que as almas da Sepultura Superior aceitaram Jesus Cristo como seu Salvador, elas foram para o Paraíso. Aqueles que acreditam em Jesus Cristo e morrem descem para Sepultura Superior, se adaptam ali por três dias e sobem para o Paraíso. É por isso que não achamos a palavra 'Paraíso' ou 'Reino dos Céus' nem uma vez no Velho Testamento.

Romanos 2:12-15 diz: *"Todo aquele que pecar sem a Lei, sem a Lei também perecerá, e todo aquele que pecar sob a Lei, pela Lei será julgado. Porque não são os que ouvem a Lei que são justos aos olhos de Deus; mas os que obedecem à Lei, estes serão declarados justos. (De fato, quando os gentios, que não têm a Lei, praticam naturalmente o que ela ordena, tornam-se lei para si mesmos, embora não possuam a Lei; pois mostram que as exigências da Lei estão gravadas em seu coração. Disso dão testemunho também a sua consciência e os pensamentos deles, ora acusando-os, ora defendendo-os.)"*

Quando os gentios que não conhecem a lei fazem as coisas da lei com sua natureza, isto é, sua consciência, essa consciência dá testemunho. Se alguém quer roubar alguma coisa que pertence a outra pessoa, sua consciência julga isso como pecado, mas como sua consciência é fraca, essa pessoa pode ir em frente e roubar a coisa no final das contas.

No coração do homem, há o coração do espírito, que é dado por Deus e que é a verdade, há o coração da inverdade e, por último, a consciência, que é formada por cada indivíduo. Deus dava as leis às pessoas nos tempos do Velho Testamento e decidia o status de sua salvação de acordo com as obras de cada uma, em comparação com a lei.

Mas essas leis só foram dadas ao povo de Israel, o povo escolhido de Deus. Os gentios não as tinham. Assim, as pessoas nascidas na terra antes de Jesus viviam segundo suas consciências. Assim, a consciência se torna um padrão de ação da lei. Desse modo, aqueles que são bons ouvem sua consciência, mesmo em momentos difíceis e não agem com maldade. Entretanto, aqueles que são maus, fazem coisas más para seus próprios benefícios ou vantagem pessoal.

Uma vez que os gentios não recebiam as leis, Deus considerava a consciência deles como sua lei e decidia o status de sua salvação, de acordo com suas obras, feitas por sua consciência. Isso tem o nome de Julgamento da Consciência. Desde que Jesus Cristo veio à terra, as pessoas que ouvem o evangelho mas não abrem seu coração e não o aceitam não podem dizer: "Não cri em Jesus porque não ouvi falar sobre Ele."

Por outro lado, mesmo nos dias de hoje, aqueles que nunca ouviram o evangelho serão julgados pela sua consciência. Jó não sabia nada sobre o reino dos céus, então achava que nossa cidadania era na Sepultura e não no céu. Ele pensava que, uma vez no Sheol, nunca mais seria capaz de voltar. É por isso que ele se sentia tão sem esperanças.

6. Jó Entende Erroneamente que é Deus Quem O Tortura

"Sou eu o mar, ou o monstro das profundezas, para que me ponhas sob guarda?" (7:12)

Jó sabia da imensidão do mar e também que o monstro do mar era terrível. Algumas pessoas acham que se virem o monstro do mar ou um dragão em seus sonhos, então o sonho é muito bom.

Mas quando crentes sonham com dragões ou serpentes, isso significa que enfrentarão uma grande prova. Sonhar com porcos também significa que se enfrentarão testes e dificuldades.

Aqui, Jó estava reclamando a Deus dizendo que ele era um homem muito fraco e questionando por que Deus o havia infligido com dores tão insuportáveis. Ele estava entendendo erroneamente que Deus havia planejado tudo previamente para puni-lo. Jó tinha a sabedoria de entender as leis da natureza. Só de observá-las, podemos reconhecer o fato de que existe o Deus Criador. Jó oferecia sacrifícios a Deus não por amor, mas por causa de seu medo apenas.

"Quando penso que a minha cama me consolará e que o meu leito aliviará a minha queixa, mesmo aí me assustas com sonhos e me aterrorizas com visões" (7:13-14).

Se Jó dormisse bem, ele poderia esquecer toda a sua dor por um momento, mas nem conseguir dormir bem ele conseguia. Ele estava se queixando de quando caía no sono Deus o assustava.

Quando as pessoas do mundo têm problemas difíceis de resolver e se sentem afligidas por causa deles, elas podem dizer:

"Vamos esquecer tudo e dormir." Mas como são muitas as suas preocupações, seu sono acaba não sendo relaxante e seus sonhos acabam não sendo confortantes também. Esse era o caso de Jó.

Então, se tivermos fé, como devemos agir? Podemos deixar tudo com Deus, o Todo Poderoso, para que Ele resolva o problema. Quando estamos enfrentando testes e provações, primeiro temos de identificar que tipo de muro de pecados estamos tendo entre nós e Deus e nos arrepender profundamente, com lágrimas. Se só nos preocuparmos com a situação e nos queixarmos de Deus, isso significa que nossa fé não é verdadeira. Devemos demonstrar a nossa fé a Deus, para que Ele possa resolver o problema.

Jó era assustado por seus sonhos e entendia erroneamente que era Deus quem o assustava. Mas Deus não assusta as pessoas em seus sonhos. Jó mal interpretava as coisas ao pensar que Deus não lhe daria um momento de descanso sequer, mas o torturava até em sonhos.

Quando falamos de sonho, existem sonhos carnais e sonhos espirituais. Sonhos espirituais vêm para o nosso espírito. Através de sonhos, Deus nos mostra o que vai acontecer no futuro e o Espírito Santo nos diz algo.

E há também o sonho da alma, que é o tipo de sonho que temos com nossos próprios pensamentos. Aqueles que não vivem na verdade não conseguem deixar de viver segundo seus próprios pensamentos e, assim, sonham de acordo com seus pensamentos e desejos.

Por exemplo, se alguém quer ir aos Estados Unidos, pode ir lá em sonhos. Se tiver medo de ser perseguido por um assaltante, poderá sê-lo em sonhos também. Esse tipo de sonho não vira realidade depois.

Contudo, quando nos livramos de nossos pensamentos

e vivemos na verdade, isto é, quando nos tornamos homens espirituais, temos sonhos espirituais e estes sim se tornam realidade.

> **"É melhor ser estrangulado e morrer do que sofrer assim; sinto desprezo pela minha vida! Não vou viver para sempre; deixa-me, pois os meus dias não têm sentido. Que é o homem, para que lhe dês importância e atenção, para que o examines a cada manhã e o proves a cada instante?" (7:15-18)**

Quando um homem é estrangulado, morre. Como Jó pensava que Deus é que o estava fazendo sofrer até em sonhos, ele desejava a morte de todo o coração. Foi por isso que ele disse que era melhor morrer do que viver sofrendo. Como ele devia estar sofrendo!

Então, como devemos agir quando sentimos terríveis dores? Como Deus disse no Salmo 50:15: *"clame a mim no dia da angústia; eu o livrarei, e você me honrará,"* vemos que devemos buscá-Lo e grudar Nele. Temos de dar graças, quer na doença ou na falência de nossos negócios, quer estejamos bem. Temos de agradecer em provações também. Se seguirmos a vontade de Deus para nós e dermos graças sob toda e qualquer circunstância, Deus fará com que tudo vá bem e, certamente, haverá algo com que nos alegremos.

Em seguida, Jó disse: "sinto desprezo pela minha vida! Não vou viver para sempre." Assim como um homem sem fé não tem esperança pelo céu, Jó não tinha outro sentimento senão odiar a vida. Mesmo se ele fosse curado, ele já tinha perdido todos os seus filhos e bens. Então, que tipo de esperança ele poderia ter? Será que ele teria entendido o valor da vida?

Entretanto, aqueles que têm fé e esperança pelo céu, ainda que Deus lhes tire todos os seus filhos, dão graças, pois sabem que seus filhos estão com o Senhor.

Jó sabia que Deus controla a morte e a vida e, por isso, estava reclamando e questionando por que Ele não tirava a sua vida, já que ele queria tanto morrer.

Jó disse que Deus dá importância e atenção ao homem, e isso é verdade. Em Gênesis, capítulo 1, quando Deus criou o homem, Ele o fez segundo a Sua imagem e o colocou como senhor da criação. Deus considera o homem tão importante que Ele deu até o Seu único Filho Jesus para ser crucificado. Além disso, Ele nos observa a cada segundo de nossas vidas e os Seus olhos de fogo estão nos assistindo a cada minuto.

O versículo de Jó também diz: "o examines a cada manhã." Ao nos examinar, Deus nos encoraja a sermos bons e permite punições pelas coisas más que fazemos. A fim de que não caiamos em caminhos de destruição, Deus, às vezes, permite que passemos por testes e provações, quando não vivemos na verdade e, então, percebemos que estamos fazendo algo errado. Uma vez que não somos filhos ilegítimos, mas verdadeiros, se formos amigos do mundo e do pecado, Deus nos dá oportunidades de nos arrependermos e voltarmos para a luz.

Assim, ao enfrentarmos qualquer tipo de problema ou provação, devemos agradecer a Deus e descobrir por que estamos enfrentando tal problema. Então temos de nos arrepender de nossas transgressões.

"Até quando não apartarás de mim, nem me largarás, até que engula a minha saliva? Se pequei, que te farei, ó Guarda dos homens? Por que fizeste de mim um alvo para ti, para que a mim mesmo me seja pesado?" (7:19-

20)

Engolir o cuspe leva muito pouco tempo. Jó estava reclamando, dizendo que Deus não deixava nem ele engolir seu cuspe. Deus nos assiste a cada segundo, sem nos abandonar por nenhum momento, pois Ele nos ama.

Deus estava observando Jó e permitiu que ele passasse por provações, para que fosse santificado e Ele o abençoasse. Ele conhecia a Deus, só que com conhecimento humano, ele nunca havia tido uma experiência real com ele.

Logo, Deus precisava permitir que Jó passasse por provações, para que pudesse entender o que não estava certo de acordo com a verdade, arrepender-se e tornar-se um verdadeiro filho de Deus, que O amasse com um coração verdadeiro e uma fé perfeita. Mesmo quando Sua criatura, o homem, estava falando palavras tão más e reclamações, Deus apenas as ouvia e tolerava.

Ele tolerava para que ao menos mais uma alma pudesse ser transformada e guiada pelo caminho da salvação e bênção. Devemos ver isso no coração de Deus.

Deus sonda nossos corações e pensamentos. Quando Seus filhos pecam, Ele sofre muito. Quando pecamos, é como se estivéssemos cuspindo no rosto de Deus. É o mesmo que cuspir na igreja Dele e em Seus servos.

Jó estava perguntando que mal ele poderia ter causado a Deus, mesmo se tivesse pecado. Então, que mal era esse?

Em primeiro lugar, ao cometer pecados, o relacionamento entre o Pai e Seus filhos é quebrado. Em segundo lugar, o coração de Deus dói ao saber que Seus filhos estão indo para um caminho de destruição. Em terceiro e último lugar, aqueles filhos que pecaram não podem ir para o reino de Deus e, assim, não haverá mais relação entre Deus e essas pessoas. Portanto,

Deus não pode deixar de sofrer com essa situação.

Além de tudo, o precioso sangue do Senhor acaba ficando sem sentido. E ainda, Deus sofre porque as coisas estão acontecendo como o diabo quer. A vontade do diabo é fazer com que os filhos de Deus se levantem contra Ele e impedir que o Seu reino seja estabelecido.

Digamos que um pai esteja dizendo ao seu filho para estudar bastante. Ao ouvir seu pai, o filho discute dizendo: "Mesmo que eu não estude direito, que mal estarei lhe causando, pai? Que importa se eu me der bem ou mal na escola?" Então, o seu pai se entristece. O mesmo acontece com Deus.

"(Deus), por que fizeste de mim um alvo para ti, para que a mim mesmo me seja pesado?" Jó estava agora indo além de suas reclamações e revolta. Ele estava sendo sarcástico com Deus. Estava até zombando de Deus com seu coração depravado. Entretanto, Deus não sentia a dor disso tudo só por causa daquelas palavras.

Como Ele espera para que a mudança aconteça com alegria, isso não é bem um fardo.

"Por que não perdoas as minhas ofensas e não apagas os meus pecados? Pois logo me deitarei no pó; tu me procurarás, mas eu já não existirei" (7:21).

Jó agora tinha dois modos de pensar diferentes. Em um ele queria que Deus tirasse a sua vida e em outro ele queria ser curado. Todavia, não havia resposta e Jó diz que é porque Deus não havia perdoado suas transgressões e iniquidades.

Quando identificamos o nosso pecado, nos arrependemos e nos convertemos, Deus nos perdoa. Contudo, apesar de ter muitas transgressões e iniquidades, Jó não se arrependia. Estava apenas dizendo: "Deus, como assim Tu não me perdoas as transgressões e iniquidades? Por que não facilitas as coisas?" Estava falando coisas sem sentido. Como então esse problema poderia ser resolvido?

Antes das provações virem, Jó oferecia sacrifícios a Deus por causa do medo que sentia. Mas quando estava sofrendo com as feridas, não teve medo algum. Só se lamentava e desejava morrer logo, já que uma vez no Sheol, ele pensava, seria o fim, quer Deus o perdoasse ou não.

Capítulo 8
O Sábio Conselho de Bildade, o Suanita

1. Bildade Explica Sobre o Salário do Pecado
2. Como Resolver Problemas e Ser Respondido
3. Bildade Tenta Usar Parábolas para Fazer Jó Entender
4. Bildade Aconselha Jó a se Recuperar Vivendo na Verdade

Um Homem Justo e Íntegro se Aproximando de Deus

"O seu começo parecerá modesto,
mas o seu futuro será de grande prosperidade" (8:7).

1. Bildade Explica Sobre o Salário do Pecado

"Então Bildade, de Suá, respondeu: Até quando você vai falar desse modo? Suas palavras são um grande vendaval!" (8:1-2)

Agora aparece o segundo amigo – Bildade, o suanita. Até então ele só tem ouvido e agora começa a, gentilmente, dar seu conselho a Jó para fazê-lo entender as coisas com a palavra de Deus. Bildade não estava falando de cabeça quente como Elifaz, mas estava tentando fazer com que o seu amigo, Jó, entendesse as coisas com singeleza de coração.

Ele estava tentando encontrar uma maneira de ensinar a verdade que ele conhecia a Jó, pensando em modos de fazer com que ele percebesse seus pecados e se arrependesse. Bildade não mais suportava as reclamações e lamentações de Jó e disse-lhe: "Suas palavras são um grande vendaval!"

O que são Palavras como Grandes Vendavais?

Olhemos primeiro para o sentido espiritual de 'vendaval.' Quando um furacão vem, casas caem, navios afundam e pessoas morrem com deslizamentos de terra. Furacões causam grandes danos e prejuízos.

Semelhantemente, quando crentes não acreditam na verdade e começam a falar palavras de inverdade, como Jó, Deus diz que isso é como um 'vendaval.' Se falarmos palavras de inverdade, passaremos a ter algo do que Satanás pode nos acusar e provações então vêm sobre nós. Se ferirmos os sentimentos dos outros, reclamarmos, lamentarmos ou amaldiçoarmos, isso é como um vendaval. Assim como furacões e tornados não trazem nenhum benefício ao ser humano, se deixarmos que palavras assim saiam de nossas bocas, nem nós, nem outros seremos beneficiados.

Por que deixaríamos Satanás nos acusar por palavras que saíram de nossos lábios? Devemos sempre estar alertas para orarmos e examinarmos a nós mesmos, para que nossos lábios não sejam como vendavais. Com apenas uma palavra podemos plantar fé, graça e vida em outra pessoa; mas também apenas com uma palavra podemos fazer com que alguém desmorone. Palavras como vendavais ferem o coração de outras pessoas e lhes causam dor.

> "Acaso Deus torce a justiça? Será que o Todo Poderoso torce o que é direito? Quando os seus filhos pecaram contra ele, ele os castigou pelo mal que fizeram" (8:3-4).

Deus não subverte julgamentos nem perverte a justiça. Deus sempre nos retribui de acordo com o que fazemos.

Apocalipse 22:11-12 diz: *"Continue o injusto a praticar injustiça; continue o imundo na imundície; continue o justo a praticar justiça; e continue o santo a santificar-se. Eis que venho em breve! A minha recompensa está comigo, e eu retribuirei a cada um de acordo com o que fez."*

Jó oferecia sacrifícios pelos seus filhos. Jó 1:5 diz: *"Talvez os meus filhos tenham, lá no íntimo, pecado e amaldiçoado a Deus."* Como Jó temia que a má conduta de seus filhos lhes trouxesse algum desastre, ele oferecia sacrifícios pelos seus filhos. Como seus filhos não se arrependiam, ele sempre tinha medo de que algum tipo de desastre lhes atingisse e se sentia desconfortável o tempo todo. Jó tinha medo de Deus (Jó 3:25).

Os amigos de Jó sabiam que os filhos de Jó não eram justos como o pai. É por isso que estavam dizendo que Deus havia considerado os pecados dos filhos dele. Estava perguntando: "Por que Jó está se queixando de Deus por causa disso?"

Quando os filhos de Deus tentam viver pela Sua palavra, oram, guardam os Seus mandamentos e O amam, Deus sempre está com eles e os protege. Assim, quando enfrentam algum tipo de provação ou tribulação, é sinal de que não estão sendo fiéis a Deus em alguma ou algumas áreas de suas vidas e deve haver algo que vá contra a palavra de Deus em suas obras.

Quando Davi cometeu o pecado de assassinato, deixando um de seus servos mais leais ser morto por gentios, Deus enviou o profeta Natã para repreendê-lo. Davi, assim que foi repreendido, se arrependeu e foi perdoado de seus pecados, mas ainda assim teve de passar por provações sob acusações de Satanás.

2 Samuel 12:14 diz: *"Todavia, porquanto com este feito deste lugar sobremaneira a que os inimigos do SENHOR blasfemem, também o filho que te nasceu certamente morrerá."* Davi havia cometido um pecado que permitiu com que o diabo o acusasse e Deus teve de permitir tal coisa, de acordo com as leis do mundo espiritual. Davi então apegou-se a Deus, mas seu filho finalmente morreu.

Em João, capítulo 5, vemos um homem que estava doente por 38 anos e foi curado por Jesus. Então Jesus o encontrou mais tarde.

João 5:14 diz: *"Mais tarde Jesus o encontrou no templo e lhe disse: 'Olhe, você está curado. Não volte a pecar, para que algo pior não lhe aconteça.'"* Se pecamos de novo, algo pior nos acontece, mas se não pecamos, somos curados completamente.

Deus controla até o inimigo – diabo e Satanás. Portanto, se vivermos na verdade, seremos protegidos por Deus e nossas vidas serão prósperas.

2. Como Resolver Problemas e Ser Respondido

"Mas, se tu de madrugada buscares a Deus, e ao Todo Poderoso pedires misericórdia; se fores puro e reto, certamente logo despertará por ti, e restaurará a morada da tua justiça. O teu princípio, na verdade, terá sido pequeno, porém o teu último estado crescerá em extremo" (8:5-7).

Bilade estava aconselhando a Jó, para que ele procurasse sinceramente a Deus, orasse a Ele e se arrependesse diante Dele. Aqui, podemos ver que as opiniões dos amigos de Jó eram diferentes.

Elifaz estava dizendo inverdades. Ele disse em Jó 5:1: *"Clame, se quiser, mas quem o ouvirá? Para qual dos seres celestes você se voltará?"* No entanto, Bilade estava dizendo a Jó a verdade de procurar a Deus e orar a Ele.

Para que Jó se arrependesse diante de Deus e se convertesse, primeiro ele teria de procurá-Lo sinceramente. "Tive vendavais em minha boca por causa da maldade em meu coração. Por favor, perdoe-me por ter falado palavras tão más." Ele tinha de ter obras de arrependimento com esse tipo de oração.

Confessar com os lábios não é tudo que precisa ser feito. Temos de circuncidar nosso coração e limpá-lo. Temos de nos arrepender de nossos pecados e limpar o nosso coração.

"(Deus) o restabelecerá no lugar que por justiça cabe a você" significa que se não mentirmos e as nossas obras forem certas, Deus restaurará a morada da nossa justiça.

Deus olha o interior. Assim, se o nosso coração não estiver limpo, Ele não nos considera corretos. Os homens podem dizer que dá para saber se uma pessoa é honesta e justa só de observar suas obras, enquanto Deus, por sua vez, olha o interior do coração. Portanto, devemos limpar nossos corações. Só então Deus fará com que prosperemos e, apesar de no começo parecer pequeno, no final tudo terá aumentado abundantemente.

Jó tinha que começar do zero agora. Ele não tem filhos ou riqueza, mas se se arrepender de suas palavras como vendavais, procurar sinceramente a Deus e orar, Deus fará com que ele prospere. Essa não é a palavra de Bildade, mas a de Deus.

Nosso local de trabalho não pode se gerenciar por si mesmo. Acima de tudo, precisamos ter fé. Sem ela, não conseguimos nem nos arrepender, nem ser limpos. Quando guardamos a palavra de Deus orando, podemos receber fé do alto. Começamos com a fé pequena como um grão de mostarda, mas ela continuará a crescer.

Deus trabalha de acordo com essa fé. Se O buscamos sinceramente, oramos e somos limpos e justos, nossa alma prospera. Quando nossa alma prospera, Deus derrama bênçãos sobre nossas famílias, locais de trabalho e negócios. Ele também nos dá saúde.

> **"Pergunte às gerações anteriores e veja o que os seus pais aprenderam, pois nós nascemos ontem e não sabemos nada. Nossos dias na terra não passam de uma sombra"** (8:8-9).

Bildade estava falando para Jó não insistir que ele era justo, mas perguntar às gerações anteriores e considerar as coisas descobertas por seus pais. A fim de entendermos a nós mesmos, temos de fazer uma autorreflexão com a palavra de Deus. A Bíblia nos mostra como os amados servos de Deus agiram e como amavam a Deus.

'Não saber nada' significa que eles não tinham muita sabedoria em comparação com as gerações anteriores. O versículo diz: "Nossos dias na terra não passam de uma sombra." A sombra desaparece e é diferente de manhã e à tarde. Muda constantemente. Da mesma forma, nossa vida é apenas momentânea, e não eterna. Assim, Bildade estava incentivando Jô, dizendo que eles deveriam aprender com seus pais a identificar suas transgressões.

Assim, com quem devemos aprender? Primeiro, temos de aprender com Deus. Não devemos dizer que só o nosso conhecimento e opiniões é que estão certos, mas devemos nos ajoelhar humildemente e aprender de Deus. Deus nos deu a verdade imutável nos 66 livros da Bíblia.

A Bíblia também fala sobre os pais da fé que amaram a Deus e eram amados por Ele. Podemos ver como Noé preparou a arca, como Moisés guiou tantas pessoas, como Davi amou a Deus e como Daniel não se cedeu ao mundo.

"Porventura não te ensinarão eles, e não te falarão, e do seu coração não tirarão palavras?" (8:10)

Todas as palavras e obras dos pais da fé e tudo a seu respeito será comparado conosco em julgamento. Quando refletimos sobre nossas ações, olhando no espelho dos patriarcas da fé, que eram considerados justos aos olhos de Deus, podemos discernir se estamos realmente certos ou errados. Podemos ver se temos pecado ou não.

A palavra de Deus contém tudo, inclusive o que é certo e

errado, o que é bom e mal e o que é justo e injusto. Ela também fala sobre o que é a fé, a salvação, o céu e o inferno, o bem e o mal.

3. Bildade Tenta Usar Parábolas para Fazer Jó Entender

"Porventura cresce o junco sem lodo? Ou cresce a espadana sem água? Estando ainda no seu verdor, ainda que não cortada, todavia antes de qualquer outra erva se seca. Assim são as veredas de todos quantos se esquecem de Deus; e a esperança do hipócrita perecerá. Cuja esperança fica frustrada; e a sua confiança será como a teia de aranha. Encostar-se-á à sua casa, mas ela não subsistirá; apegar-se-á a ela, mas não ficará em pé" (8:11-15).

Bildade estava falando sobre a relatividade das coisas usando como exemplo o papiro e o junco. Bildade, com todo amor em seu coração por Jó, usou toda a sua sabedoria para fazer com que Jó se desse conta de suas transgressões, por meio de parábolas altamente metafóricas. Jó era um homem bem entendido.

O papiro é uma planta que cresce anualmente e é usada para tecer capachos. Todo mundo sabe que o papiro cresce em pântanos lamosos e juncos, na água. Assim como o papiro precisa crescer em pântanos e o junco na água, há relatividade de coisas em tudo.

As pessoas plantam o papiro em pântanos onde a água suja já permeou e se decompôs, para que ele enraíze em um solo que não é sólido. Assim, ele murcha mais rápido que outras plantas ou é facilmente arrancado pelo homem.

O junco também floresce no solo que está perto da água e margens marinhas. Suas raízes também não são estáveis. O papiro e o junco são verdes, mas murcham e ficam amarelados sob o sol muito quente. Em um momento, tanto um como o outro ficam inúteis.

Então, o que é que Bildade realmente estava querendo dizer?
"Jó, você está falando vendavais, e isso porque você não reverencia ou teme a Deus. Quando você tinha saúde, você oferecia sacrifícios pelos seus filhos e servia a Deus com reverência. Mas como o seu coração é mau, você está falando essas palavras que são como vendavais."

O papiro pode crescer em pântanos, mas se a luz do sol for forte demais, ele morre. Da mesma forma, como Jó ficou longe de Deus, Bildade estava dizendo que se ele não se arrependesse e convertesse, ele pereceria como aquelas plantas. Ele está dizendo que aqueles que se esquecem de Deus têm o mesmo destino.

As reclamações, rancor, revolta, maldições e lamentação não vêm de algum lugar especial, mas do coração. Bildade estava tentando fazer com que Jó percebesse, através de parábolas, que as palavras de murmúrio que ele falava era porque a terra de seu coração era má e as suas sementes cresceriam e dariam maus frutos.

Bildade tinha o entendimento de que quando uma pessoa fala as coisas diretamente com alguém, cujos sentimentos estão feridos, só vai causar-lhe mais problemas. Assim, ele estava usando um método mais suave através de parábolas.

Depois vemos, "a esperança do hipócrita perecerá." Ao dizer isso, ao invés de dizer-lhe diretamente que seu coração era mau, Bildade estava tentando, indiretamente, fazer com que Jó percebesse que ele estava sendo hipócrita. Se acreditarmos verdadeiramente em Deus, não seremos hipócritas. Temos de fazer com que nossos corações sejam bons, justos e santos.

Bildade estava dizendo: "e a sua confiança será como a teia de aranha. Encostar-se-á à sua casa, mas ela não subsistirá; apegar-se-á a ela, mas não ficará em pé." Então, em que Jó tinha confiado? Ele tinha confiado em seus filhos, suas riquezas e em muitas outras coisas. Assim com uma teia de aranha se desfaz quando algo encosta nela, ou quando um vento sopra, aqueles que não temem ou confiam em Deus se desfarão.

Como se tivesse colocado sua confiança em uma teia de aranha, Jó não tinha nada em suas mãos. Assim como plantas secam com o sol escaldante, quando a luz brilha sobre o coração mau do homem, ele é julgado e vai para a punição nas trevas. Em outras palavras, isso era o que Bildade estava dizendo a Jó.

"Jó, assim como o papiro cresce no pântano e o junco pode crescer nas águas, você fala palavras como vendavais, porque o seu coração é mau. Deus virou as costas para você porque você tem maldade dentro de si. Contudo, se buscar sinceramente a Deus, se arrepender e limpar o seu coração, você irá se recuperar. Seu começo será pequeno, mas em tempo você prosperará abundantemente."

4. Bildade Aconselha Jó a se Recuperar Vivendo na Verdade

"Ele é como uma planta bem regada ao brilho do sol, espalhando seus brotos pelo jardim; entrelaça as raízes em torno de um monte de pedras e procura um lugar entre as rochas. Mas, quando é arrancada do seu lugar, este a rejeita e diz: 'Nunca a vi.' Esse é o fim da sua vida, e do solo brotam outras plantas" (8:16-19).

Qual é o significado espiritual de 'bem regada ao brilho do sol'? O sol é a luz, e esta se refere à verdade,` a palavra de Deus. Jesus é a luz verdadeira, o caminho, a verdade e a vida. Assim como plantas crescem com o brilho do sol, temos de viver na palavra de Deus, para que nossa fé possa crescer e, assim, possamos ficar firmes sobre a rocha da fé.

Assim, o que significa 'a planta crescer bem regada com o sol, mas ser destruída'? Embora uma planta cresça bem com o brilho do sol, se ela for arrancada por alguma razão, ela fica sem utilidade. Em outras palavras, uma pessoa pode até estar firme sobre a rocha da fé, mas se olhar para o mundo, deixar Deus e viver em pecado de novo, sua vida não terá mais valor nenhum.

Se deixamos a verdade, Deus tem de virar as costas para nós e não podemos mais ser protegidos por Ele. No processo de crescimento da nossa fé, se a arrogância entra no nosso caminho, temos de expulsá-la imediatamente, pois se a aceitarmos, então aos poucos seremos capturados por Satanás.

Então, somos "arrancados" de Deus e nossas vidas ficam sem sentido. Se a raiz de uma planta é arrancada, ela seca e morre. A vida que deixa Deus vai para o inferno. Como isso é trágico! Portanto, assim como plantas mantêm seu verdor sob a luz do sol, temos de viver na palavra de Deus e fixar nossas raízes na rocha, a fim de continuarmos crescendo até a volta no nosso Senhor.

Quando Jó era muito rico, ele vivia com alegria, mas quando foi desarraigado, ele só podia esperar por sofrimento e tudo que ele queria era morrer.

"Pois o certo é que Deus não rejeita o íntegro, e não

fortalece as mãos dos que fazem o mal. Mas, quanto a você, ele encherá de riso a sua boca e de brados de alegria os seus lábios. Seus inimigos se vestirão de vergonha, e as tendas dos ímpios não mais existirão" (8:20-22).

Deus não rejeita o íntegro nem fortalece os que praticam a maldade. Para um homem mau, mesmo se seus negócios estiverem indo muito bem, quantas preocupações ele terá? Embora pareça que ele seja próspero, podemos ver que, no fim, as coisas dão errado para ele.

Algo pior ainda é que a alma dessa pessoa irá para o inferno, que é a morte eterna e, assim, que valor teve a sua vida? Se ficarmos firmes na palavra da verdade de Jesus Cristo, que é a Rocha, amarmos a Deus e recebermos o Seu amor, poderemos então ser prósperos em tudo em nossas vidas.

Esse tipo de pessoa sempre se regozijará, orará continuamente e dará graças sob toda circunstância, sendo cheia do Espírito Santo. Se vivermos na verdade e nos santificarmos, nada nos faltará. Se alguém nos odiar, essa pessoa será exposta à vergonha.

Quando algumas pessoas amaldiçoam algum filho de Deus a quem Ele ama, tal maldição cai sobre quem a lançou. Em outras palavras, a casa do homem mau desaparecerá e ele seguirá por um caminho de morte.

Capítulo 9
A Ignorância de Jó

1. Jó Entende Erroneamente que Deus Faz as Coisas que Bem Quiser, Sem Razões
2. Jó Entende Erroneamente que Deus Predestina Todas as Coisas
3. O Séquito de Raabe e Bênçãos Espirituais
4. Jó Entende Erroneamente que Deus é um Juiz Terrível
5. Mente Dividida
6. A Razão pela Qual Deus disse que Jó era Justo
7. Jó diz que Deus é um Deus Mau

"Quando passa por mim, não posso vê-lo; se passa junto de mim, não o percebo" (9:11).

1. Jó Entende Erroneamente que Deus Faz as Coisas que Bem Quiser, Sem Razões

"Então Jó respondeu: Bem sei que isso é verdade. Mas como pode o mortal ser justo diante de Deus? Ainda que quisesse discutir com ele, não conseguiria argumentar nem uma vez em mil. Sua sabedoria é profunda, seu poder é imenso. Quem tentou resistir-lhe e saiu ileso?" (9:1-4)

Jó concordou com o que seu amigo Bildade estava dizendo. Contudo, ele disse: "Bem sei que isso é verdade", que significa que quando estava naquela situação difícil, ele não pôde evitar falar palavras como vendavais e palavras de revolta e reclamação a Deus.

Jó disse em 6:29-30: *"Reconsiderem a questão, não sejam injustos; tornem a analisá-la, pois a minha integridade está em jogo. Há alguma iniquidade em meus lábios? Será que a minha boca não consegue discernir a maldade?"*

Isso significa que Jó estava querendo dizer que não havia cometido nenhum pecado e era justo, se comparado com as outras pessoas. No entanto, no capítulo 9 ele já disse: "Mas como pode o mortal ser justo diante de Deus?" Isso nos mostra que ele ainda tinha um pouco de consciência de si mesmo. Ele se considerava justo, comparado a outras pessoas, mas seus amigos estavam apontando seus defeitos. Ele estava machucado.

"Ainda que quisesse discutir com ele, não conseguiria argumentar nem uma vez em mil." Isso é algo óbvio, mas devemos observar o que Jó estava querendo dizer com isso. Nunca devemos ousar argumentar ou discutir alguma coisa com Deus e devemos sempre obedecer-Lhe e ter respeito reverente por Ele.

Deus é justo, perfeito e sem manchas. Então sobre o que poderíamos discutir com Ele? É óbvio que se alguém quisesse discordar Dele, não conseguiria argumentar nem uma vez em mil.

Jó achava que ele era sábio, mas também sabia que não o era diante de Deus. Jó achava que com toda a Sua sabedoria e poder, Deus simplesmente tinha tomado todos os seus filhos e posses e lhe dado dores e doenças.

Jó conhecia Deus só de uma maneira carnal. Ele não conseguia entender a Sua sabedoria, ao guiar-nos para o reino dos céus com Sua providência por trás de tudo, desde antes do início dos tempos. É a sabedoria e o tremendo poder de Deus que destroem os acampamentos do inimigo.

Como Jó disse: aqueles que desafiam a Deus e não vivem pela Sua palavra não podem receber Suas bênçãos. Todavia, ele não se deu conta de que ele mesmo estava desafiando a Deus e não guardando a Sua palavra. Como ele desafiou a Deus, ele não ouviu seus amigos e não queria se arrepender, mesmo quando lhe aconselharam com a verdade.

Se tudo que Jó disse em sua confissão tivesse vindo do coração e fosse verdadeiro, isto é, se ele realmente temesse a Deus, ele teria se arrependido, convertido e Deus o teria curado completamente. Entretanto, ele só falava e não agia. Sua confissão não tinha substância. Assim sendo, qual é a utilidade de todas as suas palavras?

2. Jó Entende Erroneamente que Deus Predestina Todas as Coisas

"Ele transporta montanhas sem que elas o saibam, e em sua ira as põe de cabeça para baixo. Sacode a terra e a tira do lugar, e faz suas colunas tremerem. Fala com o sol, e ele não brilha; ele veda e esconde a luz das estrelas. Só ele estende os céus e anda sobre as ondas do mar. Ele é o Criador da Ursa e do Órion, das Plêiades e das constelações do sul. Realiza maravilhas que não se pode perscrutar, milagres incontáveis" (9:5-10).

Deus não transporta montanhas ou as coloca de cabeça para baixo em Sua ira. Jó tinha a concepção errada de que Deus planeja previamente todas as coisas e faz tudo absolutamente da maneira como planejou. Jó estava dizendo que era justo e não tinha culpas, mas Deus o destruiu por causa do plano que Ele já havia feito.

No versículo 7 vemos: "Fala com o sol, e ele não brilha; ele veda e esconde a luz das estrelas." Contudo, não coloca montanhas de cabeça para baixo ou sacode a terra porque simplesmente quer fazer tais coisas. Certa vez, Ele parou o sol e a lua através de Josué, mas Ele nunca ordenou ao sol que não nascesse. Há também muitas estrelas e constelações, e cada uma delas tem sua devida posição. É isso que "(Deus) veda e esconde a luz das estrelas" significa.

Como Jó disse, Deus estendeu os céus. Quando Ele fez isso, Ele não o fez simplesmente porque queria, sem alguma razão. Ele é o Dono não apenas de todas as coisas do universo, mas também do mundo espiritual, que é o mundo tetradimensional. Como registrado em Gênesis, capítulo 1, Deus fez o sol, a lua, as estrelas e a terra, de acordo com as leis do mundo espiritual e estendeu o universo, segundo a necessidade exata de espaço.

Ele não estendeu os céus da forma como queria, em Sua soberania, simplesmente. Ele criou o sol, a lua e as estrelas para nós, homens, para que pudéssemos ser cultivados nesta terra sob a Sua providência. Diferente do que Jó disse, Deus não foi criando tudo indiscriminadamente.

Aqui, a 'Ursa, Órion e Plêiades' não possuem nenhum sentido espiritual específico. Quando Jó falou sobre as 'constelações do sul' ele achava que devia haver constelações no sul, já que ventos quentes vêm do sul. Na Bíblia, podemos ver várias extraordinárias obras de Deus, como a abertura do Mar Vermelho, a destruição da cidade de Jericó e as Dez Pragas no Egito.

Também podemos entender as muitas maravilhas que Deus tem feito por milhares de anos. Até hoje, Deus tem nos mostrado muitos sinais, maravilhas e coisas extraordinárias na Igreja Central Manmin.

Portanto, não podemos entender erroneamente que Deus faz tudo como bem quer, da forma como já planejou. Jó teve a má concepção de que estava sofrendo porque Deus já havia preparado tudo daquela forma. É por isso que ele não podia enxergar culpa nenhuma em si, muito menos se arrepender.

"Quando passa por mim, não posso vê-lo; se passa junto de mim, não o percebo. Se ele apanha algo, quem pode pará-lo? Quem pode dizer-lhe: 'O que fazes?'" (9:11-12).

Jó estava dizendo que, mesmo se Deus passasse em sua frente, ele não o saberia. Ele não O veria e não conseguiria sentir Sua presença. No entanto, se Deus passasse perto de nós, você não acha que perceberíamos Sua presença? Se recebemos o Espírito

Santo, podemos sentir que Deus está conosco. Também cremos que Ele está nos guardando com Seus olhos de fogo e sabemos que Ele sabe quantos fios de cabelo nós temos.

Quando abrimos nosso coração e aceitamos Jesus Cristo como nosso Salvador, nós recebemos o Espírito Santo como dom. Enquanto oramos com essa certeza e vamos tendo experiências, a esperança e alegria do reino dos céus vêm para os nossos corações. Adquirimos paz para nos livrar de todo mal dentro de nós e viver pela palavra de Deus, sendo capazes de ouvir a voz do Espírito Santo.

Além disso, passamos a conseguir discernir a verdade da inverdade, de modo que vivamos na palavra de Deus. Logo, se Deus passasse perto de nós, com o mover do Espírito Santo, sentiríamos Sua presença.

Jó está dizendo que Deus é mau porque lhe tirou seus filhos, posses e saúde. Ele reclama que não pode sequer perguntar a Deus "O que está fazendo? Como pode tomar as coisas que tenho assim?" Deus não tira as posses de Seus filhos. Quando pedimos, Ele nos dá, quando buscamos, Ele nos faz encontrar e, quando batemos, Ele abre a porta. Contudo, Jó está dizendo algo completamente oposto a isso.

Na Bíblia, podemos ver ocasiões em que Deus falou com Seus amados servos como Abraão, Moisés e Davi. Ele também prediz as coisas que estão para acontecer e as revela aos Seus servos (Amós 3:7). Ele lhes dá sonhos, visões e a voz do Espírito Santo, como forma de comunicação com eles.

Todavia, Jó estava dizendo que Deus não lhe responderia nem permitiria que ele Lhe fizesse alguma pergunta. Jó acha que Deus é como um ditador, que faz tudo como bem quer – revelando assim sua ignorância sobre Deus.

3. O Séquito de Raabe e Bênçãos Espirituais

"Deus não refreia a sua ira; até o séquito de Raabe encolheu-se diante dos seus pés. Como então poderei eu discutir com ele? Como achar palavras para com ele argumentar?" (9:13-14)

Deus não é alguém que não refreia Sua ira. Se nos arrependermos e convertermos, Ele refreia. Nos tempos do Velho Testamento, quando o povo de Israel idolatrou a ídolos e deixou a Deus, foram atacados pelos seus países vizinhos e feitos cativos. Entretanto, quando se arrependeram e se converteram, buscando a Deus, Deus lhes perdoou e fez com que eles recuperassem sua nação perdida.

Se nos arrependermos, Deus afasta de nós as nossas transgressões, assim como o Oriente está longe do Ocidente (Salmo 103:12), e não mais se lembra dos nossos pecados (Hebreus 8:12).

Então, Jó diz: "até o séquito de Raabe encolheu-se diante dos seus pés." Aqui, a que Raabe se refere?

Isaías 30:7 diz: *"Pois quanto ao Egito, vão e de nenhum valor é o seu auxílio; por isso lhe tenho chamado Raabe que não se move."* Isaías 51:9 diz: *"Desperta-te, desperta-te, veste-te de fortaleza, ó braço de Jeová; desperta-te como nos dias da antiguidade, nas gerações dos tempos antigos. Porventura não és tu o que cortou em pedaços a Raabe, o que traspassou ao dragão?"*

Em outras palavras, Raabe refere-se ao Egito. Então, quem ajudou o Egito na Bíblia? Na história de Israel, podemos ver que, dos 12 filhos de Jacó, foi José, o 11º, quem ajudou o Egito.

Se não fosse José, o Egito teria desmoronado devido aos sete anos de fome. O Egito foi salvo graças a Israel e, com o passar do tempo, ele fez com que os descendentes de José, isto é, o povo de Israel, se tornassem seus escravos. Não devemos ter esse tipo de coração.

Aqui, "o séquito de Raabe" se refere a José, seus irmãos e seus descendentes. Jó está dizendo que assim como o povo de Israel ajudou o Egito, mas depois Deus permitiu que eles se tornassem seus escravos e passassem por tribulações, Deus também havia dado miséria a Jó, apesar de ele ter oferecido sacrifícios a Ele fielmente.

Jó está dizendo que uma vez que Deus não é justo como dito acima, ele não pode discutir com Ele.

Há uma coisa aqui que não podemos deixar de entender. Por que Deus deixou que o povo de Israel fosse escravizado pelo Egito? Era para o próprio bem deles – para que eles fossem abençoados.

Deus aceitou o sacrifício de Abraão com alegria, mas prometeu a ele que seus descendentes seriam estrangeiros, escravizados e oprimidos por 400 anos. Depois desse período eles seriam libertos com muitos bens (Gênesis 15:13-14).

Diante disso, alguém pode achar Deus um pouco estranho por dar uma bênção estranha assim. Como pode a escravidão em uma terra estrangeira ser uma bênção?

Se não entendermos a vontade de Deus, alguns de nós podem acabar tendo uma visão errada Dele. Algumas dúvidas podem surgir: "Eu orei e servi diligentemente a Deus. Por que ainda não recebi Suas bênçãos e respostas?"

Então, qual é a bênção mais importante da vida? Podemos ser salvos e ir para o reino dos céus só quando temos fé. Contudo, a fé não pode ser vista naturalmente. Logo, se Deus nos dá esse importante dom da fé, o que mais poderia ser maior bênção do que isso?

Se a nossa fé crescer e nossas almas forem prósperas, então tudo irá bem conosco e seremos saudáveis. Quando recebemos bênçãos materiais, não temos fé e nossas almas não são prósperas, essas bênçãos não vêm de Deus e podem desmoronar com o tempo. O coração do homem é enganoso. É por isso que muitas pessoas parecem ter vidas cristãs diligentes, mas abandonam a Deus e caem no mundo de novo. Essas pessoas têm um desejo pelas coisas materiais da vida.

É por isso que Gênesis 15:16-17 nos diz que tribulações são uma bênção.

> *"Na quarta geração, os seus descendentes voltarão para cá, porque a maldade dos amorreus ainda não atingiu a medida completa. Depois que o sol se pôs e veio a escuridão, eis que um fogareiro esfumaçante, com uma tocha acesa, passou por entre os pedaços dos animais."*

Há pessoas que dizem que Abraão havia oferecido um sacrifício inadequado e Deus estava com raiva e, por isso, seus descendentes tiveram de sofrer como escravos por 400 anos. Isso, entretanto, não está correto.

Abraão obedecia à palavra de Deus completamente. Ele não ofereceu apenas um ou dois sacrifícios, e todos foram adequados. Deus aceitou todos com alegria e respondeu com fogo.

Então, agora Deus só traria julgamento aos amorreus, que estavam vivendo em Canaã, quando seus pecados tivessem atingido o ponto máximo. Como Deus é justo, Ele não poderia simplesmente dar a Abraão a terra de Canaã. Ela era dos amorreus. Quando seus pecados atingiram a medida para que eles fossem punidos, Deus tomou-lhes a terra e a deu aos descendentes de Abraão.

É essa a razão pela qual Deus enviou José ao Egito para levantar uma nação e fazer com que ela saísse do Egito com muitos bens e riquezas. Com os milagres de dividir o Mar Vermelho e as Dez Pragas no Egito, todas as nações souberam que Israel era o povo escolhido de Deus. Que bênção maravilhosa!

Além do mais, assim como ervas que crescem nos campos têm mais força para sobreviver que as que crescem em jardins, os israelitas ficaram mais fortes com a escravidão. É por isso que puderam conquistar a terra de Canaã e se tornar uma forte nação. Havia muitas providências e planos de Deus para os descendentes de Abraão, sendo escravos no Egito.

Contudo, Jó está questionando aqui como ele poderia esperar que Deus trabalhasse de forma justa para com ele, uma vez que ele havia oferecido sacrifícios tão pequenos. Para ele, Deus era um Deus que tinha deixado os israelitas serem escravos no Egito, mesmo José tendo salvado o povo.

4. Jó Entende Erroneamente que Deus é um Juiz Terrível

> "Embora inocente, eu seria incapaz de responder-lhe; poderia apenas implorar misericórdia ao meu Juiz. Mesmo que eu o chamasse e ele me respondesse, não creio que me daria ouvidos" (9:15-16).

Por que Jó diz 'chamasse'? Ele tinha um conflito dentro de si. Pensava que era justo, mas seus amigos estavam acusando-o de injusto e pecador.

Diante de Deus, Jó sabia que não era tão justo. Em outras palavras, por um lado ele se considerava justo, mas de outro, não se via justo aos olhos de Deus. Esse era o conflito em sua mente.

Nesse momento, a mente de Jó está distorcida e ele está falando coisas contra Deus. Agora, que tipo de ideias você tem, à medida que lê o Livro de Jó?

Você às vezes não pensa consigo mesmo: "Jó perturbou tanto o coração de Deus; não sou como ele!"? Através do Livro de Jó, Deus está revelando e perscrutando cada uma das maldades e traços de caráter do homem. Com isso, podemos ser capazes de enxergar nosso verdadeiro coração.

Jó questionou a Deus de várias formas, mas não obtinha respostas. Quase desistiu de si mesmo e estava expressando seus sentimentos de decepção.

Ele está dizendo que mesmo se Deus lhe respondesse quando ele O clamasse, ele não acreditaria que Deus realmente ouvira sua voz. Podemos ver que a mente de Jó está ficando cada vez mais distorcida.

> "Ele me esmagaria com uma tempestade e sem motivo multiplicaria minhas feridas. Não me permitiria recuperar o fôlego, mas me engolfaria em agruras" (9:17-18).

Só de olhar as palavras saindo da boca de Jô, podemos ver que ele está cometendo grandes pecados contra Deus. Como ele tinha essas maldades, Satanás o acusava e Deus aceitava as acusações.

Leiamos Êxodo 15:26: *"Se vocês derem atenção ao SENHOR, o seu Deus, e fizerem o que ele aprova, se derem ouvidos aos seus mandamentos e obedecerem a todos os seus decretos, não trarei sobre vocês nenhuma das doenças que eu trouxe sobre os egípcios, pois eu sou o SENHOR que os cura."*

Não é que Deus tenha ferido a Jó ou colocado doenças sobre ele sem motivos. Uma vez que Jó tinha feridas imundas e malcheirosas, as maldades em seu coração também transpareceram. É por isso que Deus tinha de refiná-lo.

Jó está dizendo que Deus nem mesmo deixou-o recuperar o fôlego. Deus não é alguém que nos enche de amargura. Ele só quer dar bênçãos aos Seus filhos e ser glorificado através deles.

"Recorrer à força? Ele é mais poderoso! Ao tribunal? Quem o intimará?" (9:19)

Deus é forte. Contudo, quando Jó diz que Deus é poderoso, na verdade ele não está se referindo ao poder que Lhe pertence. O significado disso é diferente da confissão de muitos crentes. Jó achava que Deus era um Deus terrível, que havia tirado tudo dele e era isso o que ele queria dizer com 'poderoso.'

Contudo, nós devemos entender corretamente o poder de Deus. Deus nos ama e enviou o Seu único Filho Jesus Cristo à terra para quebrar a autoridade do inimigo. O poder de Deus é a força para superar o poder da morte. É o poder da ressurreição. Além disso, Deus é o Poderoso Juiz que nos retribui, segundo as coisas que fazemos.

Jó disse que Deus é um terrível Juiz, que usa a Sua soberania para fazer o que desejar, segundo Seus planos pré-estabelecidos. Contudo, devemos entender que o julgamento justo aconteceu através de Jesus Cristo, que é a Rocha e a Verdade em Si. João, capítulo 1, diz que Deus criou todas as coisas nos céus e na terra através do nome de Jesus Cristo. Podemos ser salvos e ser respondidos também através do nome de Jesus Cristo.

Deus é o justo Juiz, que julga tudo de acordo com a imutável palavra da verdade e governa o mundo espiritual. Jó não entendia isso e estava dizendo algo completamente diferente: que Deus usa Sua autoridade fazendo o que bem entende, sem razões.

5. Mente Dividida

"Mesmo sendo eu inocente, minha boca me condenaria; se eu fosse íntegro, ela me declararia culpado. Conquanto eu seja íntegro, já não me importo comigo; desprezo a minha própria vida" (9:20-21).

Aí podemos ver a mente dividida de Jó. Ele estava discutindo consigo mesmo e também dando desculpas. A condenação se refere ao preço do pecado, e a culpa significa ser destruído.

Jó achou que tinha uma vida íntegra, justa e inculpável. Entretanto, seus amigos insistiam em continuar acusando-o de ser injusto e pecador. Assim, ele relutantemente expressava o outro lado da moeda, onde Deus o declara culpado, apesar de ele se considerar sem culpas.

Devemos nos livrar desse tipo de mente dividida. 1 João 3:18 diz: *"Filhinhos, não amemos de palavra nem de boca, mas em ação e em verdade."*

Jó havia concluído que ele não tinha culpa nenhuma, já que não havia feito nada de errado, mas, ainda assim, sua vida havia sido corrompida pelo Poderoso e ele não conseguia evitar desprezá-la. Não devemos ter mente dividida como Jó. Se algo não está certo em nós pela palavra da verdade, devemos corajosamente reconhecer o erro e aceitá-lo, para que entendamos a nós mesmos.

"É tudo a mesma coisa; por isso digo: Ele destrói tanto o íntegro como o ímpio. Quando um flagelo causa morte repentina, ele zomba do desespero dos inocentes" (9:22-23).

Jó está dizendo que, uma vez que Deus faz tudo assim como Lhe agrada e de acordo com Seus planos já elaborados previamente, não tem sentido ter uma vida reta e que, viver uma vida em maldade não faz diferença nenhuma no resultado final. Em outras palavras, ele está dizendo que, embora tenha vivido uma vida em retidão, Deus o fez sofrer daquela forma, portanto, Deus trata homens bons e maus da mesma maneira e é o Deus da pré-destinação, sem justiça.

No entanto, Deus é o justo Juiz, que julga o bem e o mal. Deus cuida para que homens maus recebam más recompensas e dá ao bom, coisas boas e retas (Malaquias 4:1-3, Deuteronômio capítulo 28).

Jó se equivocou ao pensar que Deus zomba dos sofrimentos dos inocentes. Ele diz: "Quando um flagelo causa morte repentina" porque ele pensou que um flagelo o estava matando repentinamente.

Jó tinha sentimentos cada vez piores e ficou cada vez mais cínico em relação a Deus. Com essa concepção errada de Deus, Jó estava dizendo que havia sido punido injustamente. Ficava falando palavras más e dizendo que Deus era mau.

6. A Razão pela Qual Deus disse que Jó era Justo

"Quando um país cai nas mãos dos ímpios, ele venda os olhos de seus juízes. Se não é ele, quem é então?" (9:24)

O coração do homem é muito profundo e nem o próprio homem o conhece direito. A energia de vida ou força de vida, às vezes também chamada de chi, é herdada dos pais. A estrutura dos corações das pessoas também é formada baseada naquilo que elas veem, ouvem e aprendem em suas vidas.

Quando Jó começou a sofrer as provações e tribulações, seu coração foi revelado. Podemos ver coisas sujas e más saindo dele. Deus olha o interior e examina as partes mais profundas do nosso coração. Antes de Jó enfrentar as provações, ele era reconhecido como um homem íntegro, mas Deus sabia das coisas más que estavam lá no fundo de seu coração. Satanás também estava ciente disso. É por isso que Satanás teve acusação contra Jó e Deus permitiu que ele seguisse em frente.

Jó está pensando que Deus julga injustamente, já que ele permite que um homem justo como ele mesmo passe por dores tão grandes.

Quando alguém suborna um juiz para receber um julgamento que lhe é favorável e este aceita o suborno, sua consciência começa a ficar cada vez mais dormente, à medida em que faz o julgamento injustamente. No fim, a justiça é tapada e ignorada. Jó concluiu que Deus não é diferente desse juiz que é subornado e ignora a justiça.

Entretanto, Deus é um Deus justo como vemos no Salmo 9:8: *"Ele mesmo julga o mundo com justiça; governa os povos com retidão."* Inicialmente, a maldade escondida de Jó foi sendo revelada aos poucos, mas agora, ela vem sem limite algum. Jó nunca se tinha dado conta desse mal dentro de si.

Então, por que Deus disse que Jó era íntegro e justo? Deus disse isso, considerando a situação de Jó naquela época.

"Meus dias correm mais velozes que um atleta; eles

voam sem um vislumbre de alegria. Passam como barcos de papiro, como águias que mergulham sobre as presas" (9:25-26).

Antes de vir a prova, Jó tinha fé como conhecimento de ouvir sobre Deus e, assim, ele conseguiu superar os testes primários, pelos quais passou, que estavam dentro dos limites da fé como conhecimento. Ele tinha uma limitação em seu pensamento que dizia: "Se eu agradecer a Deus e orar, Ele me responderá" e, assim, conseguiu superar coisas dentro dessa estrutura.

Contudo as provações seguintes foram além daquilo que ele conseguia suportar e, com as feridas que começaram a aparecer em seu corpo, Jó começou a revelar a maldade que havia dentro de si.

"Meus dias correm mais velozes que um atleta; eles voam sem um vislumbre de alegria. Passam como barcos de papiro, como águias que mergulham sobre as presas."

Quando ele disse: "meus dias correm mais velozes que um atleta", referia-se a algo que está além de suas limitações e do passar do tempo. Além disso, assim como um barco não deixa pistas por onde passou no mar, sua vida passava sem significado.

Ele também diz que o seu coração está ansioso e faminto como a águia que vê sua presa do céu e rapidamente desce para capturá-la.

Se os amigos de Jó tivessem visto seu coração machucado, eles o teriam aconselhado com amor, respeitando o estado de seu coração. Eles não teriam apontado sua culpa diretamente e o acusado de ser culpado pela condição em que se encontrava, mas teria compreendido seu coração partido e machucado e, com amor, teriam feito com que ele percebesse seus erros, se arrependesse e convertesse.

7. Jó diz que Deus é um Deus Mau

"Se eu disser: Vou esquecer a minha queixa, vou mudar o meu semblante e sorrir, ainda assim me apavoro com todos os meus sofrimentos, pois sei que não me considerarás inocente. Uma vez que já fui considerado culpado, por que deveria eu lutar em vão?" (9:27-29)

Como Jó achava que estava recebendo um castigo da parte de Deus sem motivo, ele sentia como se tivesse sido acusado injustamente. Ele diz que tudo não teria sentido, ainda que ele se esquecesse de sua queixa e mudasse seu semblante para um alegre, como seus amigos o estavam aconselhando.

Aqui, qual é o significado de "me apavoro com todos os meus sofrimentos"? Jó queria dizer que mesmo se fosse curado, Deus o prejudicaria de novo sem razão e ele voltaria a sofrer novamente.

Quando nos arrependemos e nos convertemos de nossas más obras, Deus afasta de nós as nossas transgressões, assim como o leste está longe do oeste e não mais se lembra delas. O Salmo 103:12-13, 18 diz: *"e como o Oriente está longe do Ocidente, assim ele afasta para longe de nós as nossas transgressões. Como um pai tem compaixão de seus filhos, assim o SENHOR tem compaixão dos que o temem; com os que guardam a sua aliança e se lembram de obedecer aos seus preceitos."*

Esses versículos nos mostram uma condição na qual o perdão e compaixão de Deus se aplicam a nós só quando temermos a Ele. Se temermos a Deus e guardarmos Seus mandamentos, nos arrependemos de nossos pecados e convertemos em ações. Com isso, Deus nos perdoa e nos limpa com o sangue do Senhor Jesus, para que sejamos justificados e chamados filhos de Deus.

No entanto, Jó não aceitou os conselhos dos seus amigos, mas tudo que fazia era continuar dizendo que, como Deus ainda o consideraria um pecador, ele teria de viver sempre em sofrimento. Enfim, ele estava dizendo que não tinha por que se arrepender de seus pecados e se converter. Se tivermos esse tipo de coração, devemos nos arrepender.

Podemos ver a maldade de Jó nessas palavras. Podemos ver que alguns recém-convertidos tentam estabelecer algumas condições perante Deus, quando, na verdade, tudo que temos de fazer é sermos gratos pela graça de sermos perdoados por nossos pecados e salvos. Mas recém-convertidos tentam negociar com Deus.

"Deus, se o Senhor resolver esse problema, eu servirei na igreja."
"Deus, visto que ainda não obtive nenhuma resposta, embora eu tenha jejuado e orado por toda a noite, vou sair da igreja."

Quando passam por testes, recém-convertidos logo duvidam de Deus e passam a viver preocupados. Dar condições a Deus não tem nada a ver com fé. Jó está dando algumas sugestões a Deus, assim como essas pessoas.

Se professamos nossa fé em Deus, mas diante de um problema não oramos nem Lhe entregamos tudo e nos preocupamos, tentando resolvê-lo por conta própria, então, na verdade, não temos fé de verdade e nem acreditamos em Deus completamente.

"Mesmo que eu me lavasse com neve e limpasse as minhas mãos com soda de lavadeira, tu me atirarias num poço de lodo, para que até as minhas roupas me detestassem" (9:30-31).

'Lavar-se com neve' significa que a água era muito escassa; e 'lavar suas mãos com soda de lavadeira' mostra que era uma tarefa difícil. Jó está dizendo que mesmo se se lavasse com toda a dificuldade, Deus o jogaria no lodo de novo.

Assim, até suas roupas, que são seres inanimados, o detestariam. Vemos que Jó está culpando Deus e considerando-O como um Deus mau e ruim.

"Ele não é homem como eu, para que eu lhe responda e nos enfrentemos em juízo. Se tão somente houvesse alguém para servir de árbitro entre nós, para impor as mãos sobre nós dois" (9:32-33).

Jó conhecia a Deus de ouvir falar. Abraão, Moisés e outros profetas se comunicavam com Deus, mas Jó está dizendo que não dava nem para ele Lhe responder.

Jó tinha fé apenas como conhecimento, que obteve ao ouvir falar de Deus. Como ele não tinha a fé com a qual se acredita de todo o coração, ele não falou nada com fé. Deus não é um Deus que não nos responde, mas que vem ao nosso encontro, quando O buscamos sinceramente.

Além do mais, Jó está dizendo que, como Deus lhe deu a doença, Deus é o promotor e ele é o réu. Ele está lamentando não haver nenhum juiz para julgar entre o promotor e o réu. Está dizendo que foi acusado injustamente e pedindo que haja um juiz imparcial.

Podemos ver que Jó estava dizendo palavras tolas e ridículas, mas que ele não era tolo desde o princípio. Temos de entender que, através dessas palavras, são revelados os diferentes tipos de corações que há na vida.

Enquanto vivemos neste mundo, podemos enfrentar tribulações. Alguns perdem toda sua riqueza e enfrentam problemas que não conseguem resolver sozinhos. Como não há a quem recorrer, essas pessoas entram em desespero e acabam ficando em um estado deplorável, se culpando e amaldiçoando.

Entretanto, aqueles que creem e depositam sua confiança em Deus, dão graças a Ele e mostram sua fé, regozijando-se e tendo esperança pelo reino dos céus mesmo se se tornarem mendigos. Eles não ficam como Jó aqui.

> "alguém que afastasse de mim a vara de Deus, para que o seu terror não mais me assustasse! Então eu falaria sem medo; mas não é esse o caso" (9:34-35).

'A vara de Deus' é uma referência à soberania de Deus. Como revelado através do cajado de Moisés, que causou as Dez Pragas e da vara de Arão que brotou, floresceu e produziu amêndoas maduras no Velho Testamento, 'vara' se refere ao poder de Deus. Jó está dizendo que, como Deus o está atingindo com Sua vara, ele não pode fazer nada.

Estava dizendo que, quando Deus atirou sua vara, que significa Seu poder, contra ele, ele amaldiçoou a Deus o tanto que quis, já que não conseguiu suportar o sentimento de ser acusado injustamente. Como essas palavras são injustas! Jó ainda estava se controlando por causa do medo que tinha de Deus, pois, do contrário, teria falado coisas piores ainda. Ele também dá a desculpa de que ele não era uma pessoa assim antes.

Agora você pode entender por que Deus deixou que todas

aquelas coisas acontecessem a Jó e fez com que tudo fosse registrado na Bíblia. Se Jó, que achava que conhecia a Deus e se via como um homem justo agiu dessa forma, imagina as maldades que aqueles que não conhecem a Deus falariam e cometeriam!

Capítulo 10
A Maldade Escondida no Coração de Jó é Revelada

1. Arrogância
2. Achando Erroneamente que Deus Ama Homens Maus
3. Achando Erroneamente que Deus é Um Caçador de Justos
4. O autoabandono de Jó

Um Homem Justo e Íntegro se Aproximando de Deus

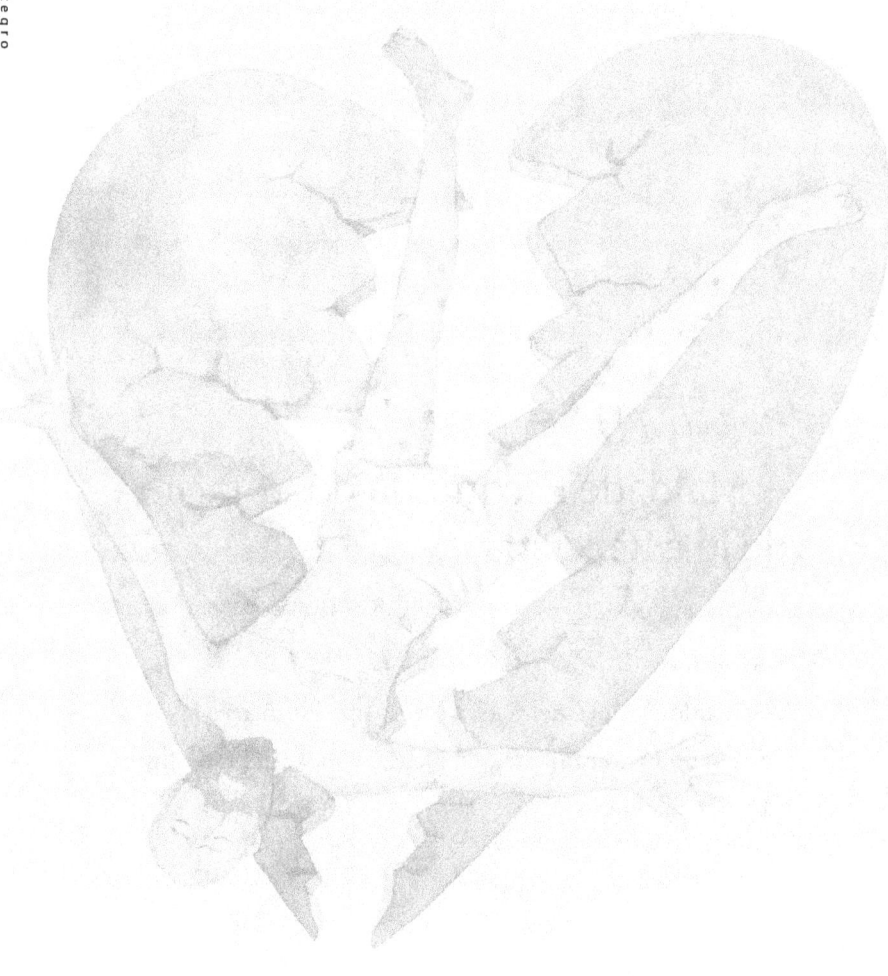

"Minha vida só me dá desgosto; por isso darei vazão à minha queixa e de alma amargurada me expressarei" (10:1).

1. Arrogância

"Minha vida só me dá desgosto; por isso darei vazão à minha queixa e de alma amargurada me expressarei. **Direi a Deus: Não me condenes; revela-me que acusações tens contra mim**" (10:1-2).

Jó diz que sua vida lhe dá desgosto. Isso significa que ele estava cansado de tudo. Ele se sentia cansado demais para viver. No início, ele não se queixou de Deus ao perder seus filhos e posses. No entanto, à medida em que começou a sofrer com as feridas, começou a reclamar de Deus e, através das conversas com seus amigos, sua maldade, que antes estava escondida em seu coração, foi revelada.

Jó achava que não havia feito nada de errado e que sua vida era reta. Contudo, seus amigos insistiam em dizer-lhe que ele era um pecador que estava falando palavras como vendavais e precisava se arrepender. Isso aumentou a dor em seu coração, pois ele não conseguia aceitar os conselhos.

Sua alma estava cansada e perturbada demais para aguentar mais as coisas. Ele disse que tinha mais coisas para falar, mas estava se controlando (Jó 9:35). No entanto, se esqueceu do que tinha falado e agora está dizendo que vai dar vazão total às suas reclamações. Sua maldade é exposta ainda mais.

Jó teve a arrogância de achar que era melhor que seus amigos. É por isso que não conseguiu se dar conta do tanto de inverdade que havia em seu próprio coração. Um de seus amigos mostrou-lhe as coisas com a palavra da verdade, mas, ainda assim, Jó não aceitou. Como ele achava que era melhor que seus amigos, ele não aceitou o conselho deles.

Em sua cabeça, Jó estava perguntando a seus amigos: "Estou nesta situação agora, mas tive mais bens e conhecimento que vocês. Tive uma linda família e aconselhava aos outros. Por que vocês só olham o meu presente e tentam dar-me uma lição? Não quero me envolver com vocês assim."

Jó recebeu vários conselhos de seus amigos, mas não aceitou nenhum. Seu coração se endureceu ainda mais, ele ignorou seus amigos e não mais falaria com eles. Ele agora fala diretamente com Deus, como seus amigos lhe haviam dito.

2. Achando Erroneamente que Deus Ama Homens Maus

> "Tens prazer em oprimir-me, em rejeitar a obra de tuas mãos, enquanto sorris para o plano dos ímpios? Acaso tens olhos de carne? Enxergas como os mortais? Teus dias são como os de qualquer mortal? Os anos de tua vida são como os do homem? Pois investigas a minha iniquidade e vasculhas o meu pecado" (10:3-6).

Será que Deus é alguém que oprime e rejeita a obra de Suas mãos? Jó está dizendo que Deus o criou para fazê-lo sofrer com doenças e tribulações e que Deus é condizente com os planos dos ímpios.

Como seu coração está contorcido, Jó estava dizendo que Deus é um Deus mau. Ele defende a ideia de que Deus estava fazendo uma pessoa boa como ele sofrer e que Deus perseguia e desprezava os justos, amando os perversos.

O versículo 4 diz que Deus não tem olhos de homem. O homem olha o exterior, mas Deus, o interior do coração.

Jó queria dizer o seguinte: "Deus, Tu olhas o interior do coração, mas por que olhou para mim com olhos de homem? Meus amigos olham para minha miserável aparência e me condenam, como se eu fosse um pecador mau. Mas Tu olhas o interior, então deves saber que sou justo e íntegro. Por que, pois, não estás me abençoando?"

Logo, o que significa "Teus dias são como os de qualquer mortal" ou "Os anos de tua vida são como os do homem? Pois investigas a minha iniquidade e vasculhas o meu pecado"?

Jó disse que Deus é eterno, não tendo início nem fim, e que, portanto, Deus é perpétuo – ao contrário do homem que vive apenas por um momento, isto é, já que Deus é eterno e a vida dele é apenas um momento, como poderia Deus considerá-lo eterno como Ele e colocá-lo sob tão grande sofrimento?

Jó estava pensando: "Como pode o Magnífico Deus Criador e essa vida deplorável serem a mesma coisa? Como podem os Seus anos ser os anos do homem, uma vez que sua vida é tão curta, comparada à glória de Deus? E como podes Tu fazer isso comigo, que nem és um pecador?

Inicialmente, parece até que Jó está exaltando a Deus, mas, na verdade, ele estava sendo sarcástico com Ele, dizendo que Ele não era generoso.

"embora saibas que não sou culpado e que ninguém pode livrar-me das tuas mãos" (10:7).

Jó diz que Deus sabe que ele não é culpado e que Deus é um Deus mau. O fato de ele falar que Deus sabe que ele não é culpado mostra como as coisas que diz são inconsistentes e ridículas.

Então, por que Jó está falando tal coisa? É porque ele está pensando em como era a sua vida antes da tribulação começar. Naquele tempo, como Deus sabia, Jó ajudava aos pobres, órfãos e viúvas e incentivava os outros a serem fortes e corajosos. Mesmo quando Deus lhe tirou seus bens, ele não reclamou, mas deu graças a Ele. Com tudo isso, Jó está dizendo que ele é uma pessoa boa.

Como Jó não conseguia encontrar nenhuma maldade dentro de si, ele está se lembrando de si mesmo no passado, quando controlava seu coração com educação, conhecimento, e boas maneiras. Entretanto, como Deus viu a maldade nas profundezas do coração de Jó, Ele permitiu que as acusações de Satanás acontecessem e a maldade de Jó fosse revelada.

Na passagem, Jó diz que ninguém pode resgatá-lo das mãos de Deus. Na verdade, ninguém pode escapar das mãos de Deus. Todos terão de enfrentar o julgamento depois desta vida, até mesmo reis e pessoas da nobreza.

Aqueles que fizeram boas obras experimentarão a ressurreição de vida, mas aqueles que cometeram obras de maldade experimentarão a ressurreição do julgamento.

3. Achando Erroneamente que Deus é Um Caçador de Justos

"Foram as tuas mãos que me formaram e me fizeram. Irás agora voltar-te e destruir-me? Lembra-te de que me moldaste como o barro; e agora me farás voltar ao pó? Acaso não me despejaste como leite e não me coalhaste como queijo? Não me vestiste de pele e carne e não me juntaste com ossos e tendões? Deste-me vida e foste bondoso para comigo, e na tua providência cuidaste do meu espírito" (10:8-12).

Jó sabia que ele era uma criatura feita por Deus. Não apenas olhos, nariz, boca, ossos e sangue de homem, mas também o invisível espírito e a alma são todos criados por Deus. Aqui, "me formaram e me fizeram" se refere ao espírito, alma e ao corpo do homem.

Jó havia perguntado uma coisa a Deus: "Você me formou e me fez, e agora, por que me destruiria?" Mas no versículo seguinte, ele faz uma pergunta de significado oposto. Isso é porque Jó estava sentindo que Deus estava tratando-o de maneira indelicada e então Jó expressou sua decepção.

Em outras palavras, Jó estava dizendo: "Quando Você me fez, Você simplesmente juntou um pouco de barro. Então é por isso que está me descartando agora, como pó, não é? Assim como a mãe joga fora o leite sem utilidade, Você me fez não apenas como um leite inútil, mas também como um queijo para Você coalhar."

Juntar barro é muito fácil. Jó disse que Deus o havia formado com tanta destreza e agora o estava destruindo. No entanto, Jó muda suas palavras ao dizer que Deus o descartou facilmente, pois o havia formado com apenas um pouco de barro juntado.

O leite para recém-nascidos é algo crucial. No entanto, o leite que sobra depois que a mãe alimenta o bebê é jogado fora por ela; e se ainda sobra muito leite nos seios da mãe após ela alimentar o bebê, ela sente dores. Além do mais, o leite que já foi apertado acaba ficando com um mau odor e coalha. Assim, não se pode guardá-lo. Jó estava se comparando com um leite inútil. Por sinal, isso é uma boa metáfora, pois seu corpo estava coberto de feridas que não paravam de inflamar e secar.

Deus deu ao homem a vida e tudo para sua sobrevivência, isto é, ele fez o nosso espírito, alma, corpo e criou todas as coisas, inclusive o sol e o ar, para que pudéssemos viver.

Quando Jó disse: 'meu espírito' nessa passagem, ele se referia ao seu coração. 'Guardar o seu coração' significa que ele não pecava, mas ajudava as viúvas e órfãos e vivia uma vida de bondade, pois sabia das coisas de Deus.

"Mas algo esconderte em teu coração, e agora sei o que pensavas. Se eu pecasse, estarias me observando e não deixarias sem punição a minha ofensa. Se eu fosse culpado, ai de mim! Mesmo sendo inocente, não posso erguer a cabeça, pois estou dominado pela vergonha e mergulhado na minha aflição" (10:13-15).

Quando Jó disse: "Se eu pecasse, estarias me observando", isso é verdade. Mas quando ele disse: "e não deixarias sem punição a minha ofensa", isso não é verdade. Se nos arrependemos e convertemos, Deus prometeu nos perdoar e afastar de nós a nossa transgressão, assim como o leste é longe do oeste (Salmo 103:12; Hebreus 10:17).

Jó também disse: "Se eu fosse culpado, ai de mim!" e isso é algo óbvio. Depois vemos: "Mesmo sendo inocente", e isso significa que ele é um homem justo. Mas depois vemos: "Não posso erguer a cabeça, pois estou dominado pela vergonha." Por que ele está dizendo isso?

Aqueles que obedecem aos mandamentos de Deus têm a confiança de corajosamente pedir a Deus e ser respondidos. O que Jó está dizendo é que ele é um homem justo e bom, mas como estava em uma situação tão miserável, em que perdeu tudo o que tinha, inclusive seus filhos, tinha uma doença que o fazia ter feridas em todo o corpo e, ainda, tinha seus amigos desprezando-o e falando para ele se arrepender, ele se sentia envergonhado de sua realidade.

Contudo, mesmo nesse tipo de situação, se somos confiantes diante de Deus, não temos de ficar envergonhados na frente de ninguém.

"Se mantenho a cabeça erguida, ficas à minha espreita como um leão, e de novo manifestas contra mim o teu poder tremendo" (10:16).

'Erguer a cabeça', espiritualmente, significa arrogância. É claro que Jó não estava dizendo aqui que ele era arrogante. Ele queria dizer que, se discutisse um pouquinho que fosse e insistisse que estava certo, Deus o caçaria como um leão. Jó estava testemunhando que ele cria em um Deus terrível, comparando-O a um leão. Jó está dizendo que assim como o leão caça sua presa quando tem fome, Deus o está caçando, mesmo sendo ele um homem com uma boa vida.

Jó está agora falando sobre suas experiências. Ele quer dizer que ele é justo, mas se levantar sua cabeça e discutir com Deus que ele está certo, todo o seu corpo sangrará e se inflamará, causando terrível dor, da mesma maneira como a presa caçada pelo leão sente.

Se agirmos de acordo com a verdade e seguirmos a vontade de Deus, o próprio Deus trabalha em nosso favor e até os problemas mais sérios são resolvidos. No entanto, se a nossa reação tiver maldade e discutirmos só porque a outra pessoa está agindo com maldade, Deus não pode nos ajudar. Só quando seguimos completamente a vontade Dele é que ele começa a trabalhar e os inimigos, o diabo e Satanás, vão embora.

"Trazes novas testemunhas contra mim e contra mim aumentas a tua ira; teus exércitos atacam-me em batalhões sucessivos. Então, por que me fizeste sair do ventre? Eu preferia ter morrido antes que alguém pudesse ver-me. Se tão-somente eu jamais tivesse existido, ou fosse levado direto do ventre para a sepultura!" (10:17-19)

'Testemunhas' se refere aos anjos de Deus. "Trazes novas testemunhas contra mim" queria dizer que Deus estava treinando Seus anjos, mirando em Jó e agindo cada vez com mais ira em relação a ele.

"Deus, por que me fizeste sair do ventre? Se não me fizesses nascer, teria morrido e sido enterrado. Por que me deste vida para que eu passasse por isso hoje?"

Jó entende erroneamente que Deus o tinha feito nascer. Em Sua providência, Deus deu aos humanos a semente original, através da qual a vida pode ser concebida, mas a decisão de concepção cabe completamente aos pais.

Deus controla a vida e a morte, mas apenas com os limites do mundo espiritual. Algumas pessoas se queixam de Deus, quando as coisas não dão certo para elas no casamento, nos negócios ou na família. Esses problemas surgem por causa das próprias pessoas. Não são causados por Deus. Assim, nunca devemos tomar o nome de Deus em vão.

4. O autoabandono de Jó

"Já estariam no fim os meus poucos dias? Afasta-te de

mim, para que eu tenha um instante de alegria, antes que eu vá para o lugar do qual não há retorno, para a terra de sombras e densas trevas, para a terra tenebrosa como a noite, terra de trevas e de caos, onde até mesmo a luz é escuridão" (10:20-22).

Ao dizer 'poucos dias', Jó queria dizer que a vida dura apenas 10 ou 80 anos e quanto mais ele viveria.

Jó está dizendo: "Deus já estou velho e não tão longe do dia de minha morte. Então, por favor, não seja cruel para comigo. Mude de ideia e me dê felicidade enquanto estou nesta terra. O lugar para onde vou depois é escuro e sombrio, então, antes de eu ir, por favor, deixe-me viver sem dores. Por favor, deixe-me em paz."

Jó está falando sobre a vida por vir, como se soubesse bem essas coisas, dizendo que ele irá para um lugar de trevas e sombras. Podemos ver que Jó nem mesmo sabe sobre o céu e o inferno.

É por isso que ele não tinha nenhuma esperança pelo céu ou medo do inferno, que é um lugar de punição eterna.

Capítulo 11
O Argumento de Zofar, o Naamatita

1. A Importância das Palavras
2. Repreendendo Jó, Explicando a Verdade
3. Que Não nos Tornemos Homens Falsos
4. As Bênçãos de Deixar o que é Errado e Obedecer à Palavra de Deus

Um Homem Justo e Íntegro se Aproximando de Deus

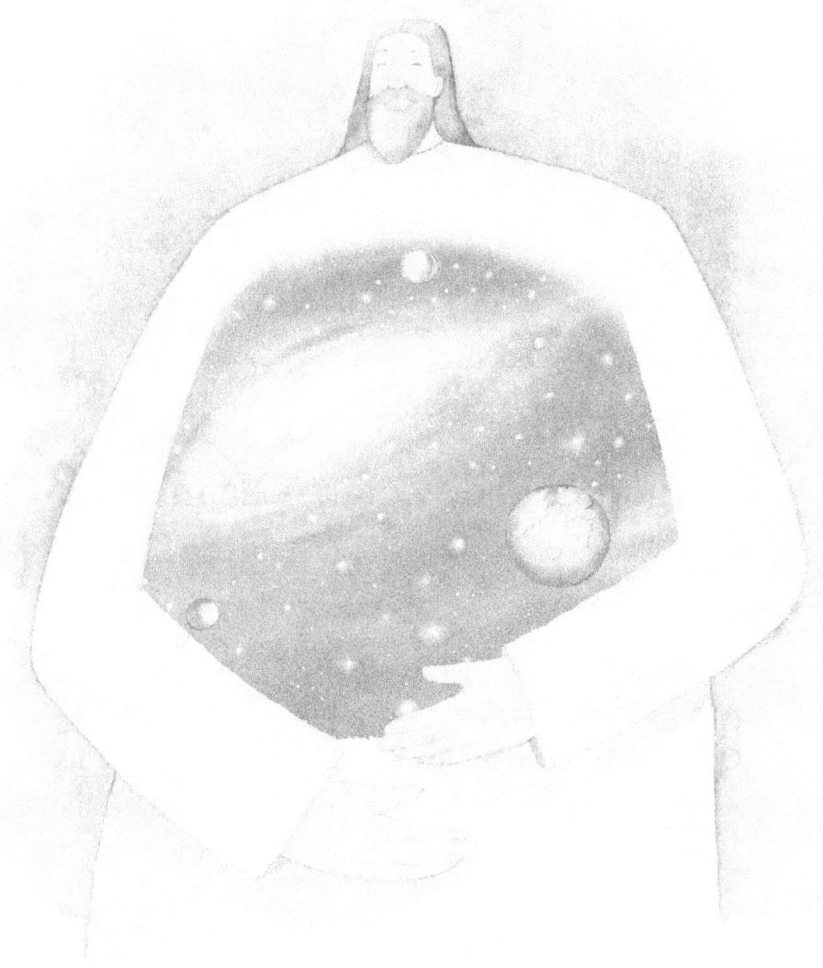

"Você consegue perscrutar os mistérios de Deus? Pode sondar os limites do Todo Poderoso? São mais altos que os céus! O que você poderá fazer? São mais profundos que as profundezas! O que você poderá saber?" (11:7-8)

1. A Importância das Palavras

"Então Zofar, de Naamate, respondeu: 'Ficarão sem resposta todas essas palavras? Irá confirmar-se o que esse tagarela diz? Sua conversa tola calará os homens? Ninguém o repreenderá por sua zombaria'" (11:1-3).

Zofar está mostrando que como as palavras de Jó são muitas e ele é muito falante, ele não está certo. Quando uma pessoa tem sentimentos ruins e a ira sobe à cabeça, ela naturalmente se torna falante, tagarela e não fala palavras de verdade.

"Jó! Com tanta falação, como posso ter uma palavra para te responder? Os tagarelas cometem muitos erros e como pode dizer que está certo? Como pode sua arrogância calar os homens e, quando é sarcástico, como não pode haver ninguém para repreendê-lo?"

Provérbios 10:19 diz: *"Quando são muitas as palavras, o pecado está presente, mas quem controla a língua é sensato."* Isto é, aqueles que falam muito, acabam cometendo vários erros e não são sábios.

Provérbios 18:21 também diz: *"A língua tem poder sobre a vida e sobre a morte; os que gostam de usá-la comerão do seu fruto."* Podemos ver a importância que têm as palavras.

Nós, crentes em Deus, devemos sempre ter lábios positivos, independente das provações ou momentos de sofrimento por que estivermos passando. Se falarmos coisas negativas como: "Está difícil. Estou cansado disso tudo. Não posso mais suportar isso", mais difíceis serão as coisas e ficaremos cada vez mais cansados. Até nas situações mais difíceis, Deus pode começar a trabalhar a nosso favor, desde que confessemos nossa fé positivamente dizendo algo como: "Creio em Ti, Senhor, que Tu farás tudo."

O versículo 2 diz; "Sua conversa tola calará os homens? Ninguém o repreenderá por causa de sua zombaria?" O que isso significa?

Jó tem dito que ele é justo e bom, e ignorado e desprezado seus amigos, dizendo que ele é melhor que eles. Zofar então está perguntando aos amigos de Jó como eles podem ficar calados ao ouvir tantas palavras de inverdade dele.

1 Coríntios 13:4 diz: *"O amor não se vangloria"* e o versículo 1:31 diz: *"para que, como está escrito: 'Quem se gloriar, glorie-se no Senhor.'"*

As pessoas mundanas se vangloriam de seus filhos, maridos e de muitas outras coisas. Contudo, aqueles que ouvem o que elas dizem, ficam com ciúmes, embora pareçam estar alegres. Crentes, especialmente, não precisam desse tipo de coisa.

No entanto, se recebemos uma resposta de oração, podemos nos vangloriar de tal coisa. Isso é para plantar fé nos coração das outras pessoas e também para plantar vida, fazendo com que elas creiam em Deus. Assim, é bom nos gloriarmos no Senhor sempre que possível.

Jó zombou de Deus e seus amigos. Ele falou muita coisa zombando de Deus. Se nos vangloriarmos, zombarmos e repreendermos só porque a outra pessoa também o está fazendo, não seremos diferentes.

Portanto, devemos ser capazes de entender e abraçar os outros com amor e virtude generosa. Embora possamos ver as transgressões de alguém, não devemos revelá-las a outras pessoas, mas deixá-las guardadas confidencialmente, enquanto elogiamos as coisas boas.

2. Repreendendo Jó, Explicando a Verdade

"Você diz a Deus: 'A doutrina que eu aceito é perfeita, e sou puro aos teus olhos.' Ah, se Deus lhe falasse, se abrisse os lábios contra você e lhe revelasse os segredos da sabedoria! Pois a verdadeira sabedoria é complexa. Fique sabendo que Deus esqueceu alguns dos seus pecados" (11:4-6).

Não podemos ousar dizer que somos justos aos olhos de Deus, mas Jó estava insistindo que o era. Quando seus amigos o escutavam, ficavam perplexos.

"Jó, você não está tentando se arrepender e se converter de seus maus caminhos, mas continua insistindo que você é justo e puro. Se realmente não tem pecado nenhum, como poderia Deus ouvir as acusações de Satanás e deixar que você passasse por tão fortes provações? Será que você estaria certo e Deus errado?"

Deus criou os céus e a terra e tudo o que neles há com a Sua palavra e Ele nos deu a Bíblia. Na Bíblia vemos as regras do mundo espiritual. Ela nos fala sobre o início e o fim, nos ensina como podemos receber bênção e salvação, e nos diz quais são as situações em que recebemos acusações.

A Bíblia contém as infinitas maravilhas e sabedoria de Deus. Nós, como homens, jamais poderemos ter ideia do tamanho do conhecimento de Deus.

Na opinião de Zofar, o poder de Deus é ilimitável. Assim Ele deveria ter tirado a vida de Jó, já que ele estava falando tantas coisas contra Deus. Contudo, Deus só estava assistindo Jó. É por isso que Zofar está dizendo que, se Deus não fosse tão generoso como é, Jó já teria morrido. Contudo, uma vez que Ele deixou que Jó estivesse vivo até aquele momento, dava para ver que a Sua misericórdia era muito maior que o peso do pecado de Jó. Zofar está falando para Jó se dar conta disso.

> "Você consegue perscrutar os mistérios de Deus? Pode sondar os limites do Todo Poderoso? São mais altos que os céus! O que você poderá fazer? São mais profundos que as profundezas (Sheol)! O que você poderá saber? Seu comprimento é maior que a terra e a sua largura é maior que o mar" (11:7-9).

Como Jó não entendia as maravilhas e o poder de Deus, ele reclamou Dele e amaldiçoou seus próprios pais. Se entendermos as maravilhas e o poder de Deus, não desistiremos, quando enfrentamos provações ou tribulações, mas seremos respondidos através de orações e glorificaremos a Deus.

Obviamente, mesmo Zofar, que está dizendo tudo isso, não entendia muito bem as coisas de Deus. Nós conhecemos e entendemos Deus à medida que nossa fé cresce. O Espírito Santo sonda até as coisas mais profundas de Deus; e como o Espírito nos revela o que está dentro de nós, nós podemos entender claramente as coisas de Deus.

À medida que a palavra da verdade de Deus enche o nosso coração e trabalha nele e, de acordo com o tamanho da nossa fé, podemos entender as coisas de Deus.

Em seguida, Zofar diz que os mistérios são mais altos que os céus e mais profundos que o Sheol. Ele achava que o Sheol fosse um lugar para os mortos, onde eles dormissem para sempre e que era como um vale escuro de morte. É por isso que Zofar está dizendo que é um lugar muito profundo. Ele está dizendo que, assim como ele não conhece a altura dos céus e as profundezas do Sheol, Deus é maior e mais profundo.

Em relação à atitude de Deus, Zofar está dizendo que a Sua generosidade é maior que a terra e mais larga que o mar. Em outras palavras, Zofar queria dizer: "Jó, você não pode entender o coração e os pensamentos de Deus, que abraça todo o universo. Então, por que você finge saber todas essas coisas?"

3. Que Não nos Tornemos Homens Falsos

"Se ele ordena uma prisão e convoca o tribunal, quem poderá opor-se? Pois ele não identifica os enganadores e não reconhece a iniquidade logo que a vê? Mas o tolo só será sábio quando a cria do jumento selvagem nascer homem" (11:10-12).

'Convocar o tribunal' significa abrir uma audiência de julgamento; isto é, se Deus convocasse um tribunal, quem O impediria? Aqui, 'tribunal' simboliza a Sua soberania.

Contudo, Deus é um Deus justo que governa tudo de acordo com as leis do mundo espiritual. Quando os filhos de Deus, que receberam o Espírito Santo, pecam ou agem em injustiça, Deus permite que eles passem por provações, para que sejam refinados. Isso é para fazer com que eles se convertam de seus maus caminhos e continuem seguindo pelo caminho da salvação.

No versículo 11, Zofar diz: "Ele identifica enganadores." Um enganador ou homem falso, se refere à pessoa que tem muita falsidade e engano, adora a ídolos, não é confiável e não cumpre o que promete.

Se as pessoas ao nosso redor não podem confiar em nós é sinal de que somos pessoas de inverdade. Aqueles que mudam de ideia muito frequentemente são também falsos e não-confiáveis. Essas pessoas um dia se arrependerão de ter tido vidas tão sem sentido.

Jó não tinha sonhos ou esperanças. Ele só reclamava e queria morrer logo. É por isso que Zofar está dizendo que Jó era um homem falso.

Sabemos que Jó estava passando por aquelas provações para que ele recebesse bênçãos mais perfeitas, mas seus amigos não o sabiam. Eles simplesmente achavam que Deus o estava punindo porque ele era mau, por isso só o condenavam.

Agora, examinemos como são as pessoas falsas neste mundo e o que a verdade diz sobre elas.

Homens falsos no mundo são aqueles que não têm sonho algum. Tudo é destruído na vida deles e eles desistiram de si mesmos. Eles só vivem de forma miserável e de suas bocas saem palavras de falsidade, engano, inverdade e vaidade.

Então, segundo a verdade, que tipo de pessoa é o homem falso?

Primeiro, o homem falso é aquele que não se despoja das coisas do mundo, mesmo quando entendem o que a vida eterna e a verdadeira vida é. Conhecendo as coisas verdadeiras, ele ainda se apega às coisas insignificantes do mundo. No fim, tudo o que tem é a morte.

Em segundo lugar, é aquela pessoa que envergonhou a Deus, mesmo sendo crente Nele, por não entender Sua vontade adequadamente. Essas pessoas não fazem a vontade de Deus apropriadamente e assim não podem receber a salvação. Como elas também se apegam a coisas insignificantes, no fim acabam seguindo um caminho de morte (Mateus 7:21).

Terceiro, são aqueles que dizem crer em Deus, mas são teimosos ou agem com maldade. Aqueles que agem com maldade são homens falsos. Embora acreditem em Deus, é difícil para eles receberem a salvação.

Deus olha para o nosso coração. Ele nos observa e sabe exatamente quantos fios de cabelo temos em nossa cabeça. Quando Jonas Lhe desobedeceu e foi para o fundo do barco, Deus ainda o estava assistindo. Ainda que roubemos algo na escuridão da noite, Deus nos vê.

O versículo 12 diz: "Mas o tolo só será sábio quando a cria do jumento selvagem nascer homem."
'Ser sábio' aqui, em outras traduções é 'ser inteligente. 'Ser inteligente' significa ter a capacidade de pensar e racionalizar, especialmente, até um grau alto. Seu significado espiritual é 'completo entendimento e conhecimento acumulado durante a vida.'
Se somos inteligentes, não temos como ser falsos. As pessoas adoram a ídolos porque são falsas. Se temos inteligência, conhecemos o Pai que nos deu a vida. Aqueles que têm algum bom senso não se inclinarão a ídolos. Você se dobrará diante de um porco, se alguém lhe mandar? Se tiver algum bom senso, não.
O filhote da jumenta selvagem, se não estiver amarrado a

algum lugar, pulará para lá e para cá. Poderá cair em alguma armadilha ou ser comido por algum animal. Não devemos agir como esse tolo filhote de jumenta, mas devemos obedecer à palavra de Deus e temer a Ele, de acordo com as leis do mundo espiritual.

4. As Bênçãos de Deixar o que é Errado e Obedecer à Palavra de Deus

> "Contudo, se você lhe consagrar o coração e estender as mãos para ele; se afastar das suas mãos o pecado e não permitir que a maldade habite em sua tenda" (11:13-14).

Zofar está dizendo para consagrar seu coração e estender sua mão para o SENHOR. Jó tem dito muitas coisas que não estavam certas de acordo com a verdade. Aqui, 'estender a mão' significa se render diante de Deus, isto é, negar a si mesmo.

Zofar está falando para Jó consagrar seu coração. Por exemplo, se ele vai para o oeste enquanto Deus fala para ele ir para o leste, ele tem de mudar de direção e ir para o leste. Zofar está aconselhando Jó a despojar-se de todo pecado que está em suas mãos.

Por que Zofar diz 'pecado das mãos' e não 'pecado do coração'? Durante os tempos do Velho Testamento, as pessoas eram salvas por obras. Quantos pecados os homens cometem com suas mãos? O que está no coração é revelado pelas mãos.

Além disso, 'não permitir que a maldade habite em sua tenda' significa que nós devemos nos despojar de toda inverdade do nosso coração, família, local de trabalho e negócios.

Zofar está também falando sobre os tipos de bênçãos que Jó

alcançará, se ele convertesse seu coração, se rendesse diante de Deus e se afastasse do pecado de suas mãos.

> "então você levantará o rosto sem envergonhar-se; será firme e destemido. Você esquecerá as suas desgraças, lembrando-as apenas como águas passadas. A vida será mais refulgente que o meio-dia, e as trevas serão como a manhã em seu fulgor" (11:15-17).

"Você levantará o rosto sem envergonhar-se" significa que ele então poderia levantar a cabeça diante de Deus, sem nenhuma vergonha. O homem se sente envergonhado e sem confiança diante de Deus por causa de seus pecados e sentimentos de culpa.

Por que Jó perdeu todos os seus bens e filhos e estava sofrendo com as feridas? Isso era para que ele percebesse a maldade em seu coração e se livrasse dela, a fim de que ele pudesse receber bênçãos ainda maiores.

Contudo, Zofar não entendia essa providência por trás do amor de Deus. Assim, ele entendeu erroneamente que Jó estava sofrendo tanto daquele jeito porque ele tinha cometido pecados e não havia vivido segundo a palavra de Deus.

O Salmo 66:18 diz: *"Se eu acalentasse o pecado no coração, o Senhor não me ouviria."* Isaías 59:1-3 diz que uma vez que os nossos pecados formam um muro entre nós e Deus, Ele não nos ouve quando oramos a Ele.

Zofar ouviu a verdade e está tentando fazer com que Jó entenda o que a verdade é. Se vivemos pela palavra de Deus, não temos do que nos envergonhar e, assim, não teremos medo e seremos confiantes (1 João 3:21-22). Os homens ficam com medo, aflitos e nervosos por causa de seus pecados.

Além do mais, o versículo 16 diz: "você esquecerá as suas desgraças." Quando o rio flui em direção ao mar, não mais podemos fazer com que a água volte, pois novas águas continuam vindo. Em outras palavras, trata-se do fluxo do tempo.

Imagine que você tenha tido alguma doença ou problemas na família ou local de trabalho, mas depois de algum tempo essas provações foram embora. Se você está vivendo uma nova vida agora, não estará triste por causa do passado. Se você tem tido uma boa vida agora, preferirá ser feliz que ficar lembrando do passado.

Zofar continua dizendo: "A vida será mais refulgente que o meio-dia, e as trevas serão como a manhã em seu fulgor." O que isso significa?

Em Jó 11:14, o pecado nas mãos é algo que podemos nos livrar, arrependendo-nos e convertendo-nos, quando a palavra da verdade de Deus vem para dentro de nós. Logo, nos despojamos do pecado das mãos e não haverá mais injustiça em nossa família, local de trabalho ou negócios. Portanto, "a vida será mais refulgente que o meio-dia" significa que quando a luz da vida da verdade vem, o passado escuro de amizade com o mundo e a vida nas trevas vão embora e agora podemos andar na verdade e viver no meio-dia.

"As trevas serão como a manhã" significa, espiritualmente, que quando aceitamos Jesus como Salvador e a luz da vida vem para nós, mesmo que venham provações, tribulações e trevas, ainda assim, tudo será como a manhã. Manhã simboliza nova vida e nova esperança para um novo dia.

Ademais, também significa que quando uma pessoa que não tinha nenhuma esperança tem um encontro com Deus, suas provações e tribulações vão embora, ela é fortalecida e novos dias vêm sobre sua vida.

"Você estará confiante, graças à esperança que haverá; olhará ao redor e repousará em segurança. Você se deitará, e ninguém lhe causará medo, e muitos procurarão o seu favor. Mas os olhos dos ímpios fenecerão, e em vão procurarão refúgio; o suspiro da morte será a esperança que terão" (11:18-20).

"Você estará confiante, graças à esperança" significa que enquanto os difíceis problemas são resolvidos e você consegue começar um novo dia, você tem esperança. Suponha que uma pessoa, que dantes havia passado por dificuldades financeiras, agora conseguiu abrir uma loja. Essa pessoa pode trabalhar com muita esperança. Como há esperança, podemos também ficar mais firmes na verdade. Espiritualmente, ficar firme é estar sobre a rocha da palavra de Deus.

"Olhará ao redor e repousará em segurança" significa que quando toda maldade desaparecer de nossa família, local de trabalho e negócios, ao nos despojarmos do pecado de nossas mãos, Deus nos protege com Seus olhos de fogo, hostes celestiais, anjos e com as paredes de fogo do Espírito Santo. Assim, temos descanso e paz de espírito. Provações e testes não terão mais nada a ver conosco e tudo que teremos será paz.

Se vivermos na verdade completamente, isto é, se ficarmos firmes sobre a rocha da fé, colocaremos tudo nas mãos de Deus e, consequentemente, teremos descanso em nosso coração.

O versículo 19 diz: "Você se deitará e ninguém lhe causará medo e muitos procurarão o seu favor." Se ficarmos firmes sobre a rocha da fé, todas as preocupações nos deixarão. Essa rocha é forte e inabalável. Ela se refere a Jesus Cristo, em um sentido espiritual.

Em nossa vida cristã, se temos algum problema, temos de entender que não estamos firmes sobre a rocha da fé ainda.

"Você se deitará e ninguém lhe causará medo" significa que, se ficarmos firmes sobre a rocha da fé, o inimigo, o diabo e Satanás não podem trabalhar em nós e, assim, seja qual for a situação, estaremos livres e em paz, mesmo quando dormindo.

"Muitos procurarão seu favor" significa que teremos o respeito, amor, prestígio e muitas outras coisas de muitas pessoas.

Também vemos, "mas os olhos dos ímpios fenecerão e em vão procurarão refúgio; o suspiro da morte será a esperança que terão." Os olhos daqueles que não estão vivendo na verdade fenecerão e, aqui, refere-se aos olhos espirituais.

Em outras palavras, como o coração é mau, há pessoas que não aceitam a palavra de Deus ou não tentam crer nela. Assim, elas não entendem nenhuma verdade. Finalmente, como estão espiritualmente cegas, elas não têm escapatória.

Então, para onde devemos escapar? Temos de escapar do caminho da morte para o caminho da vida, que leva à vida eterna.

Temos de correr não para testes e provações, mas para a luz. Entretanto, quando nossos olhos espirituais falham, não podemos achar uma maneira de escapar. Se não vivermos na verdade e não nos despojarmos de nossos pecados, nossos olhos espirituais fenecerão.

É por isso que vemos "o suspiro da morte será a esperança que terão." Homens maus acumulam maldade sobre maldade e, finalmente, perdem toda a força e desmoronam. Eles não podem evitar seu caminho em direção à morte, isto é, o inferno.

Capítulo 12
A Resposta Emocionalmente Cicatrizada de Jó

1. As Refutações Sarcásticas de Jó a Seus Amigos
2. Entendendo Erroneamente que Deus Abençoa Homens Maus
3. Jó Exalta a Grandeza de Deus
4. O que é que Jó Quer Realmente Dizer?

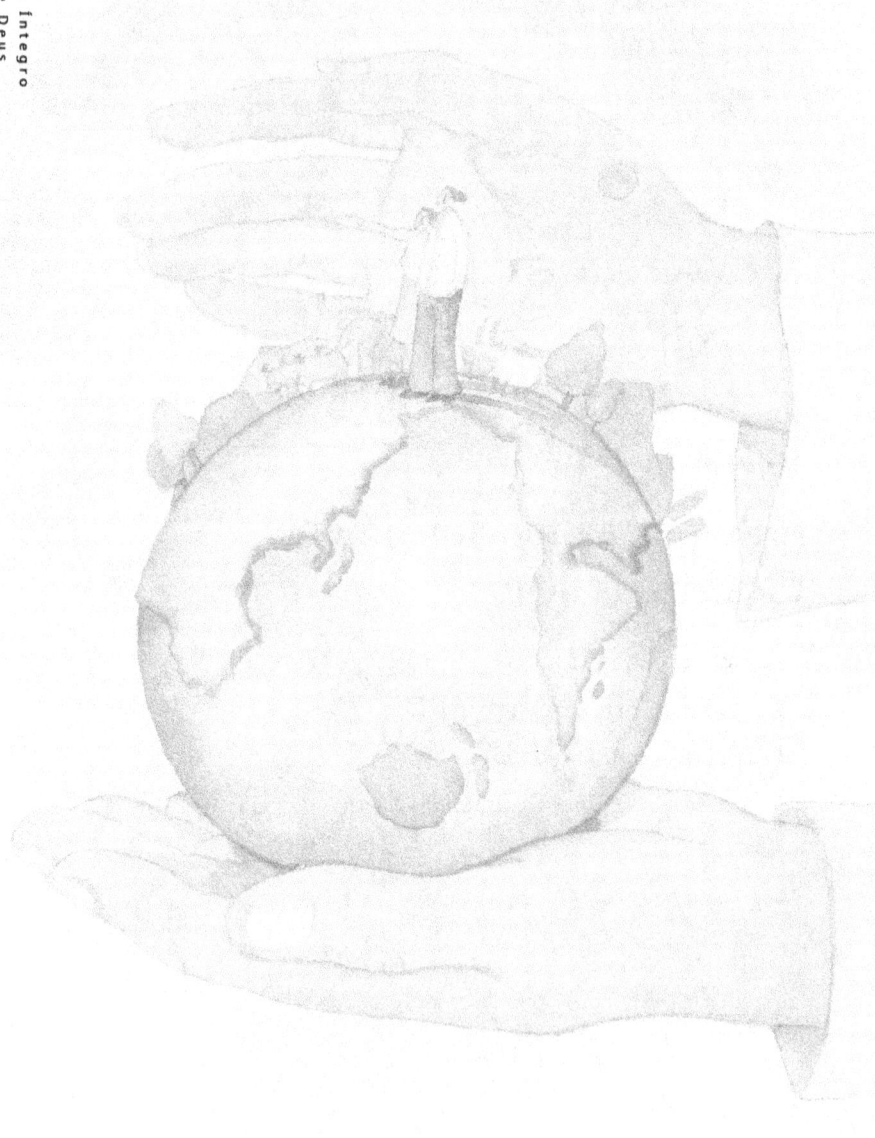

"Em sua mão está a vida de cada criatura e o fôlego de toda a humanidade" (12:10).

1. As Refutações Sarcásticas de Jó a Seus Amigos

"Então Jó respondeu: 'Sem dúvida vocês são o povo, e a sabedoria morrerá com vocês! Mas eu tenho a mesma capacidade de pensar que vocês têm; não sou inferior a vocês. Quem não sabe dessas coisas?'" (12:1-3)

No capítulo anterior, Zofar estava repreendendo Jó e no capítulo 12, Jó está respondendo a seus amigos. Ambas as partes estão discutindo, alegando estarem certas.

Não deveríamos achar que se trata apenas de uma conversa entre Jó e seus amigos, pois queremos entender e nos darmos conta da natureza de nosso coração. Você deve se colocar no lugar de Jó e seus amigos. Se descobrir que o seu coração é como o de Jó e seus amigos, você pode se arrepender e se converter, a fim de ser abençoado como Jó foi.

Os amigos de Jó possuíam grande conhecimento e sabedoria, mas Jó não aceitava o que eles diziam, pois achava que eles estavam sendo ridículos. Eles só tentavam culpar Jó, dizendo que eles estavam certos e Jó, errado, fazendo com que este ficasse cada vez mais chateado.

Jó não gostou do fato de seus amigos terem tentado ensinar-lhe as coisas. Assim, ele estava sendo sarcástico ao dizer que as palavras de seus amigos estavam certas e as dele, erradas, e que ele não era nem mesmo um homem. Ele também disse, bem sarcasticamente, que se eles morressem a sabedoria também morreria.

Qual é o real significado do que Jó disse: "Sem dúvida, vocês são o povo"?

Você já discutiu com alguém e quando viu que não ia conseguir persuadir a pessoa ou vencer o argumento dela terminou a conversa dizendo: "Ok, você está certo!"? Como você sentiu que qualquer tipo de conversa de 'mão-dupla' seria impossível, você simplesmente acabou a conversa. Aqui, Jó se sentia da mesma maneira.

Jó achou que seus amigos estavam fingindo ter algum conhecimento ou sabedoria e estavam humilhando-o e ensinando-lhe as coisas. É por isso que ele se irritou e estava falando cinicamente: "Vocês têm sabedoria demais! Se morrerem, a sabedoria também morrerá!"

Antes, o amigo de Jó havia dito que seus lábios eram como vendavais. Ventos violentos podem destruir casas, árvores e pessoas; e Jó, cujos lábios eram como vendavais, não conseguia ficar quieto aqui. Se ele realmente tivesse reconhecido seus amigos como "o" povo, ele teria de ficar calado, mas ele continuou discutindo.

O que ele realmente queria dizer era que ele também tinha sabedoria e entendimento e que não era pior que seus amigos. Ele queria dizer: "Ei, também sou sábio! Então o que é que me falta, comparado a vocês? Vocês acham que eu já não sei tudo o que me disseram?"

> "Tornei-me objeto de riso para os meus amigos, logo eu, que clamava a Deus e ele me respondia, eu, íntegro e irrepreensível, um mero objeto de riso! Quem está bem despreza a desgraça, o destino daqueles cujos pés escorregam" (12:4-5).

Por que Jó coloca Deus no meio aqui? Nós também fazemos

isso. Quando discutimos com alguém, ficamos irritados e, de repente, trazemos uma terceira parte.

Dizemos que um certo pastor ou um certo diácono disse isso ou aquilo, ou podemos até citar algum versículo da palavra de Deus. Deus nos fala para não discutirmos intensamente e ficarmos bravos a ponto de nossos rostos ficarem vermelhos e dizermos: "Bem, a palavra de Deus diz isso..."

Logo, aqueles que estão discutindo, não podem dizer: "A palavra de Deus diz isso." A verdade nos diz para não discutirmos, e estaremos violando-a, se discutirmos com alguém. Se mencionarmos a palavra de Deus, enquanto estamos violando-a, isso jamais será persuasivo.

O versículo 4 diz: "que clamava a Deus e Ele me respondia." Isso não quer dizer que Jó se comunicava com Deus. Jó sabia sobre Deus ouvindo coisas a Seu respeito de seus patriarcas. Ele aprendeu que havia um Deus e que Ele é o Todo Poderoso. Então, quando ele fazia algo de errado, oferecia sacrifícios para si e por seus filhos.

Portanto, 'clamar a Deus e obter Sua resposta' significa que Jó oferecia sacrifícios. Jó está lamentando que ele, que é íntegro e irrepreensível, oferecia sacrifícios e agora estava sendo motivo de piada. Ele foi desprezado por sua esposa e amigos. Devemos saber, no entanto, que essas palavras de Jó não são corretas.

Se você adorar em espírito e em verdade e se comunicar com Ele, será que se tornará algo ridículo para as pessoas ao seu redor? Os patriarcas que serviram a Deus muito bem foram reconhecidos e louvados por seus próximos. Nunca foram zombados ou ridicularizados. Como eles amavam a Deus e também eram amados por Ele, até os gentios os respeitavam.

O Faraó do Egito chegou até a abaixar a cabeça para Moisés e, quando o povo de Israel reclamou de Moisés, Deus estava ao lado dele.

Pode haver perseguições momentâneas de homens justos para cumprir a vontade de Deus, mas até quem os persegue não pode segurá-los, desrespeitá-los ou zombar deles. O homem íntegro e irrepreensível jamais é desrespeitosamente zombado.

Em seguida vemos: "Quem está bem despreza a desgraça, o destino daqueles cujos pés escorregam."
Aqueles que têm conhecimento, fama, autoridade e riquezas têm paz de mente. Então, mesmo quando veem alguém sofrendo alguma calamidade, provavelmente pensam que não têm nada a ver com aquilo e continuam em paz, sem se preocupar com nada.

Jó pensou que havia caído em consequências desastrosas e estava sofrendo, enquanto seus amigos ainda viviam em paz sem qualquer preocupação. Aqui Jó queria dizer que seus amigos, que continuaram vivendo bem, o haviam negligenciado e tratado mal.

Por outro lado, ele disse: "o destino daqueles cujos pés escorregam." Jó é que tem os pés que escorregam agora, ou seja, ele estava dizendo que ele era justo e irrepreensível, e que a calamidade estava esperando por ele. Isso é um mal uso da palavra da verdade.

Nem tudo que seus amigos disseram era verdade, mas havia muitas coisas verdadeiras também. Se Jó tivesse simplesmente dito: 'Amém' ao que disseram e obedecido, os desastres teriam ido embora. Contudo, Jó insistiu que estava certo e fez pouco caso de seus amigos, mesmo quando eles estavam dizendo a verdade. Assim, não lhe restava outra coisa senão sofrer.

2. Entendendo Erroneamente que Deus Abençoa Homens Maus

"As tendas dos assoladores têm descanso, e os que provocam a Deus estão seguros; nas suas mãos Deus lhes põe tudo" (12:6).

As pessoas do mundo que não conhecem a verdade às vezes dizem: "Homens bons não são prósperos. Homens maus são mais prósperos."
Entretanto, o Deus de justiça amará, obviamente, os homens justos e bons, e não os maus. Deus não fará homens maus serem prósperos.
Como Jó acusou Deus de ser um Deus mau? Ele disse: "As tendas dos assoladores têm descanso e os que provocam a Deus estão seguros; nas suas mãos Deus lhes põe tudo."
Ele está dizendo que foi Deus quem fez o desastre vir sobre ele, apesar de ele ter sido um homem justo como foi. Jó não mostrou sua maldade desde o princípio. Como seus sentimentos ficavam cada vez mais distorcidos, ele foi demonstrando-os até chegar a este ponto.
O mesmo acontece com alguns crentes. No início, eles confessam que amam a Deus e vivem uma vida cristã diligente. No entanto, chega uma hora que se não são respondidos por Deus, param de orar e, se outros tentam aconselhá-los sobre fé, eles reagem com palavras incorretas aos olhos de Deus.
Nesse tipo de situação, eles têm de se arrepender rapidamente e se converter para que o inimigo, o diabo e Satanás saiam. Caso contrário, eles desenvolverão sentimentos cada vez piores e, eventualmente, não mais terão controle sobre si mesmos.
Então, mesmo se eles quiserem se arrepender, não mais conseguirão. Começam a falar palavras como vendavais que são

contra a verdade, como Jó falou. Se continuarem desapontando Deus, não serão protegidos por Ele e desastres virão sobre suas vidas.

Algumas pessoas dizem: "Pastor, só olhe para o mundo. Como os ladrões, golpistas e pessoas injustas são prósperas!"

Contudo, o homem rico foi para o inferno e o mendigo Lázaro, que temia a Deus, foi para o céu depois que morreu. É claro que é uma bênção viver pela palavra de Deus e ir para o céu, ainda que a pessoa viva como um mendigo. Nós não podemos aceitar ir para o inferno simplesmente por causa de algumas coisas materiais desta vida passageira.
Além do mais, como ladrões, caloteiros e pessoas injustas podem ter paz de espírito, se eles violam outras pessoas? Eles sempre têm preocupações e, se sua maldade é muita, eles de repente se depararão com desastres.

3. Jó Exalta a Grandeza de Deus

"Pergunte, porém, aos animais, e eles o ensinarão, ou às aves do céu, e elas lhe contarão; fale com a terra, e ela o instruirá, deixe que os peixes do mar o informem. Quem de todos eles ignora que a mão do SENHOR fez isso?" (12:7-9)

Deus mostrou Sua divindade com Seu poder e criou todas as coisas. É por isso que ninguém, no dia do Julgamento, pode dar a desculpa de que não acreditava em Deus, porque não sabia de Sua existência. Seus atributos invisíveis, poder eterno e natureza divina podem ser facilmente vistos em tudo (Romanos 1:20).

Só de olhar para os animais podemos ver que Deus existe. Como animais mais fortes comem animais mais fracos, estes deveriam tornar-se extintos. Mas isso não acontece, pois os animais mais fortes não reproduzem em grandes quantidades. Os animais mais fracos possuem maior taxa de natalidade e, assim, vemos seus muitos descendentes.

Por que não pergunta aos pardais como conseguem voar? Como podem as moscas voar? A civilização humana desenvolveu tantas aeronaves com tantas partes! Ainda assim, se não tiverem combustível, não podem voar.

A humanidade não consegue fazer nem uma única mosca. Que tipo de equipamento moscas e pardais têm para que possam voar? Podemos ver a divindade presente nessas coisas. Podemos ver que Deus vive.

Jó reconhece esse poder de Deus. Se você pudesse perguntar a uma mosca: "como você consegue voar?" ela lhe responderia: "Deus me fez assim."

Se você não consegue crer em Deus, por que você não conversa com a terra? "Ei Terra, que tipo de poder você tem, quando plantamos sementes e elas brotam, crescem, florescem e dão frutos? Como é que quando cavamos achamos ouro, carvão e petróleo?

Se a terra pudesse responder, ela diria: "Deus me deu esse poder." Se o solo pudesse lhe responder, ele diria que Deus é quem o fez assim.

Além disso, existem várias espécies de peixes no mar. Até grandes baleias e tubarões conseguem nadar rapidamente e se mover com facilidade. Embora a humanidade possua avançada tecnologia, não conseguimos viver sob a água. Todas essas coisas foram feitas pelo poder de Deus em Sua providência.

"Em sua mão está a vida de cada criatura e o fôlego de toda a humanidade. O ouvido não experimenta as palavras como a língua experimenta a comida? A sabedoria se acha entre os idosos? A vida longa traz entendimento? "Deus é que tem sabedoria e poder; a ele pertencem o conselho e o entendimento. O que ele derruba não se pode reconstruir; quem ele aprisiona ninguém pode libertar" (12:10-14).

'Criatura' se refere a tudo que tem vida, inclusive plantas e animais. A 'vida' que Jó fala aqui é a habilidade de pensar, a capacidade de racionalizar e pensar.

O 'fôlego' é o entendimento de todas as coisas e dos princípios das leis naturais. Isso é o que Jó queria dizer: animais não têm a habilidade de entender os princípios de todas as coisas. Deus deu às criaturas uma alma e, assim, elas têm a habilidade de pensar, mas Deus também deu ao homem um espírito, para que ele entendesse as leis naturais e os princípios de todas as coisas. Todas essas coisas eram providência de Deus.

Em seguida, assim como temos a língua para discernirmos gostos diferentes, temos a audição para distinguirmos sons diferentes. 'A sabedoria se acha entre os idosos', significa que as pessoas ficam mais sábias, à medida que vão se envelhecendo e tendo mais experiências.

'Idosos' se refere ao fluxo de tempo e 'vida longa' simboliza a pessoa que viveu muito com uma boa saúde. 'Sabedoria e poder' se refere a alguém que é inteligente e claro em relação aos princípios das coisas. Em outras palavras, trata-se da habilidade de discernir as coisas e de usar tal habilidade com o passar dos anos.

'Conselho' é toda a sabedoria e ideias para realizar certas

coisas. Aqui, Jó diz que Deus tem sabedoria e poder, e também conselho e entendimento. Até agora, o que ele está dizendo é verdadeiro e razoável.

4. O que é que Jó Quer Realmente Dizer?

Mas, pouco tempo depois Jó revela o que ele realmente quer dizer. O versículo 14 diz: "O que ele derruba não se pode reconstruir; quem ele aprisiona ninguém pode libertar." O que isso significa?

Deus não derruba nem aprisiona ninguém. Contudo, quando as pessoas violam as leis do mundo espiritual, Deus tem de virar as costas para elas e então o inimigo começa a trazer provações e tribulações sobre suas vidas, a fim de fazê-las sofrer.

Mesmo se o homem pecar e cair, se ele se arrepender e se converter, Deus o coloca de pé novamente. Embora Pedro tenha negado o Senhor Jesus três vezes, ele não tinha feito tais negações do fundo de seu coração. Assim, quando ele se arrependeu, ele foi perdoado e nasceu de novo, tornando-se um poderoso apóstolo.

> "Se ele retém as águas, predomina a seca; se as solta, devastam a terra. A ele pertencem a força e a sabedoria; tanto o enganado quanto o enganador a ele pertencem. Ele despoja e demite os conselheiros, e faz os juízes de tolos" (12:15-17).

Jó sabia que Deus também parou o fluxo do rio Jordão. Jó está dizendo que assim como o rio Jordão parou e o povo de Israel o atravessou, Deus pode reter ou soltar as águas.

"Se as solta, devastam a terra" significa que quando há uma

inundação, há deslizamentos de terra e outras calamidades. Jó está dizendo que Deus é um Deus Terrível e se Ele destrói alguma coisa assim, nós não podemos reconstruí-las. Jó estava dizendo que é Deus que faz com que as pessoas sejam iludidas, ou que enganem outras pessoas, e é por causa de Deus que Jó estava sofrendo de zombaria e desdém.

Com efeito, Jó está dizendo a seus amigos: "Amigos, vocês não conhecem esse Deus. Mesmo depois de ouvir minhas palavras, será que vocês não veem quem é realmente mau? Se vocês são sábios de fato, julguem as coisas vocês mesmos."

A partir daí, o verdadeiro coração de Jó está sendo revelado. Sua mente distorcida está tentando fazer com que seus amigos achem que Deus é mau. Jó havia engrandecido tanto a Deus, e agora O está diminuindo.

Agora, o que significa:, "Ele despoja e demite os conselheiros, e faz os juízes de tolos"?

'Aconselhar' é fazer planos. Conselheiros devem ter sabedoria.

Jó aprendeu a história de Israel com seus ancestrais. Quando Deus removia a sabedoria, não importava os planos que os conselheiros gentios fizessem, que seus exércitos eram todos capturados de uma só vez. Jó sabia sobre as batalhas onde centenas de milhares de soldados atacaram Israel, mas quando Deus estava no meio, os gentios lutavam entre si e fugiam.

Portanto, ainda que conselheiros elaborem boas estratégias, se Deus remover a sabedoria, todos eles perdem a batalha.

Jó também está dizendo que Deus faz os juízes de tolo. Juízes têm de avaliar e tomar decisões de acordo com a justiça. E Jó quer dizer que Deus permite que juízes façam tolos julgamentos.

O que Jó quer dizer de fato aqui?

Ele está tentando fazer com que seus amigos entendam que, como Deus não é justo, Ele o está fazendo sofrer muito, mesmo ele tendo sido justo e irrepreensível. Ele está dizendo que, como Deus faz com que juízes façam julgamentos tolos, Ele também é um tolo juiz.

"Tira as algemas postas pelos reis, e amarra uma faixa em torno da cintura deles. Despoja e demite os sacerdotes, e arruína os homens de sólida posição. Cala os lábios dos conselheiros de confiança, e tira o discernimento dos anciãos. Derrama desprezo sobre os nobres, e desarma os poderosos. Revela coisas profundas das trevas, e traz à luz densas sombras" (12:18-22).

"Tira as algemas postas pelos reis e amarra uma faixa em torno da cintura deles' é quebrar a autoridade dos reis." Se Deus tira a autoridade do rei, ele fica amarrado.

Por exemplo, quando reis são capturados por rebeldes ou pelo inimigo, eles perdem sua autoridade. Seus exércitos são colocados ao seu lado e amarrados. Com os exércitos amarrados, eles não conseguem usar sua força.

Jó também havia ouvido falar de sacerdotes justos que foram capturados ou mortos no decorrer da história. Ele também viu um homem com autoridade cair um dia. Ele está dizendo que todas essas coisas tinham sido feitas por Deus.

O versículo 20 diz: "Cala os lábios dos conselheiros de confiança." O que isso significa?

Jó achava que ele era fiel diante de Deus, mas Deus o havia abandonado. Contudo, Deus não faz tal coisa.

Quando Saul atacou os amalequitas, Deus lhe disse para

destruir tudo, inclusive o povo e os animais. Todavia, Saul desobedeceu à palavra de Deus e levou consigo o rei e alguns animais. Quando Samuel lhe perguntou o que tinha acontecido, ele disse que ele havia levado o rei e os animais para oferecer como sacrifícios a Deus. Com pensamentos humanos, podemos achar que Saul fez algo bom. Contudo, há um significado espiritual em todas as ordens de Deus e Saul desobedeceu a Deus com seus próprios pensamentos.

Vemos "tira o discernimento dos anciãos." Deus não tira o discernimento de anciãos. Ele quer que eles sejam saudáveis e que tenham ainda mais conhecimento e sabedoria. Por que Deus tiraria o discernimento dos anciãos?
Quando o homem envelhece, perde capacidade de memória ou discernimento. Jó está dizendo que Deus é que faz o homem perder a memória. Na verdade, é o homem que perde a memória.

Agora, o que significa: "Derrama desprezo sobre os nobres e desarma os poderosos"?
Os nobres são líderes. Deus não derrama desprezo sobre nobres. Aqui, 'desarmar' também é um símbolo. Por exemplo, a arma, a força de Sansão eram seus cabelos. Quando seus cabelos foram cortados, ele perdeu seu poder e foi zombado e desprezado.
Então, o que é a arma de Jó? Era o seu conhecimento, sabedoria e riquezas com os quais ele podia ensinar aos outros.
Jó está dizendo que Deus desarmou os poderosos. Aqui, ele sabia que se ele dissesse diretamente que o poderoso era ele, seus amigos discordariam imediatamente. Por isso ele falou indiretamente. Em outras palavras, ele dizia: "Deus é assim mesmo e Ele me desarmou."

O versículo 22 diz: "Revela coisas profundas das trevas." Qual é o significado disso?

'Estar em trevas' significa que alguma coisa está escondida. Jó, na verdade, tinha muito pouco conhecimento de Deus – baseado apenas no que havia ouvido falar de seus antecedentes.

Com esse pouquíssimo conhecimento, Jó acreditou e obedeceu a Deus da melhor maneira que pôde e acreditou que agora um segredo em algo tramado por Deus havia sido revelado, fazendo com que severas provações e tribulações viessem sobre ele. É isso que Jó está dizendo, ele está criticando a Deus como um Deus que predestina todas as coisas.

Em seguida vemos: "e traz à luz densas sombras." Isso significa que Jó vivia na luz, em um mundo claro até a morte chegar. Ele quer dizer que ele vivia na luz, mas uma situação como a morte veio sobre ele.

Então, o que é que Deus revela da escuridão? Deus revela nossos pecados que estão em densas sombras.

Fazendo isso, Deus faz com que descubramos nossos pecados dantes escondidos nas trevas e nos guia de modo a despojarmo-nos deles e sermos renovados. Deus não traz a morte para a luz, mas dá vida às trevas, a fim de iluminá-la.

Antes de conhecermos a Deus, costumávamos viver nas trevas do mundo. No entanto, desde que Deus começou a fazer a Sua luz brilhar do alto, abrimos nosso coração e aceitamos a palavra Dele. Desse modo, saímos da escuridão para o mundo da luz e ganhamos vida para seguir pelo caminho de vida eterna. Deus é bom, mas Jó estava entendendo o oposto.

"Dá grandeza às nações, e as destrói; faz crescer as nações, e as dispersa. Priva da razão os líderes da terra, e os envia a perambular num deserto sem caminhos.

Andam tateando nas trevas, sem nenhuma luz; ele os faz cambalear como bêbados" (12:23-25).

"Dá grandeza às nações e as destrói; faz crescer as nações e as dispersa." Podemos ver claramente isso acontecendo durante a história da humanidade.

Quando o povo de Israel foi para a terra de Canaã, seu poder era pouco, mas nos tempos do rei Davi, eles se tornaram tão fortes que recebiam impostos de outros países. Contudo, algumas vezes, esse Israel adorou a ídolos e se tornou cativo ou quase foi destruído.

Até o Império Romano caiu. Além disso, a Alemanha, o Japão e a Itália tentaram conquistar o mundo na II Guerra Mundial, mas todos perderam em um momento.

Não é Deus quem faz uma nação prosperar ou ser destruída, ou ditadores governarem certos países. Todavia, Jó diz que tudo é feito de acordo com a predestinação de Deus. Se assim fosse, Deus não poderia fazer nenhum julgamento no Dia do Julgamento. Aqueles que estiverem indo para o inferno dirão a Ele: "Deus, você me fez mau e me fez pecar!" Então, o que Deus poderá dizer?

Quando alguém vai mal nos negócios, é culpa da pessoa. Não podemos ser tolos e sair dizendo que é Deus quem fez os negócios da pessoa irem mal.

Por último, vamos ver os versículos: "Priva da razão os líderes da terra,e os envia a perambular num deserto sem caminhos. Andam tateando nas trevas, sem nenhuma luz; ele os faz cambalear como bêbados."

Para uma pessoa se tornar líder de alguma coisa, é preciso que ela tenha sabedoria. Ela tem que ser ágil para pensar e pensar profundamente. Deve ser boa em tudo, sem cometer erros.

Se um líder não tiver uma inteligência assim, não conseguirá funcionar como líder por muito tempo.

Através de uma parábola, Jó está dizendo que ele antes era um mestre em todas as coisas, mas agora não é nada, já que Deus lhe tirou a inteligência.

Ele quer dizer que Deus o fez perambular no vale da morte, no lugar escuro, e o fez cambalear como um bêbado.

No início, Jó estava reconhecendo a soberania de Deus e falando as coisas certas. Contudo, começou a dizer coisas erradas. Quando um homem bêbado caminha, ele cambaleia, embora ache que não o esteja fazendo, já que pensa estar andando reto em direção a um alvo.

Quando alguém perto dele lhe diz: "Por que você está tão bêbado? Ande direito!" ele provavelmente responde: "Não estou bêbado e estou andando direito. Então, por que você está falando que eu estou cambaleando?"

Jó estava na mesma situação. Quando seus amigos diziam: "você é um pecador e mau", Jó replicava: "Não sou um pecador. Sou justo e irrepreensível. Vocês são maus. Deus é que me colocou nessa situação."

Jó está concluindo que Deus é um Deus mau, achando que Ele predestina tudo e que Ele faz coisas como fazer as pessoas cambalearem como bêbadas.

Capítulo 13
Jó Discute com Deus

1. A Arrogância de Jó
2. Coração Enganoso que Muda Frequentemente
3. Dando Desculpas
4. Jó Ouve a Verdade como se Ela Fosse um Provérbio
5. Jó Se Defende
6. Lembrando de Pecados da Infância

Um Homem Justo e Íntegro se Aproximando de Deus

"Meus olhos viram tudo isso, meus ouvidos o ouviram e entenderam.
O que vocês sabem, eu também sei; não sou inferior a vocês.
Mas desejo falar ao Todo Poderoso e defender a minha causa diante de Deus"
(13:1-3).

1. A Arrogância de Jó

"Meus olhos viram tudo isso, meus ouvidos o ouviram e entenderam. O que vocês sabem, eu também sei; não sou inferior a vocês. Mas desejo falar ao Todo – Poderoso e defender a minha causa diante de Deus" (13:1-3).

"Meus olhos viram tudo isso, meus ouvidos o ouviram e entenderam" significa que Jó não apenas sabe o que os seus amigos lhe disseram, mas também o que ele disse. O que isso significa?

Suponha que haja uma pessoa que é testada em uma provação e você a aconselha com a palavra de Deus. Contudo, ela não aceita seus conselhos, mas diz: "Eu já sei de tudo que você está me falando. Já ouvi e entendi tudo e li a Bíblia várias vezes. Eu já sei disso tudo." Isso é uma atitude arrogante; e é assim que Jó está agindo.

Jó está dizendo: "Eu sei o que vocês sabem. Não sou inferior a vocês. Não quero nem mesmo lidar com vocês. Não quero ouvir vocês. Falarei com o Deus Todo Poderoso e discutirei com Ele."

Ele quer dizer que ele é melhor que seus amigos. Seus amigos, com seu amor por ele, estavam tentando fazer com que ele desse conta de si mesmo e andasse apropriadamente aos olhos de Deus.

Contudo, Jó não está ouvindo seus amigos. Ele está se distanciando deles, pois eles não o aconselharam da maneira certa, mas com suas emoções à flor da pele. Jó não conseguia confiar neles. Aqueles que guardam a palavra de Deus aceitam qualquer conselho verdadeiro com um 'Amém.'

2. Coração Enganoso que Muda Frequentemente

Jó havia dito que mesmo se ele clamasse a Deus, Ele não o ouviria (5:1) e, mesmo se Deus o respondesse, ele não acreditaria Nele (9:16). Ele também se esqueceu de que uma vez ele havia dito que era impossível argumentar com Deus e agora está dizendo que quer discutir com Ele (9:14-16).

Isso é porque Jó está falando 'o que lhe dá na telha' sem perceber que o seu coração, como as palavras que pronuncia, estavam cheios de maldade. Seu coração era enganoso e estava sempre cheio de confusão.

Muitas pessoas não se lembram do que disseram. Você pode ter se esquecido do que disse, ou ouviu mal algo que foi dito.

Além disso, quando você diz algo, você tem de dizer o que está em seu coração, mas como só fala aquilo que aparece em sua cabeça naquele momento, mais tarde não consegue se lembrar do que disse. Aqueles que falam o que "lhes dá na telha" não podem cumprir o que dizem, pois sequer se lembram do que disseram. Ao invés disso, eles insistem naquilo que não é correto e discutem com os outros.

Nós temos de ser honestos e verdadeiros. Temos de dizer somente o que podemos fazer e o que é verdade. Quando falamos alguma coisa, temos de cumprir. Podemos ver como Jó está ficando obstinado. Se tivermos corações perfeitos, imutáveis e verdadeiros, não agiremos como ele.

"Vocês, porém, me difamam com mentiras; todos vocês são médicos que de nada valem! Se tão-somente ficassem calados, mostrariam sabedoria" (13:4-5).

Jó conhecia seus amigos muito bem. Como eles não eram completamente verdadeiros e algumas vezes mentiam, ele não queria ouvi-los.

1 João 1:6 diz: *"Se afirmarmos que temos comunhão com ele, mas andamos nas trevas, mentimos e não praticamos a verdade."* Se professarmos nossa fé em Deus, mas pecarmos e vivermos na escuridão, a Bíblia diz que somos mentirosos.

Jó não ouviu o conselho de seus amigos, mas os rejeitou com arrogância. Agora ele está dizendo que eles eram tolos e mentirosos. Jó sabia que seus amigos eram hipócritas e que, consequentemente, suas palavras eram diferentes de suas ações.

Jó agora está falando para eles ficarem calados. Se você fala muito, comete vários erros e, se comete muitos erros, não pode ganhar a confiança dos outros.

Como vimos, Jó tinha grande sabedoria e conhecimento, além de boa educação. Assim, quem poderia ser audacioso o bastante para se levantar e mudá-lo? Se Deus não tivesse trabalhado nele através das feridas, ele não teria se rendido diante Dele.

Vamos nos colocar no lugar de Jó agora. Suponha que estejamos em dificuldades e provações, e outras pessoas nos aconselham com a palavra de Deus. Que tipo de coração teríamos? Será que aceitaríamos com um 'Amém', ou o nosso orgulho seria ferido e então desprezaríamos tais pessoas?

Digamos que um certo diácono esteja passando por alguma dificuldade e alguém o tenha aconselhado com a verdade. Se ele pensar: "Você não é melhor que eu. Como pode ousar dizer-me o que fazer?" Esse diácono deve se dar conta de como ele é mau. Independente da boca que o conselho vier, se estivermos diante da palavra da verdade, devemos ser capazes de aceitá-la humildemente.

3. Dando Desculpas

"Escutem agora o meu argumento; prestem atenção à réplica de meus lábios. Vocês vão falar com maldade em nome de Deus? Vão falar enganosamente a favor dele? Vão revelar parcialidade por ele? Vão defender a causa a favor de Deus? Tudo iria bem se ele os examinasse? Vocês conseguiriam enganá-lo como podem enganar os homens?" (13:6-9)

'Argumento' são razões a favor e contra alguma coisa. 1 Timóteo 6:20 diz: *"Timóteo, guarde o que lhe foi confiado. Evite as conversas inúteis e profanas e as ideias contraditórias do que é falsamente chamado conhecimento."*
Deus nos diz para não discutirmos, mas Jó está dizendo que ele quer discutir com Deus e está pedindo a seus amigos para ouvir a sua alegação.

'Alegação' é a ideia ou opinião expressa em um argumento ou discussão. Aqui, Jó quer dizer que não há nada de errado com ele. Contudo, discutir é certo, segundo a verdade.

Se entendermos a verdade e pudermos discerni-la da

inverdade, então entenderemos que aqueles que estão errados é que tentam discutir e alegar coisas, dando razões para dar suporte ao que opinam. Aqueles que vivem na verdade, mesmo quando criticados, simplesmente olham para Deus, que é o Verdadeiro Juiz, e suportam as críticas. Eles seguem a palavra de Deus. Não tentam dar alguma resposta ou se justificar, mas colocam todas as coisas nas mãos de Deus, para que Ele mesmo possa fazer tudo.

Jesus simplesmente entregou tudo a Deus e orou, quando foi muito erroneamente acusado. Ele nunca alegou coisas ou ficou batendo boca com alguém.

Em seguida Jó diz: "Vocês vão falar com maldade em nome de Deus? Vão falar enganosamente a favor dele?" Enganar é ser desonesto.

Jó estava dizendo: "Vocês estão dizendo que eu sou injusto. Entretanto, vocês mesmos não estão agindo segundo a verdade e estão me repreendendo. Portanto, será que vocês não são mentirosos? Será que falarão o que é injusto para Deus? Estão tentando passar Deus para trás? Deus conhece o coração de vocês."

Então, o que quer dizer: "Vão revelar parcialidade por Ele?" Revelar parcialidade é se inclinar mais a favor de uma parte do que de outra.

Assim, em outras palavras, Jó está dizendo: "Como vocês, mentirosos, conseguem agir como se tivessem parcialidade por Deus? Como podem defendê-Lo e discutir comigo com a Sua palavra?"

"Deus olha o coração. Vocês podem até enganar as pessoas, mas como poderão enganar a Deus, que vasculha o coração?"

Jó está acentuando sarcasticamente os defeitos de seus

amigos. Ele está tentando fazê-los parar de falar. Ele tinha um graveto em seu olho, não percebia e ainda apontava para o cisco dos olhos de seus irmãos.

4. Jó Ouve a Verdade como se Ela Fosse um Provérbio

"Com certeza ele os repreenderia se, no íntimo, vocês fossem parciais. O esplendor dele não os aterrorizaria? O pavor dele não cairia sobre vocês? As máximas que vocês citam são provérbios de cinza; suas defesas não passam de barro. Aquietem-se e deixem-me falar, e aconteça comigo o que acontecer" (13:10-13).

Sem mostrar parcialidade secretamente, podemos tirar de nós toda hipocrisia e olhar para Deus humilde e verdadeiramente. Se ajoelharmos humildemente diante Dele, ouviremos Sua voz, mas se formos arrogantes, não a ouviremos.

"Suas obras não estão certas, e como é que ousam me acusar? Se vocês humildemente se ajoelharem diante de Deus e olharem para Ele, então conseguirão ouvir as repreensões dele!"

Jó achava que Deus era só um Deus de muito poder e terrível. Ele sabia de Sua dignidade, mas não conhecia o Deus de amor. Ele tinha medo de Deus, conhecendo-o apenas como um Deus que predestina tudo.

Depois Jó diz: "As máximas que vocês citam são provérbios de cinza; suas defesas não passam de barro." Seus amigos haviam feito de tudo para fazer Jó entender as coisas com a palavra de Deus. Entretanto, Jó não recebeu o que eles disseram como verdade, mas apenas como provérbios e ditados. Então, como é que ele conseguiu se dar conta de seus erros e mudar?

Até agora, Jó e seus amigos estavam só discutindo entre si. Quando Jó atacava, seus amigos se defendiam. Quando estes atacavam, Jó se defendia e atacava de novo.

"Suas palavras nem são as palavras de Deus. Só são provérbios. O que é que vocês vão fazer comigo? Acho que deviam parar de falar coisas desnecessárias e ouvir o que tenho para dizer caladinhos. Aí, se alguma coisa acontecer, acontecerá comigo."

Um muro feito de pedras é forte, mas um de barro pode cair facilmente. Jó concluiu que a defesa de seus amigos era como um muro de barro que cairia facilmente. Quando ficamos arrogantes, não conseguimos ouvir a palavra de Deus e achamos que ela é apenas um ditado ou provérbio do homem.

Se a arrogância vier primeiro, como no caso de Jó, ainda que ouçamos conselhos ou repreensão com a palavra de Deus, entendemos tudo como provérbios humanos.

5. Jó Se Defende

"Por que me ponho em perigo e tomo a minha vida em minhas mãos? Embora ele me mate, ainda assim esperarei nele; certo é que defenderei os meus caminhos diante dele. Aliás, será essa a minha libertação, pois nenhum ímpio ousaria apresentar-se a ele!" (13:14-16)

Agora, Jó está defendendo a si mesmo. Está dizendo: "Quem causaria dor a si mesmo, batendo em sua própria carne e tentaria se matar?" 'Tomo minha vida em minhas mãos' significa que ele está tentando tomar conta de sua própria vida.

Jó está dizendo: "Por que tentaria sofrer? Por um acaso consideraria minha vida frágil? Não! Não fiz nada de errado, mas Deus está tentando tirar a minha vida e, por isso, não tenho esperanças. Discutirei com Ele sobre minhas obras, para provar o que está certo e o que está errado.

"Pois nenhum ímpio ousaria apresentar-se a ele" significa que aqueles que são perversos e inconstantes não podem se aproximar de Deus. Jó está dizendo que isso será a sua salvação, ou seja, que como ele não é um homem mau, mas justo, ele terá a salvação diante de Deus. Ele está insistindo que está certo.

> "Escutem atentamente as minhas palavras; que os seus ouvidos acolham o que eu digo. Agora que preparei a minha defesa, sei que serei justificado. Haverá quem me acuse? Se houver, ficarei calado e morrerei" (13:17-19).

Jó está dizendo que ele dará explicações e seus amigos devem escutá-lo e entender tudo. No versículo 18, vemos que ele preparou sua defesa. Então, que tipo de defesa é essa?

Ele disse que era justo e nunca havia pecado ou feito algum mal. Ele sempre ofereceu sacrifícios a Deus e nunca teve alguma culpa. Temia a Deus, ajudava os outros e os salvava.

Aqui, ele diz saber que é justo, pois, antes de qualquer coisa, ele nunca havia feito alguma coisa má, mas sempre havia agido com justiça. Em segundo lugar, ele diz que é justo porque suas obras podiam demonstrar tal coisa.

No versículo 19, ele pergunta: "Haverá quem me acuse?" Para que haja alguém para discutir com Jó, a pessoa tem de ser mais justa que ele, e ele está perguntando quem pode ser essa pessoa. Jó está dizendo que, se existe alguém que é mais justo que ele, então ele se calará e morrerá, isto é, ele se renderá diante dessa pessoa.

Jó acha que ele não fez nada de errado e, assim, não tem nenhum pecado. Em outras palavras, ele não achou que fosse pecado 'dar o troco', se outra pessoa batesse nele primeiro, ou retribuir alguma maldição se alguém o amaldiçoasse. Mas o que a palavra de Deus fala a respeito disso?

Mateus 5:39-42 dá detalhes sobre esse tipo de situação. Lê-se: *"Mas eu lhes digo: Não resistam ao perverso. Se alguém o ferir na face direita, ofereça-lhe também a outra. E se alguém quiser processá-lo e tirar-lhe a túnica, deixe que leve também a capa. Se alguém o forçar a caminhar com ele uma milha, vá com ele duas. Dê a quem lhe pede, e não volte as costas àquele que deseja pedir-lhe algo emprestado."*

Os amigos de Jó não pediram nem que ele desse a sua capa, e nem para que ele caminhasse com eles uma milha. Eles só estavam tentando fazer com que Jó percebesse as coisas através da palavra de Deus. Contudo, ao invés de oferecer a outra face, Jó estava batendo neles de volta, duas ou três vezes mais.

"Concede-me só estas duas coisas, ó Deus, e não me esconderei de ti: Afasta de mim a tua mão, e não mais me assustes com os teus terrores. Chama-me, e eu responderei, ou deixa-me falar, e tu responderás" (13:20-22).

Jó está tentando discutir com Deus porque não há ninguém que seja melhor que ele. Entretanto, como ele ainda tinha medo de Deus, ele não conseguia falar tudo aquilo que ele realmente queria dizer. Agora, ele está pedindo a Deus para não fazer duas coisas, a fim de que possa discutir com Ele com mais liberdade.

Jó está dizendo que a mão de Deus está sobre ele e que, se Ele tirá-la dele e Seus terrores não o assustarem, ele poderia discutir as muitas coisas que tinha.

Por que Jó tinha medo de Deus? É por causa do conceito errado que ele tinha de Deus. Como ele achava que era um homem justo e tinha um entendimento incorreto da verdade, ele entendia erroneamente que Deus era um Deus temeroso. Ele quer dizer que, se Deus parasse de assustá-lo e chamasse, ele responderia e Deus poderia falar o que quisesse depois.

"Quantos erros e pecados cometi? Mostra-me a minha falta e o meu pecado. Por que escondes o teu rosto e me consideras teu inimigo? Atormentarás uma folha levada pelo vento? Perseguirás a palha?" (13:23-25)

Quando Jó diz: "Quantos erros e pecados cometi? Mostra-me a minha falta e o meu pecado", podemos achar que ele realmente quer saber quais são os seus pecados. Contudo, a sua verdadeira intenção é reclamar diante de Deus.

Ele, discutindo com Deus, disse: "Não fiz nada de errado. Não tenho nenhum pecado. Por que estás me punindo assim?"

No versículo 24, Jó também está perguntando a Deus por que Ele esconde Seu rosto e o considera como Seu inimigo.

Deus nunca escondeu Seu rosto ou considerou Jó Seu inimigo. Deus ama a todos.

Os amigos de Jó o aconselharam a reconhecer suas falhas e se arrepender, mas ele não os escutou. Ele só insistia que ele estava certo e ainda criticava seus amigos.

Vejamos, pois, Hebreus 12:1-8 e reflitamos no tipo de pessoa que Deus é.

"Portanto, também nós, uma vez que estamos rodeados por tão grande nuvem de testemunhas, livremo-nos de tudo o que nos atrapalha e do pecado que nos envolve, e corramos com perseverança a corrida que nos é proposta, tendo os olhos fitos em Jesus, autor e consumador da nossa fé. Ele, pela alegria que lhe fora proposta, suportou a cruz, desprezando a vergonha, e assentou-se à direita do trono de Deus. Pensem bem naquele que suportou tal oposição dos pecadores contra si mesmo, para que vocês não se cansem nem desanimem. Na luta contra o pecado, vocês ainda não resistiram até o ponto de derramar o próprio sangue. Vocês se esqueceram da palavra de ânimo que ele lhes dirigiu como a filhos: 'Meu filho, não despreze a disciplina do Senhor, nem se magoe com a sua repreensão, pois o Senhor disciplina a quem ama, e castiga todo aquele a quem aceita como filho.' Suportem as dificuldades, recebendo-as como disciplina; Deus os trata como filhos. Ora, qual o filho que não é disciplinado por seu pai? Se vocês não são disciplinados, e a disciplina é para todos os filhos, então vocês não são filhos legítimos, mas sim ilegítimos."

Quando você está carregando um fardo muito pesado, você sua e a atividade é muito difícil. Contudo, fardo maior e mais pesado é o fardo dos pecados. Quando pecamos, ficamos aflitos e deixamos escapar palavras de tal aflição. Assim, cometemos mais pecados. Não nos arrependemos do mal que há em nós, mas, com nossas palavras, liberamos mais maldade. Se dermos desculpas de que não conseguimos deixar de agir de tal maneira, começaremos com as mentiras, e os pecados só vão se acumulando mais e mais. Finalmente, os pecados nos amarrarão e nós não conseguiremos resolver o problema.

Portanto, quando temos problemas que nos incomodam, temos de suportá-los, olhando para Jesus. Jesus sofreu todo tipo de zombaria e acusação vindas de Suas criaturas. Como Ele sabia que Ele se sentaria à direita de Deus e que haveria salvação para todos os povos, Ele desprezou a vergonha pela alegria de estar diante Dele.

Dessa forma, temos de meditar na forma como Jesus suportou, perdoou e seguiu Seu caminho e gravar isso em nosso coração. Para que nos despojemos de nossos pecados, nós temos de lutar contra eles, a ponto de derramar sangue. Como não fazemos isso, principalmente porque não acreditamos e não obedecemos às palavras de Deus, que nos dizem o que fazer e o que não fazer; do que nos despojarmos e do que não despojarmos; enfrentamos a disciplina de Deus.

Quando os filhos se perdem, os pais os disciplinam. Da mesma forma, quando os filhos de Deus pecam, Deus também os disciplina. Se não houver castigo ou disciplina da parte de Deus, a Bíblia diz que somos filhos ilegítimos.

No versículo 25, Jó se compara a uma folha ao vento, já que ele foi cortado de sua vida. Ele também se compara à palha seca. Uma folha é algo solitário e sem esperanças. Jó é mais inútil que a própria palha seca, e a palha seca não é usada nem como combustível.

Jó está falando todas essas coisas, com o coração distorcido, para diminuir Deus até o chão. Ele não pode nem morrer ou viver; ele é apenas uma folha, sem força ou esperança. É mais inútil que palha seca, mas está dizendo que Deus o está perseguindo para torturá-lo.

6. Lembrando de Pecados da Infância

"Pois fazes constar contra mim coisas amargas e me fazes herdar os pecados da minha juventude. Acorrentas os meus pés e vigias todos os meus caminhos, pondo limites aos meus passos. "Assim o homem se consome como coisa podre, como a roupa que a traça vai roendo" (13:26-28).

"Pois fazes constar contra mim coisas amargas" não significa exatamente isso. No versículo seguinte, Jó diz "me fazes herdar os pecados da minha juventude", e agora se lembra do passado, dos tempos de sua juventude.

Isso significa que Deus registrou tudo sobre Jó desde seu nascimento. Quando Jó pensava em seu passado, via uma vida justa e diligente como pai, marido e alguém que ajudava os necessitados, sem fazer nada errado. Durante sua fase adulta, sua vida era justa; e é por isso que ele não conseguia encontrar nada de errado consigo mesmo.

Contudo, quando Jó era jovem, ele deve ter brigado com seus amigos ou mesmo batido neles. Portanto, ele está dizendo que Deus está agora punindo-o pelos pecados que ele havia cometido há muito tempo, quando ainda era jovem demais para discernir as coisas. Em outras palavras, Jó está fazendo de Deus alguém muito mau.

Quando aceitamos Jesus Cristo como nosso Salvador, Deus nos perdoa de todos os pecados do passado. Quando nos arrependemos e nos convertemos com atitude, Deus sequer se lembra de nossos pecados do passado e nos limpa com o sangue do Senhor Jesus. Todavia, se não nos arrependermos, mas continuarmos cometendo pecados, continuaremos sendo pecadores.

Agora, o que "acorrentas os meus pés" significa?

Se nossos pés são acorrentados, não conseguimos nos locomover. Ficamos confinados e isso significa que perdemos toda a nossa vontade própria. Aqui, as correntes seriam as correntes da vida. Jó está dizendo que ele não pode viver nem morrer. Deus o tinha confinado completamente, tirando toda a sua vontade própria. Jó diz que Deus se lembrou de seus pecados cometidos em sua juventude e o acorrentou, não permitindo assim nenhum espaço para nada mais em sua vida.

Jó está protestando contra Deus dizendo que Ele limitou seus passos e o fez ser como algo podre ou consumido pela traça; essa ideia não está certa. A verdade não é como correntes que nos amarram, mas sim como a luz na escuridão, que leva a um caminho de bênçãos.

Se habitarmos na palavra de Deus, a verdade nos encherá e nos libertará (João 8:31-32). Se tivermos liberdade de verdade, teremos esperança pelo reino dos céus, mesmo tendo de passar por um caminho estreito, quando estivermos nesta terra. Como cremos que Deus nos retribuirá, segundo o que fizermos, podemos ter uma vida cristã alegre e cheia de gratidão.

Capítulo **14**
A Diferença Entre a Carne e o Espírito

1. Discutindo a Falta de Sentido da Vida
2. Jó Diz que Deus Predestina Tudo Segundo o Seu Querer
3. Jó Tenta Ensinar uma Lição a Deus com Parábolas
4. Lembrando de Seu Passado, Recebendo o Amor de Deus

"Só sente a dor do seu próprio corpo; só pranteia por si mesmo" (14:22).

1. Discutindo a Falta de Sentido da Vida

"O homem nascido de mulher vive pouco tempo e passa por muitas dificuldades. Brota como a flor e murcha. Vai-se como a sombra passageira; não dura muito" (14:1-2).

No capítulo anterior, Jó falou coisas negativas, reclamações, lamentações e coisas irritantes. Contudo, como ele tinha medo de Deus, ele não disse tudo que realmente queria dizer.

Agora, a sua flecha de revolta está apontada para a mulher. Nesse versículo, Jó despreza a mulher. Nos tempos do Velho Testamento, as mulheres eram geralmente consideradas como servas do lar dos homens e tudo que faziam era obedecer-lhes.

Obviamente, Deus não faz discriminação entre homens e mulheres. Contudo, no livro de Gênesis, entendemos que o pecado veio à humanidade, trazendo para ela destruição, por causa de uma mulher. Deus gosta do forte e corajoso e não gosta de indecisão, já que esta faz com que a pessoa mude de ideia por causa da engenhosidade e engano do coração. Em geral, o coração da mulher é mais fraco e inconstante que o do homem. Varia de pessoa para pessoa, mas, em geral, o coração do homem é mais firme que o das mulheres.

Mesmo no Velho Testamento, Deus, algumas vezes, apontou mulheres, cujos corações eram constantes, e lhes deu importantes deveres. Vemos que Deus chamou algumas mulheres e as fez realizar Sua obra. Débora é um exemplo do Velho Testamento: ela tinha um coração firme e corajoso. No Novo podemos ver a virgem Maria.

Jó via as mulheres como seres triviais e, por isso, ele diz que homem nascido de mulher vive pouco. A saber, ele está falando, que como o homem nasce da mulher, que não passa de uma serva do lar do homem, sua vida não vale nada.

A nossa vida geralmente dura 70 ou 80 anos. Há pessoas que vivem mais de 100. O homem nascido de mulher tem uma vida curta e cheia de dificuldade. É como a flor que nasce e depois murcha logo, ou como a sombra que logo desaparece. Jó está falando sobre a falta de significado da pouca duração da vida.

Eclesiastes 12:13-14 diz: *"Agora que já se ouviu tudo, aqui está a conclusão: Tema a Deus e obedeça aos seus mandamentos, porque isso é o essencial para o homem. Pois Deus trará a julgamento tudo o que foi feito, inclusive tudo o que está escondido, seja bom, seja mau."*

A Bíblia nos diz que se não temermos a Deus e não vivermos segundo Sua palavra, nós somos como os animais (Eclesiastes 3:18). Deus certamente trará toda atitude e obra a julgamento, tudo que estiver em oculto, seja bom ou mau. Se não O temermos e não vivermos de acordo com Sua palavra, ainda que tenhamos riquezas, fama, autoridade e conhecimento, tudo será inútil (Eclesiastes, capítulo 1). O resultado não será outro senão o inferno, que é a morte eterna.

O autor de Eclesiastes entendia o significa espiritual disso e disse que tudo que fazemos debaixo do sol é sem valor. Contudo, Jó não entendia tal coisa. Ele está simplesmente dizendo que a vida não tem sentido.

Literalmente, as palavras de Jó podem parecer corretas, mas

em espírito, não é bem assim. Como ele mesmo disse, a vida dura apenas 70 ou 80 anos, isto é, é curta. Contudo, em espírito, aqueles que creem em Deus e vivem pela Sua palavra ganham a vida eterna e, assim, vivem para sempre no reino dos céus. Aqueles que não acreditam em Deus, é claro, vão para o inferno e sofrem ali eternamente também.

Jó também diz que a vida é cheia de dificuldade e que ele está considerando não apenas o seu presente, mas também o seu passado. Isso porque, como estava sofrendo muito no presente, estava negando até o seu passado, que teve muitos momentos felizes.
'Cheia de dificuldades', além do mais, é o oposto de vida que os crentes devem ter. Os filhos de Deus que receberam o Espírito Santo são cheios de alegria e felicidade. Com o passar dos dias, o momento de se encontrarem com o Senhor se aproxima e, à medida que trabalham duro, o reino e a justiça de Deus são realizados, o que os faz muito contentes.
Nós, filhos de Deus, não devemos brotar em um momento e murchar em outro, como flores. Devemos ser cheios do Espírito o tempo todo e ser sempre renovados, a fim de que nossa alma possa prosperar. O homem de carne deve sempre se despojar dela, para que se torne um homem espiritual.

2. Jó Diz que Deus Predestina Tudo Segundo o Seu Querer

"Fixas o olhar num homem desses? E o trarás à tua presença para julgamento? Quem pode extrair algo puro da impureza? Ninguém! Os dias do homem estão determinados; tu decretaste o número de seus meses e estabeleceste limites que ele não pode ultrapassar. Por isso desvia dele o teu olhar, e deixa-o, até que ele cumpra o seu tempo como o trabalhador contratado" (14:3-6).

Como a situação de Jó é digna de pena! Ele está também protestando, dizendo que Deus fixa o olhar em algo tão insignificante como o homem e o leva a julgamento.

Como Jó disse, tudo bem de Deus fixar os olhos nele. No entanto, não é Deus que leva Jó a julgamento. Aqui, não é Deus que o está levando a julgamento, mas o próprio Jó o está fazendo.

Deus fixa Seus olhos em nós, humanos, porque Ele nos ama. Ele nos procura para nos salvar, para que nos convertamos de nossos pecados e nos tornemos filhos santos de Deus, que são amados por Ele.

Jó só havia ouvido falar de Deus por histórias de seus antepassados. Ele não conhecia o Deus de amor de fato.

No versículo 4, Jó diz: "Quem pode extrair algo puro da impureza?" Ele conclui que não há ninguém. Podemos ver sua arrogância quando ele chega nesse tipo de conclusão. Além disso, o que ele está falando não está certo.

Deus pode fazer todas as coisas. Antes de aceitarmos Jesus Cristo, éramos filhos das trevas e estávamos na imundície do pecado. Entretanto, quando cremos em Jesus Cristo, Deus nos dá o Espírito Santo como dom e podemos nos despojar de coisas impuras e nos tornar verdadeiros filhos, que são santificados. Jó está negando esse fato e está bloqueando palavras de fé.

O versículo 5 diz: "os dias do homem estão determinados; tu decretaste o número de seus meses e estabeleceste limites que ele não pode ultrapassar." Jó também protesta dizendo que Deus predestinou todas as coisas, isto é, que Deus predestinou todo o seu sofrimento.

Jó está pensando no Deus de quem ele ouviu falar de seus ancestrais. Deus tirou Israel do Egito, fez o Faraó vir até o Mar Vermelho e o dividiu só para o povo de Israel passar. Quando chegaram a Mara, Deus fez a água ficar amarga e fez com que Moisés a tornasse doce. Em outras palavras, na opinião de Jó, Deus fazia tudo conforme desejava e planejava previamente tudo para fazer com que alguém vivesse, outro morresse, ou planejava perdoar a alguém e não a outrem. Portanto, ele está dizendo que Deus também havia planejado o seu destino e estava executando Seu plano em sua vida.

Jó pode ter expressado seus sentimentos dizendo: "Deus, sou um homem fraco, nascido de uma mulher. Por favor, perdoa-me e deixa-me descansar agora. Deixa-me com essa vida, em que tenho de fazer aquilo que é falado, sem nenhuma liberdade."

Mas Deus não trata os homens como empregados. Deus nos deu livre arbítrio e, assim, podemos escolher aquilo que queremos. Empregados não têm liberdade de escolha, pois eles têm de fazer seu trabalho, a fim de receberem seu pagamento.

Jó achava que se Deus quisesse puni-lo, Deus simplesmente o faria. Ele achava que Deus lhe havia tirado os filhos, posses e o havia acometido com as feridas, simplesmente porque Ele queria.

Se interpretarmos mal a palavra de Deus, poderemos acabar culpando-O, como Jó, ainda que tenhamos feito algo errado. Se fizermos isso, não conseguiremos identificar nossos erros. Existem certas razões para enfrentarmos provações e dificuldade. Com o espelho da verdade, podemos identificar o que estamos fazendo errado aos olhos de Deus.

Jó achava erroneamente que Deus planejava tudo antecipadamente. Ele tinha problemas, contudo, ainda vivia com a retidão para viver pela Sua palavra. Assim, quando Deus permitiu que ele passasse por provações, Jó finalmente se converteu da maldade e passou a conhecer o caminho da vida eterna, vivendo com grande alegria e esperança.

3. Jó Tenta Ensinar uma Lição a Deus com Parábolas

"Para a árvore pelo menos há esperança: se é cortada, torna a brotar, e os seus renovos vingam. Suas raízes poderão envelhecer no solo e seu tronco morrer no chão; ainda assim, com o cheiro de água ela brotará e dará ramos como se fosse muda plantada. Mas o homem morre, e morto permanece; dá o último suspiro e deixa de existir" (14:7-10).

Jó tinha reclamado e dito muitas coisas contra Deus, mas não havia obtido nenhuma resposta. Então ele se acalmou um pouco. Agora, ele está usando uma parábola de um homem e uma árvore para dar a Deus uma lição.

Por que Jó diz que há esperança para uma árvore? Podemos ver que quando cortamos uma árvore, novos brotos surgem.
Vemos, "Suas raízes poderão envelhecer." Quando uma raiz fica no solo por muito tempo, ela envelhece. Ainda que o tronco morra em terra seca, pode tornar a viver com água.

O versículo 10 diz: "Mas o homem morre, e morto permanece." Podemos ver mais uma vez que Jó está entendendo tudo errado. Fisicamente, quando o homem morre, ele volta ao pó. Dar o último suspiro significa que ele não mais tem forças, isto é, que tudo que já teve, como fama e autoridade, e tudo o que fez será nada, quando ele morrer. Quando alguém dá o último suspiro, não mais podemos encontrá-lo na terra.

Essas palavras de Jó não estão corretas. Aqueles que creram em Deus e morreram com a salvação, ressuscitarão em um corpo na vinda do nosso Senhor Jesus e serão arrebatados. É por isso que a Bíblia diz que, quando um crente morre, ele na verdade dorme (João 11:11; 1 Coríntios 15:18). O corpo volta para a terra, mas o espírito nunca mais deixa de existir. Então, ele combina de novo com o corpo ressuscitado e vive para sempre.

Os fariseus dos tempos de Jesus criam que tinham um espírito. Eles acreditavam que os crentes iriam para o reino dos céus. No entanto, os saduceus acreditavam que não existia espírito e, quando o homem morria, ele simplesmente deixava de existir na terra. Jó também tinha esse mesmo tipo de pensamento – semelhante ao dos saduceus.

> "Assim como a água do mar evapora e o leito do rio perde as águas e seca, assim o homem se deita e não se levanta; até quando os céus já não existirem, os homens não acordarão e não serão despertados do seu sono. Se tão-somente me escondesses no Sheol e me ocultasses até passar a tua ira! Se tão-somente me impusesses um prazo e depois te lembrasses de mim!" (14:11-13)

A água do mar evapora e sobe, mas eventualmente volta como chuva. A água do mar não diminui. Se a água do mar diminuísse, todos os rios e riachos secariam. Como ele tinha muito conhecimento, Jó sabia que a água do mar nunca diminuía. Se diminuísse, ela obviamente secaria riachos e rios. Ele está explicando esse princípio básico.

Ele também diz: "assim o homem se deita e não se levanta." E isso não está certo também. O mendigo Lázaro, que temia a Deus, foi para o seio de Abraão. Quando um homem morre, não é verdade que ele não vai se levantar de novo; ele pode levantar-se, ressuscitar e viver eternamente.

Então, o que significava que "até quando os céus já não existirem, os homens não acordarão e não serão despertados do seu sono"? Não significa que Jó sabe que os céus e a terra desaparecerão, como registrado no livro do Apocalipse.

Geralmente, quando alguma coisa dá errado, nós dizemos: "Isso é impossível e mesmo se os céus e a terra mudassem, isso continuaria impossível. Jó está dizendo isso para mostrar que mesmo se os homens despertarem do seu sono, continuaria impossível, ainda que o céu e a terra desaparecessem. Se os céus desaparecessem, alguém poderia sobreviver; mas, na verdade, os céus vão existir para sempre; ou seja, os céus desaparecerem também é algo impossível. Em outras palavras, Jó está dizendo que como o homem não despertará até que os céus deixem de existir, ele ficará assim para sempre.

Jó está concluindo que os céus existiam antes e existirão para sempre, então, algo como o céu desaparecer não acontecerá. Da mesma forma, ele está explicando que o homem morrer e levantar também é algo que não vai acontecer.

O versículo 13 diz: "Se tão somente me escondesses no Sheol e me ocultasses até passar a tua ira! Se tão somente me impusesses um prazo e depois te lembrasses de mim!"

Jó entendia que o Sheol era apenas um lugar onde os mortos dormiam para sempre. Então, ele está pedindo a Deus para escondê-lo no Sheol, que é o estado do vazio, do nada. Ele devia estar sofrendo muito para falar isso!

Jó acha que Deus está irado com seus pecados de mocidade e, por isso, está fazendo com que ele passe por provações. Ele acha que Deus o castigou como predestinado, mas um dia Sua ira ia amenizar. Até entre homens, eles às vezes têm inimizade ou são inimigos uns dos outros por um momento, mas depois seus corações mudam e eles acabam ficando bem.

Assim, mesmo tendo de morrer, Jó queria que Deus o escondesse no Sheol, mas que também lhe impusesse um prazo. Ele está pedindo a Deus para escondê-lo no Sheol e se lembrar dele, quando Sua ira terminar. Se Deus não se lembrar dele, ele morrerá para sempre – e isso é algo que ele não quer.

Então, o que Jó quer que Deus faça? Jó está dizendo que a árvore continua viva mesmo quando seca ou é cortada, mas Jó é uma pessoa miserável, nascida de mulher, sem valor. Além disso, ele está sofrendo com feridas, o que o deixa pior ainda. Como ele estava em uma situação tão digna de pena e sem esperanças, ele quer que Deus se lembre dele e o faça viver de novo mais tarde.

4. Lembrando de Seu Passado, Recebendo o Amor de Deus

"Quando um homem morre, acaso tornará a viver? Durante todos os dias do meu árduo labor esperarei pela minha dispensa. Chamarás, e eu te responderei; terás anelo pela criatura que as tuas mãos fizeram. Por certo contarás então os meus passos, mas não tomarás conhecimento do meu pecado. Minhas faltas serão encerradas num saco; tu esconderás a minha iniquidade" (14:14-17).

Agora Jó muda seu argumento. Ele pedia a Deus para se lembrar dele e ressuscitá-lo, mesmo se ele morresse e dormisse no Sheol. Agora, ele diz que, quando o homem morre, não pode mais tornar a viver.

O que significa: "Durante todos os dias do meu árduo labor esperarei pela minha dispensa"?

Isso significa que Jó está sofrendo, mas se ele tivesse a esperança de ser como uma árvore, que pode tornar a viver, mesmo depois que morre, ele não teria murmurado contra Deus. Se ele tivesse esperança de que poderia reviver, ele então suportaria tudo e esperaria. Contudo, como o resultado será diferente, isto é, como a morte significava para ele um fim completo, ele agora estava falando todas as palavras de murmuração que queria.

Se nós tivermos um coração como o de Jó, temos de nos despojar dessas inverdades. Jó não recebeu o Espírito Santo em seu coração, pois vivia nos tempos do Velho Testamento; mas nós podemos receber o Espírito Santo, como filhos de Deus, e não agir da maneira como ele agiu.

Antes, Jó esperava e confiava em Deus e, assim, ele oferecia sacrifícios por seus filhos, com a preocupação de que eles poderiam ter cometido algum pecado. Contudo, embora Jó oferecesse sacrifícios, ele nunca tinha se encontrado com Deus ou ouvido a Sua voz. Além do mais, mesmo em sofrimento, Deus não o encontrou nem lhe respondeu.

Jó pensou sobre o seu passado. Ele achava que, se Deus o chamasse enquanto ele estivesse oferecendo sacrifícios a Ele, ele lhe responderia. A fim de persuadir Deus, Jó está citando os seus bons tempos do passado.

Antes, ele tinha riquezas, educação, saúde e tudo mais e podia influenciar os outros com a sua virtude. Deus o fez afortunado naquela época e como Ele o considerava precioso!

O versículo 16 diz: "por certo contarás então os meus passos, mas não tomarás conhecimento do meu pecado." Ele quer dizer que Deus o mudou agora, e que Ele está contando seus passos, a fim de tomar conhecimento dos pecados que ele cometeu em sua juventude. Deus tirou suas posses e o fez sofrer muito.

Jó estava dizendo: "Naqueles tempos, Tu me amavas e me davas abundância. Como Tu me consideravas precioso! Se Tu me chamasses, "Jó!" eu teria respondido. Mas agora, Tu me abandonaste dessa forma e por que razão? Por que me tratas como um terrível criminoso?"

O que o versículo 17 significa, já que ele diz: "Minhas faltas serão encerradas num saco; tu esconderás a minha iniquidade"?

Se o pecado ou falta é encerrado num saco, ele não pode sair. Da mesma maneira, se a iniquidade é escondida, ela não pode vir à tona também. Jó quer dizer que Deus está indo muito além dos limites ao contar seus passos, e que Ele está agora considerando-o um criminoso. Como Jó devia estar sofrendo para dizer uma coisa dessas!

"Mas, assim como a montanha sofre erosão e desmorona, e a rocha muda de lugar; e assim como a água desgasta as pedras e as torrentes arrastam terra, assim destróis a esperança do homem" (14:18-19).

Se uma montanha desmorona, sua forma desaparece. As rochas mudam de lugar. Se um vulcão entra em erupção, o topo da montanha é expelido para longe e toda a área é coberta de lavas.

Por que Jó está usando essa parábola com Deus? Aqui, Jó se compara a altas montanhas e duras rochas. Ele costumava ser conhecido como uma montanha, rico e a ter autoridade.

Contudo, como Deus destruiu essa montanha, ele se tornou uma rocha e uma montanha inútil.

O versículo 19 diz: "e assim como a água desgasta as pedras e as torrentes arrastam terra, assim destróis a esperança do homem."

Quando a água passa em lugar durante muito tempo, até rochas se desgastam. Uma gota apenas de água não tem força alguma, mas se ela cai por centenas ou milhares de anos, até as rochas mais fortes são desgastadas e formam um buraco onde a gota cai.

Jó diz: "as torrentes arrastam terra." O pó da terra é algo tão pequeno, que dificilmente pode ser visto. Só um pouco de água pode desgastar rochas, mas por que ele diz que torrentes arrastam terra? Por que Jó, que tinha bastante conhecimento, diz algo que parece ser tão ilógico?

Aqui, 'água' se refere à grandeza de Deus. Jó está sendo sarcástico com Deus, dizendo que Seu poder é enorme, mas Ele pisa e o destrói como pó da terra.

Jó está dizendo: "Antes de Tu me atingires, eu era duro como uma rocha e forte como o aço. Eu era rico e tinha paz em minha família. Contudo, assim como a água desgasta as rochas, a grandeza de Deus acabou com o meu corpo saudável como a pedra e tirou minhas posses e minha linda família de mim. Assim como as torrentes arrastam a terra, com toda a Tua autoridade Tu me arrastaste – eu que sou como o pó da terra. Fizeste-me inútil. Destruíste todas as minhas esperanças."

Aqui, Jó está entendendo erroneamente que é Deus quem destrói a esperança do homem, quando, na verdade, é Ele quem dá esperança às pessoas. Ele quer que todos os homens sejam felizes e quer abençoar-nos em tudo, dando-nos saúde e fazendo-nos prósperos.

"Tu o subjugas de uma vez por todas, e ele se vai; alteras a sua fisionomia, e o mandas embora. Se honram os seus filhos, ele não fica sabendo; se os humilham, ele não o vê. Só sente a dor do seu próprio corpo; só pranteia por si mesmo" (14:20-22).

Digamos que haja uma briga entre um menino de 5 anos de idade e um homem de 25. Quem tem de ceder? O fato de o menino de 5 anos estar xingando ou tentando brigar jamais justificaria o fato de o homem de 25 entrar na briga, pois isso seria para ele como cuspir em seu próprio rosto. Ele deve simplesmente ceder ou evitar a situação.

Jó está dizendo que a autoridade de Deus é enorme, mas ainda assim Ele está tentando caçá-lo e vencê-lo – ele que não é nada senão pó. "Tu o subjugas de uma vez por todas, e ele se vai" significa que Deus tentou vencê-lo e, assim, tomou-lhe os filhos, posses e saúde. No fim, Deus fará Jó sair desse mundo e descer para o Sheol.

"Alteras a sua fisionomia e o mandas embora" significa que a aparência de Jó tem mudado muito e seu rosto. Ora é vermelho, ora azul, pálido, amarelo.

O que significa "se honram seus filhos, ele não fica sabendo", no versículo 21?

Jó costumava ser rico e honrado. Ele cria nas bênçãos de Deus e assim oferecia sacrifícios de gratidão diante Dele. Contudo, embora ele fizesse coisas assim no passado, ele agora não é melhor nem mesmo que o pó da terra. Então, de que adiantaram as bênçãos de ontem? É isso que Jó está dizendo.

Não importa o tanto que ele era feliz antes, Deus tirou-lhe

tudo o que tinha e ele não quer nem se lembrar. Assim, ele não consegue ser grato.

Além disso, ele também diz que é insignificante, mas não percebe isso. Ele disse que ele não era insignificante, mas tinha muita sabedoria e conhecimento e seus amigos não deveriam nem mesmo começar a conversar com ele. Ele menosprezou seus amigos e também discutiu com Deus. Ele não percebia que era realmente insignificante.

Como Jó tinha descido de posição agora, ele tinha de ter percebido sua insignificância, para que pudesse se arrepender e converter. Entretanto, ele não se deu conta de tal coisa, mas está discutindo, dizendo que antes era um homem de honra, mas que Deus o fez muito miserável. Então, ele não é insignificante.

Em que situação você se encontra? Ser insignificante não significa que nós tenhamos de ficar desanimados. Temos de refletir sobre nós mesmos com a verdade, a fim de que possamos ver exatamente quem nós somos. Só então podemos achar uma maneira de resolver nossos problemas. Se houver problemas na família, na situação financeira ou nos negócios, certamente há uma razão. É uma bênção identificá-la e mudarmos de direção.

Aqueles que não se encontram, mas só culpam os outros, não podem melhorar de situação.

No versículo 22, Jó volta para a sua realidade e olha para si mesmo. Ele não percebe que é insignificante, quando na verdade sua carne está sendo consumida e seu coração está tão quebrado.

Como Jó estava culpando a Deus por tudo e não estava tentando encontrar sua própria culpa, ele não conseguia dar conta de si mesmo e se arrepender.

Capítulo **15**
O Segundo Argumento de Elifaz, o Temanita

1. Não Vamos Discutir
2. Sarcasmo e uma Mente Insolente
3. Os maus sentimentos de Elifaz ficam mais ameaçadores
4. Elifaz Tenta Ensinar Jó com Palavras de Seus Ancestrais
5. Elifaz Amaldiçoa com Inveja e Ciúmes

"No escapará de las tinieblas, secará la llama sus renuevos, y por el soplo de su boca desaparecerá" (Job 15:30).

1. Não Vamos Discutir

"Então Elifaz, de Temã, respondeu: "Responderia o sábio com ideias vãs, ou encheria o estômago com o vento? Argumentaria com palavras inúteis, com discursos sem valor?" (15:1-3)

Os amigos de Jó achavam que Jó era uma pessoa sábia, mas à medida que o escutavam, consideravam-no tolo. O sábio não responde com palavras inúteis.

Ninguém pode abraçar ou conter o vento do leste. Jó continuou discutindo com palavras inúteis, e isso é um argumento sem valor. Argumento sem valor é como tentar pegar o vento.

Essas palavras de Elifaz são certamente verdadeiras. Contudo, ainda que Elifaz repreenda a Jó com verdade, de nada adiantará, pois a atitude e os sentimentos de Jó em relação a seus amigos só pioram.

Quando os sentimentos de alguém são feridos, até as palavras boas e adequadas da pessoa que feriu não mais serão aceitas. Pelo contrário, tais palavras piorarão os sentimentos do ferido ainda mais. Portanto, se somos sábios, devemos ficar de boca fechada em uma situação assim.

"Mas você sufoca a piedade e diminui a devoção a Deus. O seu pecado motiva a sua boca; você adota a linguagem dos astutos. É a sua própria boca que o condena, e não a minha; os seus próprios lábios depõem contra você" (15:4-6).

Antes, quando Jó era rico, ele oferecia a Deus ofertas queimadas com temor reverente a Ele. Contudo, agora, ele está murmurando contra Deus e dizendo que Ele é um Deus mau. Uma das razões de ele ter decidido discutir com Deus foi o argumento de seus amigos. Assim, seus amigos também são responsáveis pelas suas ações.

Elifaz diz que Jó está dizendo que é reto e justo, mas as palavras que saem de sua boca o condenam e provam que ele é um pecador.

Por que Elifaz diz que é engenhoso?
Antes Jó costumava temer e servir a Deus, mas agora é o contrário. É por isso que Elifaz diz que Jó é engenhoso.

Mas o coração de Jó não é engenhoso. Como escrito em Jó, capítulo 1, ele é justo e íntegro. Se considerarmos as palavras dele, a opinião de Elifaz parece certa. Contudo, muitas vezes as palavras de uma pessoa não condizem com seu coração. Nesse momento, Jó tinha se tornado momentaneamente engenhoso, porque não conhecia a verdade – isso não significa que é engenhoso do real interior de seu coração.

Elifaz diz a Jó: "É a sua própria boca que o condena, e não a minha." O mesmo acontece quando duas pessoas discutem entre si. Primeiro, elas apenas conversam, mas se a discussão esquenta, elas até se amaldiçoam. Elas dizem que estão certas, mas aos olhos de uma terceira parte, ambas são más.

Sendo assim, discussões ofendem os outros, fazem endurecer o coração, fazem com que os outros fiquem nervosos e pequem. Discussões não servem para nada, mas só causam maus sentimentos em outras pessoas e fazem com que elas expressem mais maldade. A outra pessoa ficou má por minha causa, ou seja, eu a fiz pecar.

2. Sarcasmo e uma Mente Insolente

> "Será que você foi o primeiro a nascer? Acaso foi gerado antes das colinas? Você costuma ouvir o conselho secreto de Deus? Só a você pertence a sabedoria? O que você sabe, que nós não sabemos? Que compreensão tem você, que nós não temos?" (15:7-9)

O primeiro homem a existir na terra foi Adão. Elifaz sabia muito bem que Jó não era nem mesmo o primeiro homem a nascer. Em seis dias Deus criou os céus e a terra e tudo o que neles há e, então, criou o homem. Logo, mesmo antes da criação do homem, já havia colinas. Elifaz está fazendo essa pergunta, sabendo que as colinas existiam primeiro.

Não tem jeito de o homem ouvir o conselho secreto de Deus. Além disso, é absolutamente impossível de Jó ter toda a sabedoria por si mesmo. Elifaz agora está sendo sarcástico para com Jó.

Então, por que os amigos de Jó ficaram sarcásticos?

Porque Jó disse que eles não se igualavam a ele de nenhuma maneira e que ele queria discutir só com Deus. Entretanto, ao ouvirem o argumento de Jó para com Deus, viram que também não fazia sentido. Suas mentes já estavam distorcidas e eles ficaram ainda mais cínicos. Como eles viram que Jó estava sendo tão cabeça dura, eles vieram repreendê-lo por isso.

Eles devem ter dito: "Jó, o que você sabe, nós sabemos

também e nós entendemos tudo que você entende."

Aqui, devemos entender que uma discussão assim só traz incômodo, provações e testes – através das acusações de Satanás. Discussões nascem porque ambas as partes possuem conhecimento. Inicialmente, começam por coisas triviais, mas continuam discutindo, seus temperamentos começam a esquentar e há vezes em que até amaldiçoam uma à outra.

A palavra de Deus nos diz que aquele que serve é maior que o que é servido, e nos incentiva a vencer o mal com o bem. Assim, o que há de bom em insistirmos em nosso orgulho e termos inimizade com os outros?

Jesus tinha muito poder, mas Ele não discutiu com os outros. Quando outras pessoas não aceitaram Sua palavra, mas tentaram apedrejá-Lo, Ele simplesmente ia embora (João 8:59), e Ele não bateu boca ou gritou (Mateus 12:19-20). Devemos refletir o caráter de Jesus.

> "Temos do nosso lado homens de cabelos brancos, muito mais velhos que o seu pai. Não lhe bastam as consolações divinas e as nossas palavras amáveis?" (15:10-11)

Aqui, Elifaz está descrevendo as aparências e as circunstâncias de seus amigos. Mesmo que um seja bem mais velho, se o nível de conhecimento é semelhante e se há respeito na relação, eles podem ser amigos. Elifaz está perguntando a Jó como ele pode mostrar tal desrespeito a alguns de seus amigos, que eram mais velhos que seu pai.

Até agora, seus amigos mencionaram a palavra de Deus com o coração de Deus.

"Nós o consolamos com a palavra de Deus, e por que é que você está nos resistindo? Não será porque está nos desprezando e olhando para nós com arrogância?"

Contudo, na verdade, quando seus amigos tentaram consolá-lo com a palavra de Deus, isso não o consolou, mas só fez com que ele ficasse mais irado, fazendo com que ele expressasse mais maldade e pecasse mais. Jó e seus amigos estão cometendo o mesmo tipo de pecado agora.

No entanto, nós devemos ver também que a culpa dos amigos de Jó é maior que a dele. Na parte final do livro de Jó, Deus repreendeu seus amigos mais que a Jó e ainda fez com que Jó orasse pelo perdão dos pecados de seus amigos.

Temos de manter isso em mente. Se algum de seus irmãos ficou bravo por sua causa, a sua culpa é ter feito com que ele ficasse irado e ela é maior que o pecado do irmão de ficar bravo.

"Por que você se deixa levar pelo coração, e por que esse brilho nos seus olhos? Pois contra Deus é que você dirige a sua ira e despeja da sua boca essas palavras!" (15:12-13)

Elifaz, com seus sentimentos tendo atingido o pior ponto, está discutindo com Jó. Ele o está repreendendo por enfrentar Deus e menosprezar seus amigos.

"Deixar ser levado pelo coração e olhos brilhando" quer dizer que, quando as pessoas ficam discutindo, cada lado insiste em estar certo e, naturalmente, a raiva e sentimentos maus crescem. Quando ficam nervosas, o sangue circula mais rápido, seus rostos ficam vermelhos e, às vezes, até os olhos. Quando outros olham para essas pessoas, parece que seus olhos estão brilhando. Contudo, esse brilho não é de bondade, mas de maldade.

Depois, se a discussão ainda continua, elas podem até começar a tremer ou ter convulsões. Ao chegar a esse ponto, não conseguem mais controlar sua mente e suas bocas dizem o que não é verdade. A raiva de Jó e seus amigos chegou a esse ponto.

Elifaz diz: "Pois contra Deus é que você dirige a sua ira e despeja da sua boca essas palavras!" Eles têm tentado ensinar uma lição a Jó com a palavra de Deus, a Verdade, mas Jó sempre ignorava suas palavras. Assim, Elifaz agora está dizendo que Jó está se opondo à palavra de Deus. Elifaz sabe que as palavras de Jó não são apenas palavras da boca para fora, mas uma expressão de seu coração.

Às vezes nós falamos palavras do fundo de nossos corações e, às vezes, falamos coisas que não estão neles de fato. Quando dizemos algo que não está em nosso coração, estamos contando uma mentira. Além disso, embora sem intenção, algumas vezes nós falamos coisas sobre as quais não pensamos claramente. Isso também é um tipo de mentira. É que nossos lábios falam daquilo que está em nossos corações.

Às vezes, as pessoas ficam bêbadas e dizem muitas coisas sem sentido. Tem vez que elas acusam ou culpam outras pessoas por terem ficado bêbadas. Essas não são apenas palavras que elas falam, mas vêm realmente de sentimentos reais de seus corações. Elas se controlam em tempos ordinários, mas quando ficam bêbadas, tais palavras, que estavam em seus corações, saem por seus lábios.

É natural que o que está no coração saia pelos lábios. Se vivermos honestamente na verdade, todas as palavras de nossos lábios serão as mesmas do nosso coração.

3. Os maus sentimentos de Elifaz ficam mais ameaçadores

"Como o homem pode ser puro? Como pode ser justo quem nasce de mulher?" (15:14)

Na Bíblia existem muitas pessoas que são puras. Moisés foi mais humilde e manso que qualquer outra pessoa na face da terra, e foi fiel a Deus em toda a Sua casa (Números 12:3-7).

Quando Estêvão pregou a palavra de Deus para o povo, homens maus apedrejaram-no até a morte.

"Enquanto apedrejavam Estêvão, este orava: 'Senhor Jesus, recebe o meu espírito.' Então caiu de joelhos e bradou: 'Senhor, não os consideres culpados deste pecado.' E, tendo dito isso, adormeceu" (Atos 7:59-60).

Estêvão estava morrendo sem nenhum pecado, mas ele orou pelo perdão daqueles que o estavam matando. Como seu coração era puro!

Mas, por que Elifaz está dizendo uma coisa assim?

Elifaz conhecia seu coração impuro. Era um coração imundo e mau. Quando ele considerou os outros ao seu redor, viu que também eles não tinham um coração puro. Assim, ele está concluindo que ninguém possui um coração limpo.

Ademais, Elifaz não dava nenhum valor às mulheres. Por isso ele diz que não há nenhum justo entre aqueles nascidos de mulher. Isso não está certo nem física nem espiritualmente.

Por exemplo, houve um homem admirável, Soonshin Lee na Coreia, que foi fiel à nação, aos seus pais e amou todos os seus irmãos e irmãs. Ele havia sido erroneamente acusado e exilado e, por causa da crise econômica de seu país, mandaram que ele voltasse para lutar em uma guerra. Apesar disso tudo, ele não reclamou contra o rei, que o havia punido. Ele finalmente sacrificou sua vida pela sua nação, povo, pais, irmãos e irmãs.

O espírito é o mesmo. Quando abrimos a porta do nosso coração e aceitamos Jesus Cristo como nosso Salvador, nós recebemos o Espírito Santo e, com isso, o nosso espírito que havia morrido por causa do pecado é revivificado.

Romanos 10:10 diz que estamos justificados pela crença no coração e salvos pela confissão de nossos lábios. Aqueles que verdadeiramente creem em Deus tentam se despojar de todas as formas de maldade e lutam contra o pecado, a ponto de derramar seu sangue. Como eles se livram de inverdades e vivem na palavra de Deus, sua confissão é verdadeira e eles são justificados por Deus.

Nesse ponto, Elifaz fica tão furioso que não mais consegue se controlar e começa a falar absurdos.

Alguns podem perguntar: "Como o homem pode guardar e seguir todos os mandamentos de Deus e se santificar?" Mas em Deus, nada é impossível. Ele pode mudar nosso coração a qualquer hora.

Se amarmos a Deus, guardarmos Seus mandamentos e vivermos na palavra, nossos corações se transformarão em corações bons e santos. Quando recebemos o Espírito Santo e a força de Deus, podemos definitivamente guardar os Seus mandamentos e nos santificar.

Quando príncipe do Egito, Moisés tinha tanta raiva dentro de si que matou um egípcio, que estava mexendo com uma das pessoas de seu povo. Contudo, depois que ele passou por provações no deserto por quatro dias, ele virou a pessoa mais mansa da face da terra.

O apóstolo Paulo também tinha um temperamento estourado, mas depois que encontrou o Senhor, foi refinado também. Ele se transformou no apóstolo do amor e pôde receber a coroa da justiça. João e Tiago também se irritavam facilmente, mas também foram transformados em apóstolos de amor.

"Pois se nem nos seus santos Deus confia, e se nem os céus são puros aos seus olhos, quanto menos o homem, que é impuro e corrupto, e que bebe iniquidade como água" (15:15-16).

Ser 'santo' significa não ter nenhuma forma de maldade dentro de si e ser bom e justo. Deus certamente coloca Sua confiança nos santos. Ele diz: "Sede santos porque Eu sou santo." Por que ele não confiaria em Seus santos? Quando a pessoa começa a ter sentimentos de fúria, ela começa a falar coisas absurdas, coisas que realmente não fazem sentido nenhum.

Elifaz diz: "nem os céus são puros aos seus olhos." Mas, por que Deus consideraria os céus impuros, quando Ele criou os céus e a terra e se alegrou com eles?

Depois Elifaz também diz: "quanto menos o homem, que é impuro e corrupto, e bebe iniquidade como água." Ser corrupto é fazer todas as coisas, deixando de lado a justiça humana. Elifaz está condenando Jó com sua fúria.

Jó acha que ele não cometia pecados, mas tinha uma vida justa. Entretanto, seus amigos não o confortavam em conversas, mas só o culpavam e condenavam. Jó estava em uma situação de muita miséria.

O interior do coração de Jó em si não era mau, detestável ou corrupto. Mas seus amigos diziam que sim.

Como Jó não concordou com eles, eles ficaram muito

irritados e o condenaram, fazendo com que Jó também liberasse seus sentimentos e ficasse nervoso.

O que gerou esse resultado? A discussão. Se as pessoas têm mais e mais maus sentimentos, elas falam coisas que não fazem sentido e, no pior dos casos, até amaldiçoam umas às outras.

4. Elifaz Tenta Ensinar Jó com Palavras de Seus Ancestrais

> "Escute-me, e eu lhe explicarei; vou dizer-lhe o que vi, o que os sábios declaram sem esconder o que receberam dos seus pais" (15:17-18).

Então, Elifaz disse: "Jó, já que você não nos ouve, eu vou dizer-lhe palavras que me foram passadas de nossos pais, para que você possa entender."

Até então, Elifaz tem tentado persuadir Jó com todo o seu conhecimento, mas Jó não o ouviu. Agora ele está falando as palavras dos pais deles. As palavras dadas por Moisés e por outros profetas não haviam desaparecido, mas passadas de geração em geração.

> "a quem foi dada a terra, e a mais ninguém; nenhum estrangeiro passou entre eles: O ímpio sofre tormentos a vida toda, como também o homem cruel, nos poucos anos que lhe são reservados. Só ouve ruídos aterrorizantes; quando se sente em paz, ladrões o atacam. Não tem esperança de escapar das trevas; sente-se destinado ao fio da espada" (15:19-22).

A terra de Israel foi dada por Deus ao Seu povo escolhido.

Joel 3:17 diz: *"Então vocês saberão que eu sou o SENHOR, o seu Deus, que habito em Sião, o meu santo monte. Jerusalém será santa; e estrangeiros jamais a conquistarão."* Esse versículo significa espiritualmente que os filhos de Deus devem obedecer à Sua palavra e viver nela. Se formos amigos do mundo e fizermos coisas más e inverdades, Satanás entrará em nossas vidas e nós enfrentaremos dificuldades.

"O ímpio sofre tormentos a vida toda, como também o homem cruel, nos poucos anos que lhe são reservados." O que isso significa? Agora Elifaz está repreendendo Jó, dizendo que ele é um ímpio e um homem cruel.

Alguns dizem que homens maus são prósperos. Contudo, na verdade, todos os homens maus cairão.

Salmo 1:6 diz: *"Pois o SENHOR aprova o caminho dos justos, mas o caminho dos ímpios leva à destruição!"* Provérbios 24:19-20 diz: *"Não se aborreça por causa dos maus, nem tenha inveja dos ímpios, pois não há futuro para o mau, e a lâmpada dos ímpios se apagará."*

Há julgamento entre o que é bom e o que é mau (Eclesiastes 12:14), assim não precisamos invejar aqueles que são maus, mas parecem prósperos.

No versículo 20, o 'homem cruel' se refere àqueles que são cruéis e violentos. Na Bíblia, podemos ver como Deus reage a homens maldosos e cruéis. Em outras palavras, Elifaz está dizendo: o que Deus está fazendo com Jó já está decidido, porque ele é um ímpio cruel.

O versículo 21 diz: "só ouve ruídos aterrorizantes." Que tipo de ruído Jó ouviu? Ele ouviu o som de suas posses serem destruídas, de seus filhos morrerem e de todo o seu gado perecer. E não foi só isso! Sua esposa o descartou. Seus parentes o descartaram. Além do mais, foi atingido com feridas em todo o seu corpo. Ele continuava ouvindo ruídos aterrorizantes.

Quão próspero Jó havia sido antes! Ele parecia levar uma vida próspera, mas quando enfrentou testes e provações, tudo que ouvia eram sons de terror, e tudo simplesmente desmoronou de uma só vez. Jó não tinha como sair de suas agonizantes tribulações.

O versículo 22 diz: "quando se sente em paz, ladrões o atacam. Não tem esperança de escapar das trevas; sente-se destinado ao fio da espada." O que isso quer dizer?

A espada é para cortas as coisas. Ser destinado à espada se refere à situação de Jó, em que ele é zombado e desprezado por muitas pessoas e ao sofrimento extremo pelo qual está passando. Como ele estava destinado à espada, ele não podia nem mesmo ter esperança de sair da escuridão.

Elifaz estava dizendo: "Jó! Você é ímpio e cruel. Parecia próspero, mas pela obra de Deus você agora está amaldiçoado. Você está destinado à espada e, assim, nem mesmo espere ser salvo de suas tribulações. A destruição é para os ímpios e cruéis. Conte apenas com a zombaria e o desprezo das pessoas por você."

Você tem ideia de como Jó deve ter ficado nervoso ao ouvir esse comentário? Ele estava sendo condenado como ímpio e cruel, enquanto achava que tinha uma vida justa e íntegra!

"Aqui vão outros ditados dos sábios: Agir com parcialidade nos julgamentos não é nada bom. Quem disser ao ímpio: 'Você é justo', será amaldiçoado pelos povos e sofrerá a indignação das nações. Mas os que condenam o culpado terão vida agradável; receberão grandes bênçãos" (15:23-25).

Eis o que Elifaz queria dizer: Como Jó desmoronou completamente, ele agora tinha de perambular procurando comida e pegar emprestado dos outros. Ele não conseguiria sair da escuridão e, finalmente, ele perceberia que não havia chance de ele se recuperar e que não tinha como ele fazer nada, a não ser continuar sofrendo cada vez mais.

Jó teve medo de Deus, quando estava em dor e sofrimento. Se ele não tivesse temido a Deus, ele teria falado palavras ainda mais miseráveis, mas ele se controlou por causa do medo. Além disso, quando um rei se prepara por muitos anos para derrotar o inimigo, não é fácil derrotá-lo.

Elifaz está explicando que a razão de Jó estar em tão grande angústia é que ele estendeu sua mão contra Deus. No ponto de vista de seus amigos, Jó tem se colocado contra Deus e levantado sua mão contra o céu.

Por exemplo, quando duas pessoas batem boca, elas às vezes levantam suas mãos e falam cuspindo. Elifaz está explicando que isso é porque Jó se conduziu arrogantemente contra o Todo-Poderoso.

Não devemos julgar os outros. Os amigos de Jó o julgaram como um ímpio, cruel e arrogante, só por causa de suas palavras. Entretanto, Jó não conseguia concordar com eles. O interior de seu coração não era realmente ímpio.

Como seus amigos não o conheciam mesmo e como eles tinham uma ideia completamente diferente da situação, ele não conseguiu deixar de dizer que ele queria discutir com Deus, e não com seus amigos.

"afrontando-o com arrogância, com um escudo grosso e resistente. Apesar de ter o rosto coberto de gordura e a cintura estufada de carne, habitará em cidades prestes a arruinar-se, em casas inabitáveis, caindo aos pedaços" (15:26-28).

"Afrontando-o com arrogância, com um escudo grosso e resistente" significa que ele é arrogante e, logo, desobedece a Deus continuamente. Isso é sobre Jó. "Apesar de ter o rosto coberto de gordura" simboliza riqueza material. Elifaz está dizendo que Jó tinha ficado arrogante por causa de sua riqueza.

Quando o rei Salomão ficou rico, ele começou a adorar ídolos e deixou a Deus. Quando o povo de Israel adorava a Deus devotadamente, eram muito prósperos, mas quando tinham abundância material e não passavam dificuldades, eles traíam Deus e praticavam a idolatria. Quando Deus virava as costas para eles, Suas maldições caíam sobre eles e eles eram invadidos por países vizinhos e feitos cativos para serem escravos.

Quando um país, passa por colapso, suas cidades ficam desoladas e, como ninguém mais vive nelas, animais proliferam entre as ruínas. As pessoas perambulam procurando comida e vivem entre as pedras das montanhas para se esconder, ou vão praticar a agricultura nos montes.

Elifaz está dizendo que Jó é esse tipo de pessoa. Ele perdeu todos os seus filhos e posses e caiu em um destino de miséria, sem ter nada para comer, com dores e feridas. Elifaz está tentando ensinar a Jó as palavras que lhe foram passadas de seus sábios ancestrais.

5. Elifaz Amaldiçoa com Inveja e Ciúmes

"Nunca mais será rico; sua riqueza não durará, e os seus bens não se propagarão pela terra. Não poderá escapar das trevas; o fogo chamuscará os seus renovos, e o sopro da boca de Deus o arrebatará" (15:29-30).

Agora, os amigos de Jó estão amaldiçoando-o. Mas por quê? Quando Jó era rico, ajudava os outros e era respeitado por eles. As pessoas fingiam amar a Jó e ter amizade com ele. Contudo, em seus corações havia inveja e ciúmes.

Como Jó parecia estar indo para o caminho da destruição e falou palavras contra Deus, eles o repreenderam e, juntamente com sua repreensão, sua inveja e ciúmes vieram. É por isso que eles estão amaldiçoando a Jó e dizendo que ele não será rico de novo como antes e que seus bens não aumentarão.

Eles querem dizer que Jó não conseguirá sair daquela situação, quando eles dizem: "não poderá escapar das trevas."

"O fogo chamuscará os seus renovos" significa que até as sementes secarão, e isso quer dizer que não há nenhuma esperança; que Jó não conseguirá escapar das maldições.

O que quer dizer "e o sopro da boca de Deus o arrebatará"? Deus criou os céus e a terra com a Sua palavra. Assim, se Ele soprar contra Jó, tudo terminará para ele. Isso significa que o sopro de Deus é contra aqueles que são arrogantes.

Literalmente, isso está certo, mas não se aplica a Jó.

"Que ele não se iluda em confiar no que não tem valor, pois nada receberá como compensação. Terá completa paga antes do tempo, e os seus ramos não florescerão. Será como a vinha despojada de suas uvas verdes, como a oliveira que perdeu a sua floração" (15:31-33).

Nos tempos de Jesus, os fariseus, escribas e os sacerdotes guardavam a lei e eram considerados justos. No entanto, Jesus os repreendeu, dizendo que eles eram como sepulcros caiados. Eles crucificaram seu Salvador sem reconhecê-Lo como seu Salvador, mesmo estando Ele na frente de seus olhos. Eles acharam que eles estavam guardando a lei de Moisés e que eram bons, crentes em Deus. Na verdade, estavam enganando a si mesmos e, finalmente, caíram em destruição.

"Jó, você se considera justo, mas você se enganou. Só destruição é que veio sobre você. Você perdeu tudo e não tem nada que tenha restado. Antes que venha o dia, antes que venha a luz, todas essas maldições cairão sobre você. A destruição virá sobre a sua vida antes que o galho fique verde. Nem mesmo sonhe em se recuperar!"

Elifaz está falando para Jó não ter nenhum tipo de esperança de recuperação ou algo parecido.

Como dito no versículo 33: se uma uva é comida por bichos ou cai por causa do vento, como será sem valor! Se a flor da oliveira cair por causa do vento, ela não pode dar fruto e, assim, mesmo se desabrochar, será inútil. Elifaz está dizendo que assim é a vida de Jó.

Vamos, pois, considerar o significado espiritual da uva aqui. Jesus disse que Ele é a videira e nós os galhos (João 15:5). Só quando os galhos estão conectados com a videira é que eles podem florescer e dar frutos. Se o galho cair, ele seca, é pisoteado e é queimado.

Se nos afastarmos de Jesus Cristo, isto é, se não vivermos na verdade, tornar-nos-emos como o joio e não poderemos escapar do tormento do fogo na hora do julgamento – da mesma forma que uvas que caem da videira.

> "pois o companheirismo dos ímpios nada lhe trará, e o fogo devorará as tendas dos que gostam de subornar. Eles concebem maldade e dão à luz a iniquidade" (15:34-35).

Elifaz compara Jó com um homem ímpio e corrupto, e o julga como uma pessoa má que aceita subornos.

Por que ele diz isso?

Quando Jó era rico, ele ajudava muitas pessoas e demonstrava isso. Ele recebia vários presentes daqueles que ele ajudava. Os amigos de Jó viam isso com inveja e ciúmes e, quando sua discussão se intensificou, eles tiveram sentimentos ainda piores e disseram que Jó recebia subornos.

É óbvio que Jó não recebia subornos. Aqui, podemos ver como os amigos deles estavam com ciúmes e inveja!

Capítulo 16
Jó Coloca Toda a Culpa em Deus

1. Palavras Sem Sentido E Inúteis
2. Jó Percebe as Coisas
3. Jó Diz que Deus O Resseca e Destrói Seus Amigos
4. Jó Diz que Deus o Feriu
5. As Bençãos nas Provas
6. Removamos o Nosso Orgulho
7. Jó Insiste que Está Certo

Um Homem Justo e Íntegro se Aproximando de Deus

"Eu estava tranquilo, mas ele me arrebentou; agarrou-me pelo pescoço e esmagou-me. Fez de mim o seu alvo; seus flecheiros me cercaram. Ele traspassou sem dó os meus rins e derramou na terra a minha bílis" (16:12-13).

1. Palavras Sem Sentido E Inúteis

"Então Jó respondeu: 'Já ouvi muitas palavras como essas. Pobres consoladores são vocês todos! Esses discursos inúteis nunca terminarão? E você, o que o leva a continuar discutindo?'" (16:1-3)

Balançando sua cabeça, Jó diz que seus amigos são pobres consoladores. Por que ele disse isso?

'Consolar' é colocar paz no coração da pessoa e fazer com que ela se sinta relaxada. Os amigos de Jó não conseguiram se tornar seus consoladores. Eles só fizeram com que ele ficasse mais irritado e colocaram mais agonia em seu coração.

Seus amigos continuavam chamando a atenção de Jó com suas palavras e, enquanto Jó os ouvia, seus pensamentos ficaram ainda mais complicados. Através das palavras de seus amigos, ele ficou mais angustiado e mais complexidade entrou em seu coração. É isso que ele queria dizer.

Então, por que Jó conclui que as palavras dos seus amigos são inúteis?

É porque não importava quão boas eram suas palavras, não havia obras correspondentes a elas. Por exemplo, suponha que um diácono A tenha um problema de repente e o diácono B vem até ele e diz: "Se você orar, o problema será resolvido e você será abençoado."

Mas o diácono A sabe que o diácono B também está passando por dificuldades. Assim, ele não consegue realmente prestar atenção no conselho do diácono B. Embora ele possa não mostrar isso no exterior, no interior ele provavelmente pensaria: "Por que você não ora e é respondido primeiro?" O conselho só trará zombaria.

Não só na igreja, mas também no mundo, podemos encontrar muitas palavras inúteis. Há tantas palavras que não fazem bem, mas só causam mal-entendidos e maus sentimentos!

Da mesma maneira, as palavras dos amigos de Jó, que não eram seguidas por obras, não eram úteis de jeito nenhum. É por isso que Jó conclui que suas palavras eram inúteis.

Não há limites para palavras inúteis. Elas só causam mais discussão e não podem dar nenhum fruto. Portanto, tais palavras não podem levantar ou animar quem está com o coração estraçalhado. As pessoas só insistem em estar certas para ganhar a discussão e, assim, Satanás tem a oportunidade de trabalhar.

"Amigos! O que é que incomoda vocês para que falem assim?"

Havia razões para os amigos de Jó estarem incomodados, mas Jó achava que ele estava perfeitamente certo e, assim, não conseguia entender por que seus amigos estavam motivados a falar palavras tão inúteis.

Jó murmurou e amaldiçoou a Deus dizendo que Ele é mau. Além disso, ele nem sequer ouviu o conselho de seus amigos, mas os menosprezou, insistindo que era reto e irrepreensível. Assim, aos olhos de seus amigos, ele só estava sendo ridículo e queria falar palavras que os machucassem ou atingissem. É por isso que ele disse tais palavras. Quando um lado é incomodado por tal agitação, a culpa é das duas partes.

Algumas pessoas acham que são perseguidas por suas famílias ou vizinhos, porque vão à igreja e amam a Deus. No entanto, na maioria dos casos elas se deparam com provações e perseguições por causa de seus próprios erros e falhas. Se exalarmos o aroma de Cristo, não haverá perseguições, exceto em casos raros em que somos perseguidos por justiça em providência de Deus.

> "Bem que eu poderia falar como vocês, se estivessem em meu lugar; eu poderia condená-los com belos discursos, e menear a cabeça contra vocês" (16:4).

Jó acha que seus amigos estão falando e agindo de forma tão insensata que chegou a ficar chocado. Então, aqui, Jó está sugerindo que eles deveriam mudar sua posição.

Em outras palavras, Jó está dizendo: "se eu tivesse em meu coração a maldade que vocês têm, eu também comporia palavras e menearia a cabeça contra vocês."

Compor palavras significa que eles estavam falando coisas sem nenhuma obra ou suporte para elas, isto é, eles julgavam e condenavam Jó em seus pensamentos da forma como bem entendiam. Na opinião de Jó, seus amigos não tinham obras e apenas falavam expressando suas opiniões. Logo, ele não confiava neles.

Então, por que havia menear de cabeça? Em uma discussão forte, as pessoas podem ficar tão iradas que até começam a balançar a cabeça. Podemos ver como os amigos de Jó estão agitados agora.

Ainda que não concordemos absolutamente com nenhuma

palavra da outra pessoa, jamais devemos sacudir nossa cabeça. Temos de parar com esse hábito, pois isso embaraça a outra pessoa e faz-nos juízes, já que ao fazer isso mostramos que estamos concluindo, antes mesmo da pessoa terminar de falar, que suas palavras estão erradas. Logo, isso é um gesto bastante mal-educado.

O coração de Jó estava quebrado por causa das palavras e obras de seus amigos. Ele agora está tentando fazer com que eles se deem conta de suas obras erradas.

2. Jó Percebe as Coisas

"Mas a minha boca procuraria encorajá-los; a consolação dos meus lábios lhes daria alívio. Contudo, se falo, a minha dor não se alivia; se me calo, ela não desaparece" (16:5-6).

Antes de passar por provações, Jó ensinava as pessoas, fortalecia o fraco e ajudava os necessitados. Ele fazia pelo menos obras carnais de bondade (Jó, capítulo 4). Seus amigos não tinham obras nenhuma, enquanto Jó havia demonstrado ter obras carnais antes das tribulações.

"Vocês me dizem o que fazer e apontam os meus erros, enquanto vocês mesmos não fazem nada. Eu posso falar-lhes o que estou falando porque eu agi. Se eu não tivesse passando por essas provações, eu poderia fortalecê-los e aliviar suas dores. Mas não posso resolver nenhum dos meus problemas. Ainda que me cale, como pode o meu coração ficar em paz?"

Jó achava que estava falando só palavras boas, mas seus

amigos só ficavam mais nervosos. Eles estavam tão nervosos que também começaram a sacudir a cabeça. Perguntavam-se quem era Jó para estar falando aquelas palavras.

Em seu ponto de vista, Jó está sob a maldição de Deus e, ao invés de se arrepender, ele está discutindo com Ele e menosprezando seus amigos. Isso era uma coisa má. Assim, por mais que Jó falasse coisas boas, seus amigos não o ouviam.

Jó disse que ele poderia fortalecer e aliviar a dor de seus amigos se fosse antes, mas essas palavras só fizeram com que eles ficassem mais agitados.

Por exemplo, suponha que haja alguém, cuja situação atual não seja muito boa. Essa pessoa então diz que antes era um ótimo homem ou mulher e agora está tentando ensinar os outros. O que aconteceria? Ele ou ela não seria ouvido e, ainda por cima, poderia rir dele ou dela.

Já, se essa pessoa explicasse por que estava enfrentando provações, isso seria uma atitude de arrependimento e faria com que quem o ouvisse tirasse uma lição da situação. Dessa forma, podemos dizer que Jó está gradativamente dando conta de si mesmo.

Ele diz: 'se falo, a minha dor não se alivia.' Isso significa que ele está começando a entender o fato de que outrora ele podia fortalecer os outros e aliviar suas dores, mas agora, ele sequer consegue aliviar sua própria dor.

Vejamos, pois, se Jó realmente podia dar vida aos outros antes.

Antes, as palavras de Jó podiam fortalecer e encorajar os outros, porque ele tinha conhecimento e bens, e as pessoas o admiravam. É por isso que ele era ouvido. Contudo, não havia vida eterna no próprio Jó. Logo, suas palavras não podiam dar vida eterna a ninguém.

Jó falou palavras más como resultado de estar doente e seus amigos o condenaram como uma pessoa vulgar. A carne não produz nada que se aproveite (João 6:63). É por isso que Deus teve de permitir que Jó passasse por provações – para dar-lhe a verdadeira vida. Como pode alguém, que não consegue resolver seus próprios problemas, resolver os dos outros?

Jó diz: "se me calo, ela não desaparece." Pessoas carnais não conseguem ficar firmes quando diante de dificuldades como a de Jó. Elas precisam explodir com tudo aquilo que foram acumulando em suas cabeças, a fim de se sentirem aliviadas.

Jó não era um homem espiritual e, assim, se ele se calasse, teria dor; por isso tinha de fazer com que seu mal saísse. Entretanto, fazendo isso, ele deixava seus amigos irados e cometia grandes pecados com seus lábios.

Homens carnais gostam de espalhar coisas ruins sobre outras pessoas. Ficar calado é algo difícil para eles. Ao ouvirem alguma coisa ruim sobre alguém, sentem a necessidade de levar adiante o mais rápido possível. Só assim eles se sentem aliviados e ficam em paz.

Então, por que essas pessoas ficam em paz, quando espalham coisas más, isto é, depois de agirem com maldade? Pessoas carnais ouvem a voz de Satanás e, quando agem com maldade espalhando rumores e calúnias, fazem Satanás se sentir bem. É por isso que elas também ficam em paz.

Quando nos tornamos homens espirituais e temos uma atitude mais positiva, podemos transformar as situações e colocá-las ao nosso favor. Pessoas carnais, por sua vez, não param de falar coisas negativas. Dessa forma, seus corações ficam cada vez mais maus e elas acabam se colocando em armadilhas. Fazem com que as situações se dificultem com suas palavras negativas e, no fim, caem no abismo da destruição.

3. Jó Diz que Deus O Resseca e Destrói Seus Amigos

> "Na verdade, agora tu me tens fatigado; tu assolaste toda a minha companhia, Testemunha disto é que já me fizeste enrugado, e a minha magreza já se levanta contra mim, e no meu rosto testifica contra mim" (16:7-8).

Jó está dizendo que foi Deus quem o esgotou e destruiu sua família. Quando a pessoa está espiritualmente esgotada, ela não tem força nenhuma em seu coração e, logo, não consegue fazer nada.

'Assolar' significa destruir, dar fim, mas espiritualmente significa que o coração é corrompido e a pessoa não consegue mais cumprir seu dever de ser humano. Jó diz que Deus o atingiu e por isso suas forças se esgotaram e ele caiu em um abismo e não parava de sofrer. É por isso que ele diz que Deus esgotou suas forças.

Além disso, ele também diz que seus amigos são destruídos porque falam palavras absurdas e agem de maneira absurda para atacá-lo. Ele não percebe que seus amigos estavam agitados por sua causa e está protestando contra Deus, dizendo que Ele é quem destruiu a amizade que havia entre eles.

No versículo 8, Jó está tão exausto que está emagrecendo,

secando. Quando uma flor é arrancada, ela se separa de sua fonte de vida e seca em pouco tempo.

Da mesma forma, Jó está dizendo que Deus atingiu sua fonte de vida, que eram seus bens, família, saúde e filhos e, assim, ele estava secando, sem mais ser capaz de suportar as dores que sentia. Ele está dizendo que toda a causa de sua derrota é Deus. Ele está culpando a Deus por tudo.

Ele também diz: "a minha magreza se levanta e depõe contra mim." Quando alguma coisa seca, fica magra. Espiritualmente, 'magreza' significa que a pessoa está totalmente destruída e em pedaços.

A riqueza, família e saúde de Jó se foram e até seus amigos estavam contra ele. Ele está culpando a Deus dizendo que Ele o enfraqueceu e secou, e que a sua magreza testemunhava tal coisa.

4. Jó Diz que Deus o Feriu

"Na sua ira me despedaçou e me perseguiu, rangeu os dentes contra mim. O meu adversário aguça os olhos contra mim; abrem contra mim a boca. Com desprezo me ferem no queixo: À uma se ajuntam contra mim" (16:9-10).

Jó está argumentando que Deus irou-se contra ele e o atacou. "Ataca-me" se refere à situação em que as feridas de Jó se endureciam e vazavam. Da cabeça aos pés, suas feridas continuavam endurecendo, rachando e vazando pus. Assim, na cabeça de Jó, Deus o estava atacando.

'Faz em pedaços' significa que ele é atacado pelo inimigo para ficar agoniado. Espiritualmente, significa que Deus continua apontando os pecados de Jó. Jó quer dizer que Deus o está perseguindo.

Depois, Jó diz que Deus range Seus dentes e fita-o com olhar ferino para causar-lhe ainda mais agonia. Ele está dizendo que Deus é quem é o responsável por suas terríveis dores, atacando-o e fazendo-o em pedaços, aumentando seu sofrimento com seus olhos fitados nele.

O versículo 10 diz: "Abrem contra mim a boca." Isso é algo negativo. Quer dizer que as palavras dos amigos de Jó não são confortantes, mas só o machucam.

Jó diz que seus amigos esbofetearam-no com desprezo. Até neste mundo, quando alguém nos diz algo inimaginavelmente mau, sentimo-nos como se estivéssemos recebendo um tapa na cara. Por exemplo, quando ouvimos palavras de muito desprezo, podemos sentir como se estivessem cuspindo em nossa cara com zombaria.

Até agora, os amigos de Jó não o esbofetearam literalmente. Mas agora Jó está pensando sobre o seu passado esplendoroso. Antes, seus amigos costumavam admirá-lo e amá-lo, mas agora, parecem estar contra ele. Como Jó está pensando sobre o seu passado, ele está dizendo, metaforicamente, que seus amigos estão dando-lhe um tapa na cara e se juntando contra ele.

Jó, na verdade, está julgando e condenando da mesma forma o que seus amigos estão fazendo. Só que no momento está em uma situação miserável, e sente que Deus está fitando os olhos nele e despedaçando-o.

Suponha que você tenha falido ou perdido o seu emprego de repente. Você poderia sentir como se as pessoas ao seu redor estivessem tratando-o friamente e fitando-o. Embora ninguém esteja fazendo isso na realidade, você pode pensar que sim e estar julgando e condenando as outras pessoas, dizendo que não são mais as mesmas que antes, quando você não estava nessa situação.

5. As Bênçãos nas Provas

"Deus fez-me cair nas mãos dos ímpios e atirou-me nas garras dos maus" (16:11).

Jó está dizendo que seus amigos são os ímpios e os maus. Jó e seus amigos estão se acusando de maus.

Hoje, muitos crentes culpam a Deus por seus problemas dizendo: "Deus me testou. Ele me deu essa dificuldade na vida. Ele me deu essa doença." Mas se culparmos a Deus, não poderemos ouvir a voz do Espírito Santo, que está em nosso coração e não poderemos achar uma maneira de resolver o problema.

Deus jamais fez com que Jó caísse nas mãos dos ímpios ou nas garras dos maus, nem jamais falou para Jó discutir. Neste momento, Deus está apenas assistindo a tudo.

O que Deus deu permissão a Satanás para fazer foi tomar os bens de Jó e afligi-lo com as feridas. Não é verdade que Deus é que tinha feito aquilo. Através daquela provação, a maldade escondida de Jó foi revelada e também pôde ser removida. Jó veio a conhecer a Deus e, assim, podemos ver que provas resultam em bênçãos.

Jó tinha apenas ouvido falar de Deus, mas nunca O havia conhecido de fato. Mas se conhecemos o Deus Vivo através de uma provação, passamos a ter fé não apenas como conhecimento, mas uma fé espiritual com a qual podemos crer de todo o coração, verdadeiramente.

Se Jó não tivesse passado por aquelas tribulações, ele teria recebido bênçãos materiais como antes, mas não as espirituais de conhecer Deus de fato. Ele não teria descoberto seus pecados, não teria despojado deles e, consequentemente, não teria se santificado.

Depois que Jó passasse por provações, ele receberia bênçãos. Como Deus já sabia disso, Ele permitiu que tais coisas lhe acontecessem. Só quando a nossa alma é próspera, é que podemos ser abençoados e subir de posição brilhando como o sol, não apenas na terra, mas também no reino dos céus.

Uma vez que Deus permite que uma provação aconteça, se ela será rápida ou não, isso dependerá completamente de que está sendo provado. Depende do quão bom ou mau é o coração da pessoa. Se temos muitas maldades, revelaremos mais maldades durante a tribulação e esta durará mais tempo.

Independente da situação em que você está, se você demonstrar sua fé, se regozijar, orar, der graças e agradar a Deus com uma fé constante, Deus rapidamente removerá os acampamentos do inimigo em sua vida e o abençoará.

Quando seus amigos o aconselharam, se Jó tivesse dito: "Vocês estão certos! Devo ter feito algo errado para que eu tivesse esse tipo de problema. Tentarei identificar a minha culpa, seguindo seu conselho", será que seus amigos teriam discutido com ele? Eles não o teriam refutado. Foi Jó quem fez seus amigos ficarem com raiva.

Se ele tivesse tentado se encontrar e se convertido, Deus lhe teria dado a graça de dar conta de si mesmo. Deus o teria ajudado e fortalecido. Deus teria curado suas feridas e o teria abençoado.

Jó e seus amigos caíram nos poços de maldade uns dos outros. Portanto, devemos discernir o que está certo e errado com bons corações, nos arrepender de nossos pecados e nos converter.

"Eu estava tranquilo, mas ele me arrebentou; agarrou-me pelo pescoço e esmagou-me. Fez de mim o seu alvo; seus flecheiros me cercaram. Ele traspassou sem dó os meus rins e derramou na terra a minha bílis" (16:12-13).

Eis o que Jó está dizendo: antes de passar pelas provas, ele vivia em paz e com conforto, mas Deus o arrebentou. Assim como as pessoas seguram o pescoço da galinha para matá-la, Deus agarrou-o pelo pescoço e o esmagou. Quando Jó pensava no que lhe tinha acontecido, ele achava que Deus era um Deus cruel.

O significado de o pescoço de Jó ser agarrado sugere que Jó acreditava que Deus havia arrebentado seu livre-arbítrio e determinação. Significa que o pilar que está dando suporte à cabeça de Jó, isto é, sua honra, dignidade e todas as outras coisas que ele desfrutava, foram destruídas. É por isso que Jó não consegue lutar, mas está fraco.

Jó também diz que Deus fez dele um alvo e fez nele uma marca para ser acertada com flechas.

No versículo 13, Jó diz que Deus atira nele de todos os quatro cantos. Ele traspassa seus rins e derrama sua bílis.

Jó está falando por meio de parábolas. Aqui, a flecha não é real, mas é a flecha do coração de Deus. O coração de Deus se torna uma flecha e Ele está atirando em Jó de todos os lados. Jó diz que Deus está atirando Suas flechas nele sem misericórdia e abrindo suas laterais.

Se a lateral de alguém é aberta, isso significa que a pessoa perde o controle de seu corpo. Quando alguém quebra a coluna, não consegue usar todo o corpo. Como o pescoço dele está quebrado, sua vontade está quebrada e a sua lateral aberta por flechas, ele perdeu o equilíbrio do corpo.

'Derramar a bílis na terra' significa que a dor no coração de Jó era terrível. Como ele nunca havia conhecido a Deus, ele estava chorando com uma dor como se a sua bílis estivesse sendo derramada na terra.

Mesmo se nosso negócio falir, nossos filhos se perderem e formos atingidos por doenças, temos de manter em mente que Deus está sempre nos guardando com Seus olhos de fogo e que Ele é o nosso Provedor. Ele sempre nos guia para que todas as coisas cooperem para o nosso bem e, assim, só nos resta dar graças a Ele em tudo.

6. Removamos o Nosso Orgulho

"Lança-se sobre mim uma e outra vez; ataca-me como um guerreiro. Costurei veste de lamento sobre a minha pele e enterrei a minha testa no pó" (16:14-15).

Jó está dizendo que Deus quebra qualquer defesa que ele tem e ataca-o como um guerreiro. Por que o Deus Todo-Poderoso faria isso com Jó, uma mera criatura?

Hoje, muitos dos que sofrem dificuldades e provações por causa de seus erros dizem que Deus os está atacando. A causa de eles estarem sofrendo, no entanto, está neles. Mas eles acham que Deus é um Deus terrível e dizem que Deus é que está fazendo com que eles sofram.

Jó também está revelando a sua maldade, enquanto passa pela tribulação causada por ele mesmo. Quando agimos com inverdade, somos acusados por Satanás e sofremos com provações e tribulações.

Jó está enfrentando provações por uma razão, mas está culpando a Deus por tudo e sentindo que Ele é um Deus mau e terrível.

O versículo 15 diz: "costurei veste de lamento sobre a minha pele." Isso quer dizer que todo o corpo de Jó está coberto de feridas. Veste de lamento, em outras traduções, pano de saco, não é algo macio, mas duro.

'Costurei' significa que sua pele não parava de dar pus e secar. Em outras palavras, 'costurar veste de lamento' significa que a pele de Jó dava pus e secava dia após dia.

Quando Jó era rico, ele tinha as características de um homem justo, então ele devia ter uma pele macia. Mas, por causa das feridas, sua pele foi seriamente danificada e é por isso que ele está comparando a situação com veste de lamento, reclamando de Deus.

Ele também diz: "e enterrei a minha testa no pó." O que isso significa?

A testa simboliza o orgulho de uma pessoa. Nós formamos a nossa mente à medida que acumulamos conhecimento e educação. Quando nossa mente está formada, o nosso orgulho e opiniões também estão. Essa mente em si se torna a nossa força e poder.

Mas, quando aceitamos Jesus Cristo e recebemos o Espírito Santo, nossos nomes são escritos no Livro da Vida no céu e somos reconhecidos como filhos de Deus. Aqueles que se tornam filhos de Deus devem se livrar de seu orgulho. Devemos nos despojar do nosso orgulho e de nossas opiniões próprias, para que possamos ganhar o poder da verdade e para que tenhamos apenas a "testa da verdade."

Aceitar Jesus Cristo e ter o Espírito Santo não quer dizer que já ficamos perfeitos. Assim como um bebê nasce e cresce para se tornar um jovem e depois um adulto, à medida que conhecemos e praticamos a palavra de Deus, nos tornamos pessoas espirituais e santos filhos de Deus. Dessa maneira, se tivermos a perfeita medida de fé, seremos qualificados o bastante para entrar na cidade de Nova Jerusalém, onde está o trono de Deus.

Gálatas 5:16-17 também nos diz para nos livrar dos desejos da carne e seguir os desejos do Espírito Santo.

> *"Por isso digo: Vivam pelo Espírito, e de modo nenhum satisfarão os desejos da carne. Pois a carne deseja o que é contrário ao Espírito; e o Espírito, o que é contrário à carne. Eles estão em conflito um com o outro, de modo que vocês não fazem o que desejam."*

Essa passagem diz que os desejos da carne são contra o Espírito. O orgulho e a insistência de que se está certo pertencem aos desejos da carne. Depois que recebemos o Espírito Santo, esses dois desejos lutam entre si. Um lado quer seguir a lei do Espírito Santo, mas o outro quer seguir as inverdades contrárias à vontade de Deus. Portanto, eles militam um contra o outro.

É por isso que Romanos 7:22-24 também diz: *"No íntimo do meu ser tenho prazer na Lei de Deus; mas vejo outra lei atuando nos membros do meu corpo, guerreando contra a lei da minha mente, tornando-me prisioneiro da lei do pecado que atua em meus membros. Miserável homem que eu sou! Quem me libertará do corpo sujeito a esta morte?"*

Quando o íntimo do nosso ser tenta seguir os desejos do Espírito e o corpo que tenta seguir a lei do pecado lutam entre si, podemos lamentar dizendo: "Miserável homem que sou!" Aqui, se orarmos fervorosamente, nos despojarmos da maldade e seguirmos o que é bom, o coração para seguir o desejo do

Espírito cresce e podemos levar vidas de vitória. Desde então, podemos crescer a fim de ter uma fé firme como uma rocha, que não pode ser abalada.

O apóstolo Paulo disse: *"Todos os dias enfrento a morte, irmãos; isso digo pelo orgulho que tenho de vocês em Cristo Jesus, nosso Senhor"* (1 Coríntios 15:31). Como o apóstolo Paulo morria todos os dias, ele conseguia pregar o evangelho com manifestações sem limites do poder de Deus.

Mas algumas pessoas acham de certa forma injusto se desfazer de seu orgulho. Jó está lamentando, dizendo que sua testa foi enterrada no pó.

Jesus e os pais da fé não insistiram em seu orgulho, arrogância, egoísmo ou suas próprias opiniões. Quando Moisés foi príncipe, seu orgulho era muito forte! Mas depois que ele foi refinado no deserto, o orgulho se foi.

O mesmo aconteceu com Abraão, Jacó, Elias, Eliseu, Daniel, os discípulos de Jesus e com o apóstolo Paulo. Depois de receber o Espírito Santo e completar todo o processo de refinamento, todos eles removeram seu orgulho para que pudessem ser poderosamente usados por Deus.

Aqueles que vivem com suas próprias opiniões não conseguem obedecer à palavra de Deus. O rei Saul tinha opiniões fortes. Ele não obedeceu à palavra de Deus e, no fim, foi abandonado por Ele. Quando Jonas não se despojou de seu orgulho, ele desobedeceu a Deus e acabou tendo de enfrentar uma grande tempestade no mar.

Jó estava lutando contra seus amigos com o seu orgulho. É por isso que ele está falando de seu ego e orgulho terem diminuído, que são sua 'testa.' Isso nos mostra como o seu orgulho era forte.

Como ele acha que o seu orgulho está sendo pisoteado por Deus e seus amigos, a dor que sentia era maior que a de perder todos os seus bens, filhos e sentia a dor das feridas. A fim de que nos tornemos perfeitos filhos de Deus, temos de enterrar nossas testas no pó.

7. Jó Insiste que Está Certo

"Meu rosto está rubro de tanto eu chorar, e sombras densas circundam os meus olhos, apesar de não haver violência em minhas mãos e de ser pura a minha oração. Ó terra, não cubra o meu sangue! Não haja lugar de repouso para o meu clamor!" (16:16-18)

Jó pranteava porque havia perdido todos os membros de sua família e por causa de suas feridas. Ele pranteava porque havia sido abandonado por sua esposa e amigos. Contudo, ainda mais dolorido que aquilo tudo era ter o seu orgulho ferido; e ele chorava por causa dessa dor. Quando uma pessoa chora muito, seu rosto e olhos ficam vermelhos.

Como Jó havia chorado muito, o seu rosto tinha ficado vermelho assim como os seus olhos. Como não havia vida alguma em seus olhos, ele parecia ser a sombra da morte.

Mas o tipo de lágrimas que temos de derramar são lágrimas de lamentação pelas pobres almas, de arrependimento por termos cometido pecados, lágrimas para nos renovar e lágrimas de agradecimento e regozijo pela graça de Deus.

Como Jó não tinha vida em si e era um homem carnal, ele não conseguia deixar de chorar. Mas os verdadeiros filhos de Deus que têm vida e esperança se regozijam, dão graças e oram, obtendo vitória em qualquer tipo de prova ou tribulação. Há uma grande diferença entre aquele que tem vida e aquele que não tem.

Jó diz: "apesar de não haver violência em minhas mãos e de ser pura a minha oração." É verdade que não havia violência nas mãos de Jó. O coração da pessoa se revela por meio de suas ações. Jó não era tão mau a ponto de agir com obras más, mas ele não conseguia deixar de falar palavras más com sua boca, pois não tinha sido transformado completamente pela verdade.

Jó diz que sua oração é pura. A partir disso podemos entender que ele realmente não tinha entendido que o que ele dizia estava errado. Ele ainda insistia em estar certo.

Jó diz: "Ó terra, não cubra o meu sangue! Não haja lugar de repouso para o meu clamor!" Isso quer dizer que como ele é justo e puro, ele está dizendo à terra para não cobrir sua retidão. Quando acusadas injustamente ou vitimadas, algumas pessoas dizem: 'Os céus e a terra sabem que sou inocente!" Jó está fazendo algo semelhante.

Contudo, os filhos de Deus não precisam usar expressões como "Os céus e a terra sabem que eu estou certo." Deus sabe de todas as coisas. Se discernirmos as coisas com a palavra de Deus, podemos também discernir o certo do errado.

> "Saibam que agora mesmo a minha testemunha está nos céus; nas alturas está o meu advogado. O meu intercessor é meu amigo, quando diante de Deus correm lágrimas dos meus olhos; ele defende a causa do homem perante Deus, como quem defende a causa de um amigo. Pois mais alguns anos apenas, e farei a viagem sem retorno" (16:19-22).

'Testemunha' é quem dá testemunho, e 'advogado' é aquele que defende uma causa no tribunal. Jó está dizendo que a pessoa que testemunhará a favor de sua inocência está no céu.

Ele quer dizer que não existe ninguém na terra que pode salvá-lo ou resolver seus problemas, e que o único que pode ajudá-lo é Deus.

Jó achava que seus amigos estavam zombando dele, mas no ponto de vista destes, Jó não estava certo. A palavra de Deus nos diz para nos regozijarmos, orarmos, darmos graças e pedirmos as coisas a Deus com fé.

Contudo, diante de Deus, Jó estava era derramando lágrimas de lamento, murmuração e revolta, com julgamentos e condenações. Assim, Satanás podia trabalhar ainda mais, fazendo com que sua doença ficasse mais séria e suas dores piorassem.

Como Jó tem insistido em estar certo, ele diz que quer argumentar com Deus. Argumentar nesse contexto significa esclarecer as coisas. 'Homem' aqui é alguém com extraordinária justiça, bondade e retidão, que cumpre com o seu dever.

Jó diz que quer se defender diante de todos que o conhecem, isso é, seus vizinhos e todos aqueles que ouviram falar dele, pois ele acha, erroneamente, que todos estão achando que ele é um pecador, que está sendo punido por Deus.

Ele acha que sua vida acabará dentro de pouco tempo, no máximo, dentro de dois anos, mas não conseguia saber quando suas dores iam acabar. É por isso que ele conclui que está para fazer uma viagem sem volta.

Capítulo 17
Jó Se Sente Mais Aflito com o Passar do Tempo

1. Jó Pede a Deus um Pacto
2. Jó Amaldiçoa Seus Amigos
3. Jó Zomba Seus Amigos com Palavras Pedantes

Um Homem Justo e Íntegro se Aproximando de Deus

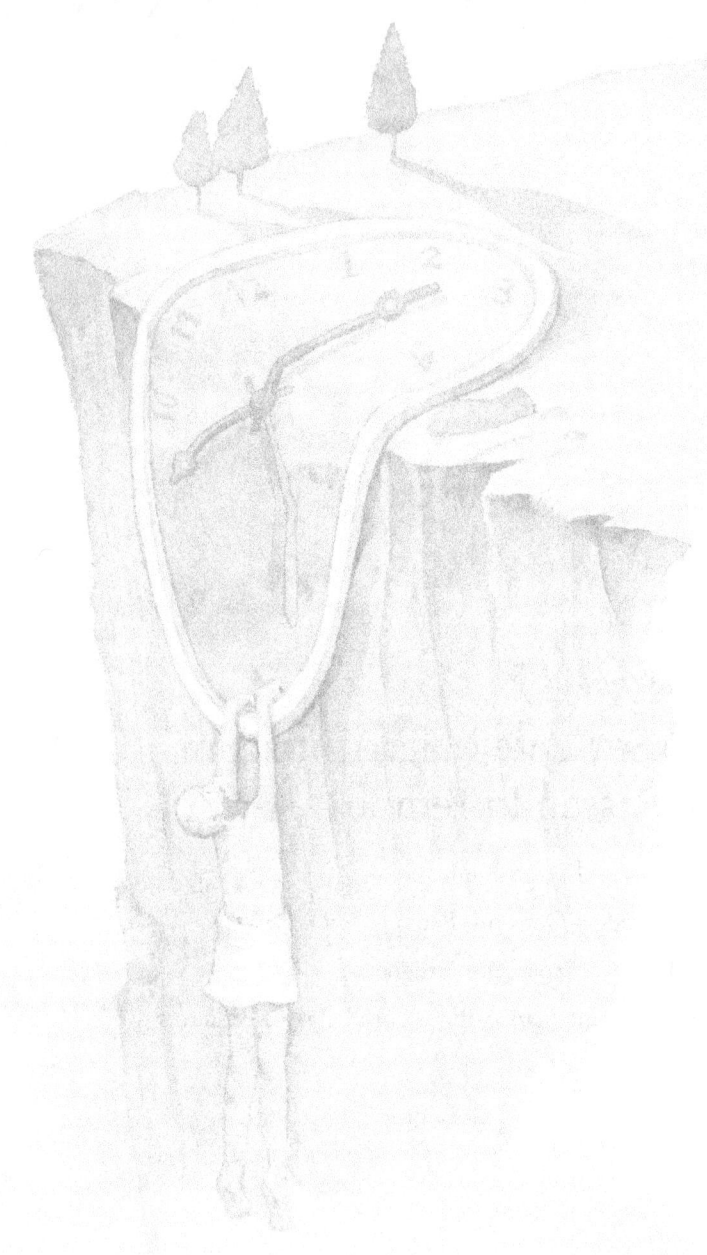

"Foram-se os meus dias, os meus planos fracassaram, como também os desejos do meu coração" (17:11).

1. Jó Pede a Deus um Pacto

"Meu espírito está quebrantado, os meus dias se encurtam, a sepultura me espera. A verdade é que zombadores me rodeiam, e tenho que ficar olhando a sua hostilidade. Dá-me, ó Deus, a garantia que exiges. Quem, senão tu, me dará segurança?" (17:1-3)

Jó tem lutado com sofrimento e desespero, e está muito cansado. Ele diz que seu espírito está quebrantado, e que a sepultura o espera. Entretanto, isso não quer dizer que ele está realmente preparado para a morte. Ele só está dizendo que sua vida está acabada, em sua opinião. Ele está dizendo que quando alguém só fracassa na vida e chega no fim do fundo do poço da existência, não consegue se recuperar e tudo que pode esperar é a morte.

No versículo 2 ele está dizendo que seus amigos, ao invés de confortá-lo, estão zombando dele. Jó na verdade é quem fez com que eles ficassem com raiva, mas não reconhece tal fato. Quando percebeu que seus amigos estavam ficando irritados, ele sofreu.

Suponhamos que você pegou algum dinheiro emprestado, e, por causa da sua situação, não conseguiu cumprir a promessa de pagá-lo de volta. Quem lhe emprestou o dinheiro ficou bravo com você, lhe amaldiçoou e provocou. Contudo, mesmo assim você deve pedir perdão. Não importa o que essa pessoa esteja fazendo ou dizendo, se você disser, "Chega, você já fez e falou o suficiente" ou "Por que você está bravo?", significa que você tem maldade em seu coração.

Ainda que alguém nos faça algo que não está certo, antes de irritá-los, devemos fazer com que conheçam a verdade para que possam guardar seus corações com a mesma.

Um pacto é uma garantia de algo; que alguém se responsabilizará totalmente por aquilo. Jó está pedindo a Deus para que Ele faça um pacto com ele e seja o seu garantidor, resolvendo a sua situação. Está pedindo a Deus para Ele ser o seu Mestre, salvando-o do perigo. Podemos ver aqui que Jó, sofrendo muito, está implorando desesperadamente.

Não-crentes obviamente tentam resolver seus problemas por meios do homem, e assim tentam encontrar um fiador, um garantidor. Com o mesmo coração de uma pessoa com muitas dívidas procura por um avalista para resolver seus problemas, Jó está pedindo a Deus.

Mas mesmo quando a pessoa acha um fiador, se o problema fundamental não for resolvido, é a pessoa que será responsabilizada, e não o fiador. Portanto, cada um deve resolver seus próprios problemas. Se você foi pela direção errada, volte. Corrija aquilo que fez errado.

Mas Jó acha que está certo, e está procurando por um garantidor. Ele está clamando em alta voz falando coisas que na verdade não fazem sentido.

Quando diante de algum problemas, aqueles que tem fé, por sua vez, não buscam fiadores e passam a prestar-lhes satisfação. Deus é soberano, e assim, devemos primeiro nos arrepender de nossas iniqüidades e seguir a Sua vontade, tentando identificar a razão pela qual estamos em situações assim.

Jó diz no versículo 3, "Quem, senão Tu, me dará garantia?" quando procura um garantidor por todos os lados, não vê ninguém a não ser Deus que pode fazer com que ele passe por uma calamidade como uma grande tempestade. É por isso que ele está dizendo isso.

2. Jó Amaldiçoa Seus Amigos

"Fechaste as mentes deles para o entendimento, e com isso não os deixarás triunfar. Se alguém denunciar os seus amigos por recompensa, os olhos dos filhos dele fraquejarão, mas de mim Deus fez um provérbio para todos, um homem em cujo rosto os outros cospem" (17:4-6).

Jó está dizendo que ele havia ensinado seus amigos com palavras de sabedoria, mas eles na verdade não aprenderam e estavam revelando seu mau – tudo isso sendo obra de Deus. Assim, Deus não os considerará – nem a Jó nem a seus amigos.

Se Jó tivesse ensinado seus amigos com a sabedoria de Deus, ele não os teria provocado. Como ele usou a sabedoria humana, as obras de Satanás foram feitas e eles passaram a lidar com as questões com a emoção à flor da pele.

Jó está pedindo a Deus para não levantar seus amigos, que o repreenderam e chamaram sua atenção. Ele pede a Deus que veja que as palavras deles não estão certas.

Como Jó se sentia desprezado e tinha de suportar tamanha dor, ele está amaldiçoando os filhos de seus amigos para que fiquem cegos.

Até alguns crentes em Jesus Cristo, quando aborrecidos por

alguém, amaldiçoam a pessoa. Isso é porque eles, na verdade, não tem fé ou não possuem o verdadeiro amor.

Ao invés de tentar achar o motivo de não estar recebendo nada que não a zombaria de seus amigos, Jó os condena e pronuncia palavras de maldição contra eles. Com isso, podemos entender porque Jó tinha de enfrentar provações.

Jesus disse, *"abençoem os que os amaldiçoam, orem por aqueles que os maltratam. Se alguém lhe bater numa face, ofereça-lhe também a outra. Se alguém lhe tirar a capa, não o impeça de tirar-lhe a túnica"* (Lucas 6:27-28).

A palavra de Deus fala para amarmos os nossos inimigos e jamais odiarmos nossos irmãos na fé, que nem são nossos inimigos. Não é fácil abençoar aqueles que nos amaldiçoam, mas se tivermos amor espiritual, poderemos faze-lo. Se nos tornamos pessoas espirituais, teremos compaixão até daqueles que nos amaldiçoam. Assim, poderemos orar por eles e deixar tudo nas mãos de Deus.

Jó havia sido considerado justo e íntegro, mas ainda retalhava quando alguém o ofendia ou atacava. Deus deixa que as coisas aconteçam dessa forma para transformar a bondade humana de Jó em bondade do coração do Espírito.

Como Deus já sabia da integridade e retidão de Jó, Ele começou com o processo de refinamento a fim de transformá-lo em um homem de espírito. Então, podemos ver as maldades de Jó saindo para fora. Quando seus amigos o batiam com palavras, ele retribuía duas vezes mais. É essa a razão de Deus ter de ter deixado o seu coração mau ser revelado. Quando Jó achou sua maldade e se despojou dela, ele pôde se tornar um verdadeiro filho de Deus Pai, amado, reconhecido, e abençoado por Ele.

Nos Jogos Olímpicos, se todos pudessem ganhar a medalha de ouro sem treinar, ninguém passaria pelo enorme sacrifício do período de treinamento. Os técnicos não precisariam treinar os jogadores, e os atletas não desejariam ser treinados. Contudo, só depois de passar por um processo de treinamento intensivo é que os atletas podem ganhar medalhas. É por isso que eles escolhem passar por treinamentos tão severos que parecem tormento e tortura.

Suponhamos que em sua igreja ou trabalho, uma pessoa acima de você elogiou uma pessoa e você ficou com ciúmes ou inveja.
Talvez você possa ter pensado, "Essa pessoa não está fazendo nada melhor do que eu, e por que está sendo elogiada?"
Se você tem esse tipo de coração, você precisa entender que há maldade dentro de você. Nesse caso, você não chega nem a ser repreendida por seu chefe, mas está sofrendo por causa de seu próprio mau.

Agora, o que quer dizer a maldição aos filhos de seus amigos que diz, "os olhos dos filhos dele fraquejarão"?
Espiritualmente, olhos simbolizam o futuro. Se não podemos ver, nosso caminho está bloqueado isso é o mesmo que estarmos confinados. Trata-se de uma maldição muito séria. Filhos são a continuação de uma família, e amaldiçoa-los para que fiquem cegos é algo terrível.

No versículo 6, Jó diz que Deus fez dele um provérbio para todos e um homem cujo rosto os outros cospem. Como ele acha que não há razão para ele estar sofrendo daquele jeito, ele está culpando a Deus por tudo. As notícias sobre Jó haviam sido espalhadas por todos os cantos.

'Cuspir' aqui não quer dizer que as pessoas de fato estavam cuspindo nele. É apenas uma forte expressão mostrava que as pessoas estavam falando mal dele desde que ele começou a revelar a sua maldade.

> "Meus olhos se turvaram de tristeza; o meu corpo não passa de uma sombra. Os íntegros ficam atônitos em face disso, e os inocentes se levantam contra os ímpios. Mas os justos se manterão firmes em seus caminhos, e os homens de mãos puras se tornarão cada vez mais fortes" (17:7-9).

Jó tinha grande conhecimento e escrevia bem. Também tinha muita sabedoria, e assim, suas parábolas mostravam muitas coisas. O significado espiritual de 'olhos' aqui é o futuro previsível. Isso porque aquilo que vemos com os olhos é guardado na memória para que depois possamos lembrar.

Então, qual é a tristeza de Jó? Jó tinha várias tristezas. Ele perdeu todos os seus bens, sentia terríveis dores, e estava sendo desprezado. Ele caiu no fundo do poço de sua vida e só a morte o aguardava. Tudo isso é tristeza.

Seus olhos haviam se turvado de tristeza, e isso significa que o seu futuro não era claro. Ele também diz que todo o seu corpo é sombra. Sombras tem forma, mas de nada servem. Ele está querendo dizer que a sua vida não tem significado ou propósito. Está igualando a insignificância de seu corpo à de uma sombra.

Seu corpo estava se decompondo, cheio de vermes e com um mau odor. Ele não conseguia melhorar a sua aparência ou se enfeitar. Ele não podia fazer nada como o seu corpo e não conseguiu evitar de compara-lo a uma sombra.

É o mesmo com a nossa fé. Nós ouvimos a palavra de

Deus, e a conhecemos. Então, temos de obedecer os Seus mandamentos que nos dizem para fazer ou não, guardar ou nos livrarmos das coisas. Contudo, muitos de nós os armazenamos como conhecimento e não os praticamos. Quando ouvimos e conhecemos a palavra de Deus mas não a praticamos, ouvimos os gemidos do Espírito Santo e o nosso coração se aflige. É por isso que tantas pessoas buscam o Deus Soberano, mas não são respondias e começam a perambular.

Se olharmos ao nosso redor, veremos muitos crentes com vidas sem sentido. Como resultado, sua crença em Jesus não passa de uma sombra.

Os filhos de Deus precisam entrar em um nível espiritual mais profundo praticando a palavra de Deus, mas muitos não o fazem. Eles conhecem a palavra, mas não a praticam, e isso se torna a sua tristeza.

Parecem crer na palavra de Deus, mas a sua fé é como uma sombra que não tem propósito ou substância. Eles vagam por aí sem a compreensão da verdadeira vontade de Deus. Vão pra lá e pra cá, balançam e caem, e podem se levantar de novo. Se eles conhecessem a Deus de fato, todos os seus problemas poderiam ser resolvidos. Todavia, como nunca viram nenhuma obra de Deus real através da fé, ainda estão perambulando espiritualmente.

Uma vez que Jó nunca tinha conhecido a Deus, ele estava extremamente triste. Como isso é de dar dó! Mas Deus sabia que Jó podia se santificar e vir a sem um ótimo vaso. Por isso Ele permitiu que tão grande tribulação viesse sobre ele.

No versículo 8, como seus amigos o estão acusando de desonestidade, ele está usando a palavra 'justos' sendo uma terceira parte, mas para se incluir. Ele está dizendo que como está passando por todas essas coisas, os justos se manterão firmes em seus caminhos, e os homens de mãos puras se tornarão cada vez mais fortes.

Quando um homem correto vê outra pessoa fazendo algo ruim, sente uma justa indignação. Aqui, a comparação de Jó em si está certa, mas ele não está em uma posição que lhe permite dizer tal coisa. Podemos usar esse tipo de parábola só quando realmente estamos cheios da verdade e sem falsidade. Enquanto formos não exatamente retos, se nos compararmos com outro grupo de pessoas a fim de nos justificarmos, isso pode fazer com que outros caiam e pequem.

Na verdade, nós cometemos esse tipo de pecado em nosso dia-a-dia frequentemente. Assim, muitas vezes Satanás nos aponta isso para causar vários conflitos e discussões.

O versículo 9 diz, "Mas os justos se manterão firmes em seus caminhos." 'Manter firme em seu caminho' quer dizer que Jó é fiel no que está fazendo.

Ao dizer, "os justos se manterão firmes em seus caminhos", Jó está dizendo que está fazendo aquilo que deve fazer, sem balançar, independente da oposição que enfrenta ao seu redor.

Ele está dizendo que ele está certo, e são seus amigos que estão provocando-o a fim de fazê-lo ser mau. Logo, ele não consegue evitar discutir com eles e sente a necessidade de continuar fazendo-o.

Então, qual é o significado de "e os homens de mãos puras se tornarão cada vez mais fortes"?

Antes, Jó havia dito, *"Tu me deixaste deprimido"* (Jó 16:8), *"Meu espírito está quebrantado"* (Jó 17:1). Contudo, aqui ele diz que ele ficará cada vez mais forte, ou seja, ele está entrando em contradição apesar de ele achar que tudo o que está falando é verdade e faz total sentido.

Jó é muito orgulhoso e teimoso, e assim, ele se defenderá até esgotarem suas forças. Ele crê que pode falar tudo isso porque está certo. Os orgulhosos não cedem, nem perto do final.

O corpo de Jó está secando, mas o que ele diz está certo, e assim, ele protestará até o fim com todas as suas forças. Seu corpo está se enfraquecendo, mas como ele está certo, ele está ficando é cada vez mais forte.

Na fé, de nada vale esse tipo de teimosia. Ela, na verdade, acaba gerando conflitos e faz com que os outros nos odeiem. Quando os outros não nos entendem, precisamos checar aquilo que estamos dizendo, pensando ou fazendo.

Se não tivermos paz uns com os outros, ambas partes terão um problema. Portanto, não devemos insistir em estarmos certos, mas aprender a aceitar uns aos outros e a olhar para dentro de nós mesmos.

3. Jó Zomba Seus Amigos com Palavras Pedantes

"Venham, porém, vocês todos, e façam nova tentativa! Não acharei nenhum sábio entre vocês. Foram-se os meus dias, os meus planos fracassaram, como também os desejos do meu coração. Andam querendo tornar a noite em dia; ante a aproximação das trevas dizem: 'Vem chegando a luz'" (17:10-12).

"Venham, porém, vocês todos" não quer dizer que eles tinham de ir embora e depois voltar. Jó está falando para eles analisarem o que eles tem dito até agora. Ele também conclui que não há nenhum sábio entre os seus amigos. Ele está dizendo que nenhum destes pode ensinar-lhe alguma coisa, e que é por isso que ele não consegue achar a solução para o seu problema.

Jó quer dizer que, como ele não pode obter nada de seus amigos, seus planos e até mesmo os desejos de seu coração estão destruídos. Ele não pode resolver o seu problema por conta própria, Deus o abandonou, e seus amigos não tem sabedoria para ajudá-lo. Logo, a única coisa que lhe resta é seguir pelo caminho de morte.

Ele está colocando para for a suas sentimentos negativos e sofrimentos. Entretanto, isso só fazia com que Satanás trabalhasse mais em sua vida. Se construímos nossas próprias armadilhas com nossas palavras, ficamos insistindo em estarmos certos e desprezando os outros, e fazemos de Deus um Deus mau, como poderá Ele nos ajudar?

Quem nos ouve não gosta daquilo que falamos e considera desagradável e triste, e se afastam de nós. Agir da forma como Jó estava agindo é inútil. Como ele achava que os outros o desprezavam, ele também estavam zombando-lhes com palavras.

O versículo 12 diz, "Andam querendo tornar a noite em dia." Aqui, noite é a escuridão. Como eles estão querendo transformá-la em dia, trevas são suas obras. Jó está se referindo ao coração de seus amigos.

Jó está zombando deles com parábolas querendo dizer, "O que vocês estão fazendo é muito ruim e contraditório. Vocês estão jogando isso em cima de mim."

"Andam querendo tornar a noite em dia; ante a aproximação das trevas dizem: 'Vem chegando a luz'" quer dizer que eles estão falando coisas tão incoerentes como o sol nascer no oeste. Jó estão usando expressões pedantes.

Embora não conseguissem falar palavras de tanto pedantismo, os amigos de Jó sabiam que ele estavam zombando deles. Assim, como eles devem ter ficado irritados!

Hoje, mesmo entre crentes, algumas pessoas condenam as outras com a palavra de Deus ou falam palavras sarcásticas quando não gostam de alguma coisa em outra pessoa. Há, inclusive, pastores que usam mal a palavra de Deus e citam trechos de maneira errada para intimidar os fiéis. Mas a verdade nos dá paz, alegria, liberdade, e vida; não medo ou nervosismo.

> "Ora, se o único lar pelo qual espero é a sepultura, se estendo a minha cama nas trevas, se digo à corrupção mortal: Você é o meu pai, e se aos vermes digo: Vocês são minha mãe e minha irmã, onde está então minha esperança? Quem poderá ver alguma esperança para mim? Descerá ela às portas do Sheol? Desceremos juntos ao pó?" (17:13-16)

Jó diz que a sua esperança está descendo para o Sheol, pois ele está decepcionado e sem propostos. Mas a esperança daqueles que crêem em Jesus Cristo é o céu.

Jó não tinha uma vida. Tudo que era seu havia sido destruído. É por isso que ele diz que não tem como ele deixar de ir para o mundo das trevas, o Sheol. Ele também diz que a sua cama será feita de escuridão.

Ele diz depois, "digo à corrupção mortal: você é o meu pai" porque a corrupção mortal, ou abismo, pode ser um abrigo para o seu corpo. Para aqueles que não tem esperança pelo reino dos céus, o abismo, ou corrupção mortal, ou sepultura, cobrirão seus corpos quando morrerem. Então, por que 'pai'? A função de um pai é proteger seus filhos. Se Jó descer para o abismo, este será o seu pai, que o cobrirá e protegerá.

Então, o que "aos vermes digo: Vocês são minha mãe e minha

irmã" quer dizer?

Mães, irmãos e irmãs se abraçam e beijam, e tem grande contato físico. Jó está dizendo que assim como há contato físico entre irmãos, irmãs e mães, os vermes estão consumindo o seu corpo, já que a sua pele está cheia deles. Em outras palavras, ele está expressando sua dor e sofrimento.

Ele está dizendo onde a sua esperança está. Contudo, para nós, que temos a verdade e a vida, nossa esperança na está no Sheol, mas no reino celestial. Como isso nos faz ser gratos!

Quando um homem morre e é enterrado, ele fica confinado no pó. É por isso que Jó está dizendo que quando ele descansar no pó sua esperança também irá consigo. No entanto, aqueles que crêem em Deus tem sua esperança no reino dos céus, e assim eles também são abençoados na terra.

Como suas almas são prósperas, eles são saudáveis todas as coisas lhes vão bem. Como receberam a vida eterna, eles estão libertos do medo da morte, e podem viver com alegria e gratidão.

À medida que se livram da maldade de seus corações e se santificam, recebem a verdadeira paz e são muito gratos por irem para o céu. Além disso, há muitas outras bênçãos que aqueles que crêem podem receber na terra, sem falar da honra e daquelas que vão receber na vida eterna, futuramente.

Capítulo **18**
Pagando o Mal com o Bem
- Bildade – O perfeito exemplo de maldade

1. Não Vamos nos Destruir
2. Livremo-nos dos Ciúmes
3. Se Amaldiçoarmos e Desejarmos que os Outros Caiam
4. Quando a Maldade Original do Coração é Revelada

Um Homem Justo e Íntegro se Aproximando de Deus

"A armadilha o pega pelo calcanhar; o laço o prende firme. O nó corredio está escondido na terra para pegá-lo, há uma armadilha em seu caminho" (18:9-10).

1. Não Vamos nos Destruir

"Então Bildade, de Suá, respondeu: 'Quando você vai parar de falar? Proceda com sensatez, e depois poderemos conversar. Por que somos considerados como animais, e somos ignorantes aos seus olhos? Ah, você, que se dilacera de ira! Deve-se abandonar a terra por sua causa? Ou devem as rochas mudar de lugar?'" (18:1-4).

Se você vir seus amigos ou parentes discutindo, você talvez diga, "Por quanto tempo vão continuar discutindo? Por favor, parem!" quando discutindo, a maioria das pessoas tenta encontrar palavras para falar até o fim a fim de saírem em vantagem. Se encurraladas, elas ficam com raiva e até bufam.
Verifiquemos, pois, se ou não já mantivemos alguma discussão desse tipo a fim de ganhar no final.

Às vezes, uma outra pessoa intervém para parar com a discussão mas acaba se envolvendo. Bildade está dizendo, "Quanto tempo vocês vão ficar procurando palavras?", mas acaba procurando palavras para usar em argumentos também.
Como isso é ridículo aos olhos de Deus! Nem Jó e seus amigos que estão discutindo entre sivnem esse amigo que está pedindo para pararem de discutir estão certos.

Bildade está perguntando a Jó, "Por que você nos considera

ignorantes?" Como Jó tem dito que os seus amigos não são como os homens, não são perfeitos, e não servem para ele, Bildade está dizendo que Jó lhes considera burros e como animais.

Animais agem da maneira que bem entendem, sem razão ou discernimento. Bildade está perguntando se Jó lhes considera burros, pois ele tem dito que eles estão 'assolados.'

Jó os insultou e fez com que ficassem com muita raiva. Seus amigos então estão respondendo. Portanto, estão empatados. Jó está se dilacerando em uma situação sem esperança e extremamente dolorosa porque seus amigos ficaram dizendo que ele estava errado.

Vamos descobrir porque Jó está se dilacerando.

Jó 16:9-11 diz o seguinte, *"Deus, em sua ira, ataca-me e faz-me em pedaços, e range os dentes contra mim; meus inimigos fitam-me com olhar ferino. Os homens abrem sua boca contra mim, esmurram meu rosto com zombaria e se unem contra mim. Deus fez-me cair nas mãos dos ímpios e atirou-me nas garras dos maus."*

Ele murmurou contra Deus e achava que seus amigos eram maus, dizendo que Deus fez com que ele caísse nas mãos deles, que são "ímpios e maus." Assim, vemos que Jó está se dilacerando com suas próprias palavras.

Até a hora em que conhecem de fato a verdade e mudam, muitos crentes se destroem. Acham que são vitimados e, se não gostam de alguma coisa, ficam bravos e causam confusões. Ao fazer esse tipo de coisa, eles estão se dilacerando, não sendo capazes de se controlarem.

Se temos sentimentos de ódio em nosso coração, é fato

que estamos nos destruindo. Destruir e dilacerar os outros é o mesmo que nos destruirmos. Devemos olhar para dentro de nós para ver se somos ou não esse tipo de pessoa.

Por exemplo, existem pessoas que, quando bêbadas, gritam e chutam portas exigindo que alguém as abra rapidamente. Quando discutem, como em um relacionamento de marido e esposa, arremessam e quebram objetos de casa.

Alguns crentes não frequentam os cultos de domingo porque tem problema com algum irmão na fé. Violar o Dia do Senhor é pecado diante de Deus; assim, quando essas pessoas não vão ao culto, estão prejudicando a si mesmas, e não a outros. Quando param de orar só porque estão nervosas ou porque estão passando por testes e provações, estão também se dilacerando.

Só porque o marido tem um caso com alguém, se a esposa também sair e tiver um caso com uma pessoa e acabar com a família, que benefício há nisso? No fim, todas essas atitudes destroem o homem.

O versículo 4 diz, "Deve-se abandonar a terra por sua causa? Ou devem as rochas mudar de lugar?" É fato que a terra e as rochas ficam em seus lugares. Bildade está escarnecendo Jó dizendo que não importa o tanto que ele fica nervoso, a terra e as rochas não mudarão de lugar.

Suponhemos que um marido esteja nervoso com sua esposa e acaba de jogar o relógio no chão, perto dela. Se ela disser, "Não importa o tanto que você ficar nervoso, a terra e as rochas vão se mover?" e então rir da cara dele, sua raiva vai aumentar.

Ele poderia ter parado ao jogar o relógio, mas enquanto vai ficando mais e mais nervoso, ele pode começar a jogar a televisão ou quaisquer outros objetos no chão. A atitude do marido é má, mas o mal de sua esposa é ainda maior. Se a esposa faz com que o seu próprio marido fique mais nervoso, que benefício há nisso?

Mas não foi apenas a esposa que fez com que o marido ficasse mais cheio de maldade, o marido também o fez com a esposa. Assim, eles estão destruindo um ao outro.

Destruir um ao outro realmente faz com que Deus se aborreça, e Ele então tem de virar o Seu rosto dessas coisas. Como resultado, Satanás começa a trabalhar. Famílias são destruídas, filhos se perdem, e as pessoas adoecem. Chegam grandes provações e testes. Uma vez que eles estão destruindo um ao outro, Deus vira o Seu rosto deles e Satanás começa a afligi-los o tanto que quer.

No versículo 4, a terra é algo sobre o qual nós ficamos de pé, e as rochas são o grandes e não podem ser movidas já que são sólidas e pesadas. Podemos ver que há uma diferença entre essas duas coisas.

"Será que a terra se surpreenderá com a sua raiva? Independente do tanto que você está nervoso, o que você pode fazer em relação à solidez de uma rocha?"

Vemos que Bildade está zombando Jó com suas parábolas. Como essas pessoas na passagem, há gente que faz com que aqueles que estão nervosos, o fiquem ainda mais. Fazem surgir mais sentimentos de ódio ainda.

A verdade nos diz que não devemos zombar ou rir de alguém, mesmo que a pessoa tenha feito algo errado de errado e está ficando com raiva. Só quando somos capazes de fazer com que essa pessoa se dê conta de sua maldade com a nossa maldade é que podemos parar aquela maldade. Se reagirmos com maldade diante de uma atitude também de maldade, isso só trará mais maldade. Portanto, para ser vitoriosos, temos de lutar contra a maldade com a bondade.

Na história da Dinastia Chosun da Coréia antiga, havia uma

concubina chamada Jang Hee Bin que se destruiu muito. Seu irmão mais velho também se destruiu muito em brigas de festas. Palavras e obras que eram contra a verdade certamente só trazem resultados inacreditavelmente absurdos.

Aquela concubina se dilacerou com ciúmes. O rei sentenciou-a à morte achando que ele estava sendo justo. Mas, por causa do que ele fez, a tragédia continuou através do filho da concubina.

Se o rei e seus ministros tivessem conhecido a verdade e agido segundo a mesma, ele poderia ter implementado algum outro tipo de punição, como prende-la, pois o filho dela ia ser rei, e assim, a história sanguinária teria parado. Aqueles que seguem a verdade serão sempre vitoriosos no fim.

Enquanto chegamos nos últimos capítulos do livro de Jó, a maldade nas profundezas do corações dos homens é revelada. Dessa maneira, acredito que podemos ter certos entendimentos e reflexões, ganhar vida com estes, e identificar nossa maldade.

2. Livremo-nos dos Ciúmes

"A lâmpada do ímpio se apaga, e a chama do seu fogo se extingue. Na sua tenda a luz se escurece; a lâmpada de sua vida se apaga. O vigor dos seus passos se enfraquece, e os seus próprios planos o lançam por terra. Por seus próprios pés você se prende na rede, e se perde na sua malha. A armadilha o pega pelo calcanhar; o laço o prende firme" (18:5-9).

É óbvio que se a lâmpada se apaga, não há luz. "A lâmpada do ímpio de apaga" significa que a esperança de Jó, isto é, a esperança de um ímpio, está diminuindo. Ao dizer que a chama do seu fogo se extingue, Bildade está amaldiçoando Jó falando que todas as coisas que Jó fez serão destruídas. Isso porque no ponto de vista de seu amigo, elas eram todas obras de um ímpio.

    Jó se considerava justo e íntegro já que suas ações eram retas. Com base nessa passagem, vemos que os amigos de Jó tinham ciúmes dele por causa de suas atitudes de justiça. É por isso que eles estão zombando dele considerando-o como um ímpio.

    No versículo 5, Bildade conclusivamente diz que a chama do seu fogo se extingue e no 6 diz que a na sua tenda a luz se escurece e a lâmpada de sua vida se apaga. Ele está apenas desenvolvendo o que ele disse no versículo 5. Como isso é cheio de maldade!

    Homens da verdade que crêem em Deus devem encorajar uma pessoa como Jó e dar-lhe mais esperança a fim de leva-la a um caminho de justiça. Esse é o dever do homem.

    Jesus não quebrou o caniço rachado nem apagou o pavio fumegante (Mateus 12:20). Devemos ter o coração de Jesus. Se queremos pisar no ímpio e desejamos que ele caia, significa que o nosso coração é mal. Assim, se um ímpio segue por um caminho de destruição, uma vez que nós também temos um coração mal, nós também seguiremos por um caminho de destruição.

    O versículo 7 diz, "O vigor dos seus passos se enfraquece, e os seus próprios planos o lançam por terra."

    Podemos ver que como Jó achava que ele era perfeito em tudo que fazia e que seus eram vigorosos, dignos.

    É por isso que Jó era objeto da inveja e ciúmes de seus amigos. Contudo, quando tudo estava normal, esses sentimentos estavam escondidos em seus corações. Com a queda de jó ele se revelaram.

    E isso não é apenas em relação a Bildade, mas é o que

acontece com a maioria das pessoas. O coração da maior parte dos homens é carnal.

Bildade diz que o quê Jó fazia antes era seus próprios planos, e que ele caiu em seus próprios esquemas. Bildade está menosprezando e diminuindo as obras que Jó havia realizado. A maldade do coração de Bildade que antes estava escondida está agora à mostra e expressada por meio de palavras.

Se tivermos um pouco de ciúmes que seja daqueles que são bem de vida, quisermos que as coisas não vão bem para eles, e se rirmos e expressar a nossa maldade quando as coisas forem mal para eles, isso significa que somos muito tolos. Não devemos nos regozijar quando aqueles que agiram de forma a nos prejudicar tiverem com problemas, mas sim orar por eles, com clamor.

O versículo 8 diz, "Por seus próprios pés você se prende na rede, e se perde na sua malha. A armadilha o pega pelo calcanhar; o laço o prende firme." O que isso quer dizer?

Ao nos depararmos com uma armadilha é claro que devemos nos desviar dela. Bildade está dizendo que Jó pisa em sua própria armadilha; que ele caiu em sua própria cilada.

"Jó! Você reclama e desagrada o Deus em quem confia continuamente, e isso é como se jogar em um emaranhado!"

Bildade não entendia o significa espiritual das palavras que estava dizendo. Vejamos qual é.

Como Jó tem murmurado contra Deus e falado palavras que só agradavam o inimigo, o diabo e Satanás, ele adentrava em um beco sem saída. É como se jogar na rede de uma armadilha ou entrar em sua própria emboscada.

Assim, como amigo, Bildade não deveria ter ajudado Jó a fim de impedir que ele caísse na armadilha? Se seus amigos o fazem se embolar na rede mais e mais, isso significa que eles estão cometendo um grande pecado.

Os amigos de Jó, usando a palavra de Deus, a palavra da verdade, estão fazendo com que ele expresse cada vez mais maldade. Usar mal a palavra de Deus é violar o terceiro dos Dez Mandamentos, que nos diz para não tomarmos o nome de Deus em vão.

Não devemos ser como Jó, que está se dirigindo para uma rede. Murmurar e ter uma mente com maldade é se dirigir à rede e pisar em uma armadilha.

Especialmente na igreja, não devemos ser aqueles que fazem com que nossos irmãos se adentrem em armadilhas cada vez mais. Devemos ajudar o irmão e orar por ele para que ele saia da arapuca.

Então, o que significa, "a armadilha o pega pelo calcanhar; o laço o prende firme"? a armadilha da qual o versículo está falando é a de capturar pequenos animais.

Quando um animal é capturado por uma armadilha, provavelmente ele perde a sua vida. Da mesma forma, quando o calcanhar de alguém é preso por uma armadilha, a pessoa cai e não mais consegue se levantar. Trata-se de uma cruel maldição.

"Jó! Enquanto você vai adentrando na rede e é executado por você mesmo, o seu calcanhar será capturado por uma armadilha, e finalmente você cairá e perderá a sua vida!"

3. Se Amaldiçoarmos e Desejarmos que os Outros Caiam

"O nó corredio está escondido na terra para pegá-lo, há uma armadilha em seu caminho. Terrores de todos os lados o assustam e o perseguem em todos os seus passos" (18:10-11).

Escode-se o nó quando o objetivo é capturar alguma coisa. Isto é, você cava um buraco, cobre a boca com uma camada fina de folhagem seca e terra para que ele não seja visto. Quando animais ou homens passam por cima, eles caem no buraco.

'Nó' aqui significa o crescente sofrimento de Jó que ainda está por vir. "O nó corredio está escondido na terra" significa que o sofrimento que ainda espera por Jó está escondido e ainda não poder ser visto.
'Há uma armadilha em seu caminho' significa que ele sofrerá e será destruído. Dizer que 'o nó está escondido e que há uma armadilha em seu caminho' não é nada diferente de uma observação intimidadora.
Bildade não acha que está intimidando Jó agora, mas o seu ódio está saindo na situação que ele está vivendo.
Se você já odiou alguém, você não desejava que a vida da pessoa fosse uma confusão e que ela enfrentasse dificuldades? Se seus negócios não deram certo ou se você foi acusado injustamente por alguém, você não desejou a mesma situação para a pessoa odiada também?
Deus nos deu o Seu único Filho Jesus Cristo como um sacrifício redentor para resolver o problema dos nossos pecados. Mas se não resolvemos esse problemas, mas continuamos a ter corações maus, o que Deus fará?

Deus precisa nos refina,r para fazer com que sejamos perfeitos, e lavar-nos com o sangue do Senhor. Através de provações, podemos orar, nos darmos conta de nós mesmos, converter, e nos arrepender. Se temos mentes parecidas com a de

Jó ou qualquer de seus amigos, devemos nos despojar dela o mais rápido possível.

O versículo 11 diz, "Terrores de todos os lados o assustam e o perseguem em todos os seus passos." Bildade continua a amaldiçoar Jó com seus sentimentos de ódio.

Bildade está amaldiçoando Jó para que não apenas terrores noturnos o assustem, mas que estes continuem. Como o seu coração é cheio de maldade!

4. Quando a Maldade Original do Coração é Revelada

> "A calamidade tem fome de alcançá-lo; a desgraça está à espera de sua queda e consome partes da sua pele; o primogênito da morte devora os membros do seu corpo" (18:12-13).

'Alcançá-lo' aqui é alcançar sua honra, riquezas, fama, e conhecimento. 'Fome' aqui não quer dizer fome avassaladora por causa de falta de chuva.

Significa que os filhos de Jó se foram juntamente com tudo que ele havia acumulado; seu orgulho e arrogância.

"Jó, olhe para você. Você está faminto, e está perdendo as forças. A calamidade é tudo que lhe espera."

Jó está sentindo dores, e Bildade só está fazendo com que elas piorarem.

A 'pele' no versículo 13 simboliza tudo que foi formado pela energia de Jó. Em outras palavras, se refere ao seu corpo, filhos de seu corpo, as coisas que construiu, e tudo que havia realizado.

'O primogênito da morte não simplesmente a morte, mas

uma morte extremamente dolorosa. "O primogênito da morte devora os membros do seu corpo" significa morte completa, sem semente deixada para trás. Não é uma morte ordinária, mas uma cruel, matando cada parte do corpo, articulações, e ossos.

Podemos ver a maldade em extremo aqui. Se você pensou, "Como os amigos de Jó são maus! Como eles podem ter maldade tão grande?" olhe para você mesmo e verifique se você é ou não o mesmo tipo de pessoa.

Vemos esse tipo de maldade até nos dias de hoje. Quando as pessoas discutem ou ficam com raiva umas das outras, elas se amaldiçoam dizendo, "Morra!" Às vezes, elas lançam muitas maldições e falam palavrões. Embora isso não seja assassinato físico, é assassinato por meio de palavras.

Os amigos de Jó, que tinham conhecimento, educação, e boas personalidades, com o decorrer da discussão, revelaram a maldade que estava nas profundezas de seus corações.

"Ele é arrancado da segurança de sua tenda, e o levam à força ao rei dos terrores. O fogo mora na tenda dele; espalham enxofre ardente sobre a sua habitação" (18:14-15).

"Ele é arrancado da segurança de sua tenda" significa que todas as suas posses se foram e ele não mais tem lugar para ficar. Quando uma pessoa fali, ela tem de vender sua casa, pois, caso contrário, esta lhe será tomada.

Então vemos, "e o levam à força ao rei dos terrores." Aqui, rei dos terrores não se refere a Lúcifer ou a algum tipo de demônio. Bildade usou a palavra rei para expressar o cúmulo de terror, que cresce cada vez mais.

O rei dos terrores é o medo extremo – quando o coração

da pessoa é totalmente tomado pelo medo. Bildade faz isso de propósito, pois sabe que Jó está vivendo esse tipo de terror.

Vejamos, pois, o que acontece por causa do medo.
Primeiramente, as pessoas começam a dar desculpas, como Jó.
Elas tem medo de serem desprezadas pelos outros ou que suas incapacidades sejam descobertas. Acham que não são reconhecidas direito pelas outras pessoas, e assim, tentam explicar muitas coisas sobre si mesmas e dão desculpas. Isso é por causa do medo que sentem. No fim, acabam se opondo e brigando com os outros.
Em segundo lugar, as pessoas se prendem.
Quando elas não são realmente diligentes ou fiéis, mas estão descumprindo com seus deveres, sentem medo. Nessa situação, se elas não se converterem, serão capturadas pelo terror de pouco em pouco.
Temos medo quando estamos escondendo algo que não está certo e está dentro de nós. Se estivermos vivendo na verdade e formos honestos, não á razão para termos medo de nada. Aqueles que não temem nada, gostam de serem repreendidos, e como querem adquirir mais entendimento das coisas, não dão desculpas.

O vesículo 15 diz, "o fogo mora na tenda dele." Isso quer dizer que como a casa de Jó não lhe pertenceria mais e que outras pessoas então viriam e habitariam nela. Como essa maldição é forte – de dizer que nem mesmo as raízes de Jó prevalecerão! Também vemos, "espalham enxofre ardente sobre a sua habitação."

"Suas raízes secam-se embaixo, e seus ramos murcham

em cima. Sua lembrança desaparece da terra, e nome não tem, em parte alguma. É lançado da luz para as trevas; é banido do mundo" (18:16-18).

Depois de amaldiçoar a Jó, Bildade finaliza com uma parábola de uma árvore. Se a raiz de uma árvore seca, a árvore não tem outro destino senão morrer. Mas, para piorar, se seus ramos murcham em cima, o que acontecerá com árvore? Isso se refere a uma completa extinção.

Quando estamos em paz, não achamos maldade em nós. Mas através de testes e provações, podemos encontrar a imundície da maldade.

Se deixarmos uma água com barro quieta por muitos dias, o barro irá para o fundo. Ao olhar apenas para a superfície, podemos até achar que a água está limpa, mas se a agitarmos, ela ficará suja de novo imediatamente. Portanto, para fazer com que ela fique realmente limpa, temos de filtrá-la. Deus está fazendo o mesmo com Jó.

Quando Bildade diz que a árvore de Jó secará e seus ramos murcharão, ele quer dizer que cada traço da existência de Jó desaparecerá. Qualquer coisa que restar, não prevalecerá, e assim, tudo em relação a ele desaparecerá.

O versículo 18 diz, "é lançado da luz para as trevas." Isso quer dizer morte e perda de toda a esperança. E "é banido do mundo" significa que Jó desaparecerá deste mundo. Não se trata de uma referência a uma simples morte, mas que Jó seria banido da terra. Bildade está dizendo que Jó está caindo em sua própria armadilha devido à sua própria maldade, e o mundo não o aceitaria, mas o abandonaria.

Ppor exemplo, quando parece não ter jeito para alguém

sobreviver, a pessoa diz, "O mundo e tudo mais me abandonou." Também se diz a mesma coisa quando não se tem mais forças para continuar vivendo, e Bildade está dizendo isso sem misericórdia.

"Não tem filhos nem descendentes entre o seu povo, nem lhe restou sobrevivente algum nos lugares onde antes vivia. Os homens do ocidente assustam-se com a sua ruína, e os do oriente enchem-se de pavor. É assim a habitação do perverso; essa é a situação de quem não conhece a Deus" (18:19-21).

Essa passagem diz que os filhos e netos de Jó desaparecerão, é uma maldição dizendo que tudo em relação a Jó se extinguirá completamente.

Enquanto lia a Bíblia, me coloquei no lugar de Jó. Não pude evitar de me derramar em lágrimas ao pensar sobre ele. Nem mesmo seus amigos o confortaram ao encontra-lo em tal situação, mas só agiram com maldade para com ele. Como Jó deve ter ficado decepcionado e amargurado!

Se seus amigos lhe fizessem algo como o que os amigos de Jó lhe fizeram, como você se sentiria? Vemos que Bildade está falando que Jó se tornou um modelo de pessoa que passou por desastres e sofrimentos, e assim, as pessoas que passam pelas mesmas coisas ficam chocadas. De uma maneira amaldiçoadora, Bildade está chamando atenção para como são grandes os sofrimentos que Jó ainda terá de enfrentar.

Bildade, embora também não conheça a Deus, diz que Jó se depara com coisas mórbidas porque ele é perverso.

Capítulo 19
A Angústia e Tormento de Jó

1. Não Destruamos uns aos Outros Com Palavras
2. Jó Culpa a Deus e dá Desculpas
3. A Diferença entre o Amor Carnal e o Amor Espiritual
4. Corações Astutos e Covardes

Um Homem Justo e Íntegro se Aproximando de Deus

"Ele afastou de mim os meus irmãos;
até os meus conhecidos estão longe de mim" (19:13).

1. Não Destruamos uns aos Outros Com Palavras

"Então Jó respondeu: 'Até quando vocês continuarão a atormentar-me, e a esmagar-me com palavras? Vocês já me repreenderam dez vezes; não se envergonham de agredir-me!'" (19:1-3)

Se você é atormentado, o seu coração sofre. Como Jó estava tentando ganhar a discussão com seus amigos, seu coração ficou complexo e atormentado. Quando ele dizia alguma coisa, seus amigos faziam ainda mais parábolas para destruí-lo com palavras, repreendendo-o e amaldiçoando-o, e ignorando o que ele dizia.

Seja crente ou não, ao ouvir palavras contra si, as pessoas tentam encontrar outras palavras para esmagar quem as pronunciou. Contudo, não está certo destruir o próximo com palavras. Você tenta esmagar as palavras dos outros por que não consegue fazer com que eles entendam o que quer dizer ou não quer que eles não entendam.

Não devemos nem ignorar nem sufocar os outros. Se procurarmos esmagar as palavras das pessoas, sua reação não será de outro jeito que não má. O homem com amor e virtude tenta fazer com que a outra pessoa entenda o que está dizendo.

O versículo 3 diz, "Vocês já me repreenderam dez vezes; não se envergonham de agredir-me!" 'Dez vezes' aqui significa, na verdade, muitas vezes.

Jó estava dizendo, "Em minha inocência tenho suportado todos os insultos e repreensões até agora, mas você deveriam se envergonhar de me repreender e insultar erroneamente. Estou infligido por doenças por causa de Deus, mesmo sendo eu inocente; mas vocês estão me repreendendo com severidade. Se há alguma consciência em vocês, vocês deveriam se envergonhar!"

Jó achava que um homem justo como ele estava sofrendo muito e que o jeito como seus amigos estavam tratando-o era inaceitável. Assim, ele está tentando fazer com que eles entendam que suas obras são vergonhosas.

Jó tinha um coração íntegro, e quando alguém não fazia o que ele estava fazendo em sua retidão, ele aconselhava a pessoa a ir e fazer a coisa. Entretanto, quando a outra pessoa não aceitava seu conselho, ele se sentia embaraçado.

Seus amigos, todavia, estavam amaldiçoando-o com palavras sem nenhuma vergonha ou embaraço.

"Se é verdade que me desviei, meu erro só interessa a mim. Se de fato vocês se exaltam acima de mim e usam contra mim a minha humilhação, saibam que foi Deus que me tratou mal e me envolveu em sua rede" (19:4-6).

O que quer dizer, "se é verdade que me desviei"? Na opinião de Jó, ele não tinha culpa alguma do que estava acontecendo, mas, como seus amigos tanto insistiam que ele era culpado, ele diz, 'se é verdade.' Então, ele mira o alvo para ataca-los de volta e pergunta-lhe se realmente são bons e justos e fala-lhe para provarem sua justiça.

O que "Se de fato vocês se exaltam acima de mim e usam

contra mim a minha humilhação" quer dizer?

Jó diz que seus amigos estão se exaltando acima dele. Ele achava que não tinha nada do que se envergonhar, e assim, está dizendo-lhes, "Se devo ser amaldiçoado e vocês são justos como dizem, provem sua justiça e a minha desgraça!" Desgraça é algo do que se envergonhar e um tipo de falta que ninguém deseja revelar a outros.

Em uma discussão, uma das pessoas pode estar certa ou ambas partes podem estar erradas. Portanto, não devemos discutir. Se há sentimentos de ódio ou raiva em uma discussão, as pessoas geralmente revelam as faltas das outras.

Quando suas palavras não são aceitas, as pessoas, por um momento, parecem até aceitar os argumentos da outra parte, mas ficam nervosas e logo começam a apontar as os erros e culpas desta a fim de diminuí-las. Jó tem esse tipo de intenção agora. Temos de nos livrar desse tipo de mente maligna.

Até na ugreha tem pessoas com esse tipo de coração. Mesmo pastores e líderes às vezes ficam aborrecidos ou de cara fechada quando suas opiniões não são aceitas. Às vezes, simplesmente se tornam meros espectadores e param de cooperar, dizendo, "Vamos ver como é que eles vão fazer."

Esse tipo de coração é um do mais maléficos. Se, mesmo trabalhando para o reino de Deus, seu entusiasmo ou energia se esfria e você passa a deixar de cooperar com os outros porque a sua opinião não foi aceita, como isso é mal!

Nesse caso, algumas pessoas revelam as culpas das outras pelas costas. Isso é aborrecedor aos olhos de Deus. Isso é o coração do diabo, e Satanás se regozija com tal coisa. Assim sendo, temos de nos despojar disso com jejum e oração.

2. Jó Culpa a Deus e dá Desculpas

Vejamos o versículo 6, "saibam que foi Deus que me tratou mal e me envolveu em sua rede."

Aqui, Jó está dizendo que Deus o tratou mal. Quando Jó disse tal coisa, ele queria dizer que ele tinha desistido de si mesmo. Trata-se de uma submissão feita à força, contra à vontade dele.

Por acreditar que está certo, ele está se submetendo-se à situação contra a sua vontade. Contudo, ele está dizendo, "Mas isso quer dizer que vocês estão certos? É só porque me tratou é que eu não tenho mais autoridade e não passo de uma vítima." Ele está culpando a Deus e murmurando contra Ele.

Para capturar um passarinho ou um peixe, armamos uma armadilha com uma rede. Jó está dizendo que Deus fechou a Sua rede e o envolveu, isto é, ele está dando desculpas as seus amigos.

Na verdade, Jó foi capturado pela rede de sua própria maldade. É o mesmo caso de algumas pessoas hoje. Ficam presas pela lei e ainda assim reclamam de seus próximos, da igreja, e até de Deus.

Por exemplo, seus negócios faliram ou foram trapaceadas e perderam seu dinheiro por causa de seus próprios erros. Entretanto, elas não assumem sua culpa, mas só ficam culpando os outros dizendo que são pessoas ruins, pois tomaram seu dinheiro.

Quando suas casas construídas ilegalmente são demolidas para o re-desenvolvimento daquela área, elas não reclamam do governo, mas de Deus e O culpam. Não são nem crentes e fazem isso. Como isso é uma tolice!

"Se grito: É injustiça! Não obtenho resposta; clamo por socorro, todavia não há justiça. Ele bloqueou o meu caminho, e não consigo passar; cobriu de trevas as minhas veredas" (19:7-8).

Em algumas traduções, a palavra 'violência' é utilizada no lugar de 'injustiça.' Na violência há crueldade e opressão. Sofrer violência é sofrer um grande acidente que não acontece normalmente.

Uma vez que Jó se encontra em uma situação que já sabemos, ele diz que não consegue entender as coisas pelas quais está passando – não há resposta quando ele clama, nem justiça quando ele grita por ajuda.

Se estivéssemos na mesma situação que Jó, quantos de nós murmuraríamos contra Deus? Muito o fariam e O deixariam.

'Justiça' aqui resolver ou corrigir uma decepção, frustração, raiva, ou ansiedade. Jó diz que não há justiça porque não há ninguém para dar um jeito em sua tristeza e exasperação. Ele está implorando com um coração desesperado.

Verifiquemos se somos ou não como Jó aqui. A razão pela qual Jó não está sendo respondido é porque ele não se dá conta de si mesmo.

> *"Quando vocês estenderem as mãos em oração, esconderei de vocês os meus olhos; mesmo que multipliquem as suas orações, não as escutarei! As suas mãos estão cheias de sangue! Lavem-se! Limpem-se! Removam suas más obras para longe da minha vista! Parem de fazer o mal, aprendam a fazer o bem! Busquem a justiça, acabem com a opressão. Lutem pelos direitos do órfão, defendam a causa da viúva. 'Venham, vamos refletir juntos', diz o SENHOR. 'Embora os seus pecados sejam vermelhos como escarlate, eles se tornarão brancos*

como a neve; embora sejam rubros como púrpura, como a lã se tornarão. Se vocês estiverem dispostos a obedecer, comerão os melhores frutos desta terra; mas, se resistirem e se rebelarem, serão devorados pela espada.' Pois o SENHOR é quem fala!" (Isaías 1:15-20)

"Vejam! O braço do SENHOR não está tão encolhido que não possa salvar, e o seu ouvido tão surdo que não possa ouvir. Mas as suas maldades separaram vocês do seu Deus; os seus pecados esconderam de vocês o rosto dele, e por isso ele não os ouvirá. Pois as suas mãos estão manchadas de sangue, e os seus dedos, de culpa. Os seus lábios falam mentiras, e a sua língua murmura palavras ímpias" (Isaías 59:1-3).

A razão de não sermos respondidos quando oramos é um muro de pecados que podemos ter entre nós e Deus. Se nos arrependermos profundamente e nos convertermos, Deus diz que Ele nos perdoará.

Então, como Jó pode ser respondido?

Se ele tivesse se dado conta de como era o interior de seu coração, crido em Deus que Ele o responderia, e orado com alegria e ações de graça, ele poderia ter recebido respostas. Contudo, ao contrário do que a verdade diz, ele só reclamou e ficou falando de suas dores e sofrimento, e assim não tinha como ele ser respondido por Deus.

A verdade nos fala que devemos nos regozijar, dar graças em tribulações e momentos de sofrimento, e crer em Deus. Entretanto, Jó murmurou, se desesperou, discutiu e deu desculpas. Portanto, ele não podia ser respondido.

O versículo 8 diz, "Ele bloqueou o meu caminho, e não consigo passar; cobriu de trevas as minhas veredas."

'Veredas' aqui significa um atalho, e trevas estão cobrindo-o. Jó diz que Deus bloqueou o seu caminho para que ele não conseguisse passar, e que tipo de caminho era o caminho de Jó?

Ele colhia grãos, comia-os e desfrutava de uma vida elegante. Ele também tinha uma boa consciência e ajudava os necessitados. Jó diz que Deus o impediu de fazer essas coisas. Sim, Deus impediu, e foi para fazer com que Jó se tornasse um homem verdadeiramente espiritual.

Jó estava tomando um atalho em direção a um bom ambiente e futuro, mas como Deus permitiu que trevas cobrissem suas veredas, seus bens e filhos lhe foram tomados, e ele foi desamparado por sua esposa e amigos. Jó está dizendo que toda a sua alegria se foi, e como Deus havia colocado escuridão, isto é, morte em seu caminho, ele estava sofrendo tamanha dor.

"Despiu-me da minha honra e tirou a coroa de minha cabeça. Ele me arrasa por todos os lados enquanto eu não me vou; desarraiga a minha esperança como se arranca uma planta. Sua ira acendeu-se contra mim; ele me vê como inimigo" (19:9-11).

Uma coroa é algo que reis costumavam usar. Honra é o louvor e a fama. O que quer dizer "Despiu-me da minha honra e tirou a coroa de minha cabeça"?

Jó era rico e era um conforto para muitas pessoas; elas eram orgulhosas dele. Ele também era louvado e amado por muitos e tudo isso era honra para ele. Jó está dizendo que todas essas coisas se foram por causa de Deus.

'Coroa' é uma referência à autoridade. Assim como um rei usa uma coroa, Jó tinha a autoridade que vinha de sua riqueza.

Contudo, como Deus tomou-lhe toda ela, sua autoridade também desapareceu.

Deste modo, podemos ver que a honra e a autoridade de Jó não vinham de suas obras, mas de seus bens. Através de sua confissão, podemos entender como as riquezas são insignificantes quando são perdidas.

"Ele me arrasa por todos os lados" significa que Deus está atacando-o em todas as direções. Hoje, muitas pessoas acham que perder a autoridade e riqueza é o mesmo que morrer. entretanto, o valor de nossas vidas não está nem na autoridade nem na fama.

Em Lucas capítulo 16, vemos o homem rico e o mendigo Lázaro. O homem rico tinha uma vida boa, comia excelentes comidas, mas não conhecia a Deus. O mendigo Lázaro tinha de mendigar na porta da casa do homem rico, mas temia a Deus. Qual dessas duas vidas você escolheria?

Quando Deus chamou seus espíritos, o homem rico teve de sofrer na parte inferior da Sepultura, o Hades, enquanto o mendigo Lázaro subiu para o seio de Abraão, na Sepultura Superior (Lucas 16:19-31). Se pudermos ver com olhos espirituais, diremos com toda certeza que escolheremos temer a Deus e ir para o reino dos céus, como Lázaro.

O versículo 10 diz, "desarraiga minha esperança como se arranca uma árvore." A esperança de Jó era tudo que ele tinha acumulado. Todavia, uma vez que tudo havia desaparecido, Jó está dizendo que Deus simplesmente desarraigou-o como se desarraiga uma árvore.

A esperança de Jó estava em coisas materiais, inclusive seus filhos e bens. Portanto, que possamos entender como é insignificante e tolo viver na carne, e que possamos nos tornar pessoas espirituais que conhecem de fato a Deus e crêem Nele.

O versículo 11 diz, "Sua ira ascendeu-se contra mim; ele me vê como inimigo." Jó está dizendo que Deus ficou irado com ele, diante das dores que sente. Além disso, como ele acha que estava sofrendo tanto porque Deus assim queria, ele está derramando seus sentimentos negativos diante Dele.

Quando você tem um inimigo, ao ver o seu rosto, ouvir sua respiração, ou simplesmente ver os seus olhos, você começa a tremer de raiva. Você não quer sequer vê-lo e pode até desejar matar a pessoa. Um dos corações mais malignos do homem é a inimizade. Como é forte dizer que Deus está considerando Jó como Seu inimigo, enquanto, na verdade, Ele nos fala para amarmos até os nossos inimigos!

"Suas tropas avançam poderosamente; cercam-me e acampam ao redor da minha tenda" (19:12).

Quando é que tropas chegaram e construíram um acampamento ao redor da tenda de Jó?

Aqui, 'tropas' não são soldados de verdade, mas se refere aos seus amigos. O quanto Jó está sofrendo com o seus amigos a ponto de chama-los de tropas?

É o mesmo que chamar alguém de leão ou tigre. É uma expressão forte dizer que seus amigos estão falando muito alto, rugindo contra ele.

'Cercam-me' aqui não significa construir uma casa ou um trincheiras. Significa que seus amigos tem mudado as palavras e intenções de Jó dizendo-o, "Isso está errado, e isso está errado."

Em outras palavras, Jó cria que como Deus o considerava um inimigo, Ele está mudando os seus caminhos, a saber, suas intenções e palavras, através de seus amigos.

"E acampam ao redor da minha tenda" significa que seus amigos estão ficando ao seu redor para ataca-lo. Jó está culpando Deus até pelas coisas erradas que seus amigos estão fazendo.

3. A Diferença entre o Amor Carnal e o Amor Espiritual

"Ele afastou de mim os meus irmãos; até os meus conhecidos estão longe de mim. Os meus parentes me abandonaram e os meus amigos esqueceram-se de mim. Os meus hóspedes e as minhas servas consideram-me estrangeiro; vêem-me como um estranho. Chamo o meu servo, mas ele não me responde, ainda que eu lhe implore pessoalmente" (19:13-16).

Com certeza podemos entender as situações difíceis de Jó. Sua solidão e tribulações estão ficando cada vez piores.
Quando Jó era rico e desfrutava de honra e fama por causa de suas riquezas, ele era louvado por outros como um homem justo já que lhes dava esperança.
Jó amava muito os seus filhos e sempre oferecia sacrifícios a Deus por eles. Ele também havia demonstrado amor ao próximo.
Contudo, Jó amava com um amor carnal. O amor carnal procura, acima de tudo, o seu próprio benefício, e assim, só resulta em coisas miseráveis. As coisas carnais mudam. Quando não se satisfaz o interesse, vira-se as costas.

Jó está dizendo que os seus irmãos o deixaram e isso também foi obra de Deus. Ele diz que os seus parentes e até seus amigos mais próximos se esqueceram dele.

Enquanto Jó era rico, havia muitas pessoas em sua casa, inclusive seus servos e convidados. Mas agora, todos aqueles que viviam em sua casa e seus empregados o consideravam como um estranho. Aos olhos deles, ele é um estrangeiro.

Os servos deveriam, obviamente, servir seu mestre, Jó, mas agora nem mesmo o respondiam. Só se Jó lhes pedisse um favor humilhando-se diante deles é que eles poderiam até fazer algo por ele.

Deve ter sido muito difícil para Jó expressar toda a sua dor e sofrimento. Ele deve ter se importado bem com aqueles que passavam necessidade quando era rico. Seus amigos também já deviam ter recebido a ajuda de Jó. É por isso que ele foram visita-lo enquanto ele estava de cama.

Como Jó era gentil com eles enquanto era rico, ele pode dizer essas coisas agora. Entretanto, nada lhe foi retribuído. Tudo que ele recebe agora é zombaria e desprezo.

Mas então, por que todo mundo abandonou Jó?

Até quando gastamos nosso dinheiro, devemos gasta-lo espiritualmente, pois só haverá virtude na ação se esta for feita com amor espiritual. Quando Jó era rico, ele dava esperança para muitas pessoas e as ajudava com sua riqueza, mas isso era amor carnal. Assim, até seus irmãos e conhecidos o deixaram.

Como em 1 Coríntios capítulo 13, se o amor de Jó tivesse tido amor espiritual para ser paciente, bondoso, e procurar os interesses do outro, e obras espirituais, seus irmãos não teriam o abandonado. Ele não teria sido desamparado pelas pessoas, mas teria recebido sua ajuda.

Se você der dinheiro aos outros, ele podem ficar gratos por um momento, mas depois de algum tempo, se esquecerão do que você fez. Levando em consideração as reclamações e ressentimento saindo da boca de Jó, podemos entender claramente que o seu amor não era espiritual.

Um exemplo de amor espiritual na Bíblia é o amor entre Davi e Jônatas. O pai de Jônatas é o primeiro rei de Israel, Saul, e Davi, foi um de seus servos. Sempre que Davi ia para uma batalha, ele obtinha vitória e sua popularidade crescia entre o povo. O rei Saul ficou com ciúmes dele e passou a odia-lo. No fim, começou a tenta mata-lo.

"E Jônatas fez Davi reafirmar seu juramento de amizade, pois era seu amigo leal" (1 Samuel 20:17).

Jônatas sabia que Davi ia ser o rei de Israel pelo plano de Deus e que seu país seria abandonado por Ele e cairia. Contudo, ele ainda protegeu seu amigo Davi. Ele o amava espiritualmente, assim como Davi. É por isso que depois de se tornar rei, Davi protegeu o filho de Jônatas, Mefibosete, até o fim, e o amor a ponto de deixar com que ele comesse em sua mesa.

"Minha mulher acha repugnante o meu hálito; meus próprios irmãos têm nojo de mim. Até os meninos zombam de mim e dão risada quando apareço. Todos os meus amigos chegados me detestam; aqueles a quem amo voltaram-se contra mim" (19:17-19).

"Minha mulher acha repugnante o meu hálito" significa que sua esposa não gosta que Jó esteja perto dela. Nem ela, sua esposa, gosta dele. Quanto mais seus irmãos!
'Irmãos' aqui não se refere aos seus irmãos de sangue. O significado espiritual é aqueles que respiravam com Jó e compartilhavam seus corações com ele. Quando Jó estava

passando por uma situação tão difícil, não apenas sua mulher, mas também todos aqueles que compartilhavam seus corações com ele o abandonaram.

Antes de conhecer Deus, eu havia estado doente por 7 anos, mas minha esposa não me desamparou. Ela cuidou de mim e ganhou o nosso pão enquanto eu estava de cama. Ele precisou suportar tanto sofrimento com paciência.
Eu não apresentava nenhuma melhora, mas só piorava. Assim, não tínhamos esperança para o futuro. Contudo, minha esposa não se divorciou de mim. Fui abandonado depois de ter sido curado por Deus.

Na verdade, eu não sabia porque, mas quando Deus estava me explicando sobre o Livro de Jó pela inspiração do Espírito Santo, Ele começou a falar-me sobre a minha situação de antes.
Era normal para mim amar minha esposa verdadeiramente, sem esconder nada dela. Mas, minha esposa tinha gastado o dinheiro para a matrícula da minha faculdade antes de casarmos, e assim, não pude voltar a estudar sem antes arranjar um emprego. Contudo, eu não reclamei dela. Em qualquer situação, eu não reclamava nem sofria por causa da situação em si.
O meu verdadeiro amor, vindo do meu coração, sempre foi passado à minha esposa, e como a verdade falava, ele pôde se sacrificar por mim. Se eu não tivesse sido fiel, minha esposa teria deixado de gostar de mim, e diria até que o meu hálito era repugnante.

Contudo, sempre que ela sentia as dificuldades da nossa realidade, ela dizia, "Se me divorciar de você agora, as pessoas dirão que sou uma mulher ruim que abandonou o seu marido doente. Então não me divorciarei de você agora, mas assim que você se recuperar." Ela disse isso várias vezes.

Essas palavras se tornaram uma armadilha para ela, e o inimigo certamente a acusou por causa delas. Depois que eu conheci Deus e fui curado de todas as minhas doenças completamente, ficamos muitos felizes e planejávamos um lindo futuro. Contudo, um incidente aconteceu no aniversário do meu pai.

Quando a minha mãe, bem intencionada, aconselhou a minha mulher, ela mal interpretou que minha mãe estava dizendo que eu estava doente por causa dela, e foi embora. Fui abandonado por ela.

Mais tarde, ela se arrependeu e voltou e ficamos juntos de novo. Nesse processo, eu pude ver que o temperamento 'esquentado' da minha esposa tinha desaparecido – Deus havia trabalhado para o bem de tudo.

No versículo 18, Jó é zombado até por crianças; e no 19, todos os seus amigos chegados e aqueles a quem ama se viraram contra ele.

Aqueles a quem ele ama pode ser seus amigos, esposa, parentes, vizinhos, ou irmãos. Em outras palavras, significa que todas as pessoas ao redor de Jó ficaram nervosas com ele e o odiavam porque ele ficava reclamando e não ouvia ninguém.

Também podemos achar um caso como o de Jó ao nosso redor. Suponhamos que uma pessoa costumava ajudar os outros e faliu.

Então, aqueles que já receberam sua ajuda agora estão tentando aconselha-la dizendo para fazer isso ou aquilo. Nessa situação, se a pessoa sendo aconselhada pensa no passado e não aceita o conselho, pensando "Quem você pensa que é tentando falar-me o que fazer? Sou melhor que você em tudo, e é por isso que eu o ajudava antes!"

Aqueles que estiverem dando conselhos ficarão desapontados e pensarão algo do tipo, "Ele não tem nada e ainda está se orgulhando."

Eles foram ajudados por aquela pessoa antes, mas agora ela faliu, eles tentaram lhe dar os melhores conselhos, mas ela não os aceitou. Entretanto, os "conselheiros" não devem ficar desapontados ou odiar a pessoas, mas devem se lembrar da graça que receberam dela. Hoje, todavia, o coração dos homens tem uma grande inclinação para se esquecer da graça que já receberam.

> "Não passo de pele e ossos; escapei só com a pele dos meus dentes. Misericórdia, meus amigos! Misericórdia! Pois a mão de Deus me feriu. Por que vocês me perseguem como Deus o faz? Nunca irão saciar-se da minha carne?" (19:20-22)

A pele e carne de Jó estão secas e ele está com muita raiva por causa das discussões. Não consegue sequer digerir as coisas que come. Todo o seu corpo está coberto de feridas, e a sua pele fica inflamando e secando.

É por isso que Jó não passa de pele e ossos. Ele está simplesmente sobrevivendo, mas ainda consegue falar. Quase tudo em seu corpo está seco. Como isso deve ter sido terrível para ele!

Jó está pedindo a seus amigos que tenham misericórdia dele, pois Deus o feriu.

Se você está passando por provações e me diz, "Pastor, Deus me feriu. Por favor, tenha misericórdia de mim", será que eu poderia ter misericórdia de você? Não, pois está culpando Deus pelas tribulações que lhe foram causadas devido aos seus próprios erros. Obviamente, posso até dizer, "Que coisa!" mas não poderei resolver seu problema.

Aqui, podemos ver como Jó estava na carne. Exatamente por causa disso, inclusive, ele estava pedindo que seus amigos tivessem misericórdia dele de uma maneira carnal.

No versículo 22, Jó diz algo ainda mais absurdo.
"Por que vocês me perseguem como Deus o faz? Nunca irão saciar-se da minha carne?"

Ele está dizendo que seus amigos estão perseguindo-o com palavras, e é por causa dessa perseguição que sua carne está secando.

Jó não conseguia engolir as palavras que seus amigos lhe disseram, mas só ficava com mais raiva deles. É por isso que ele sentia que as palavras deles eram como perseguição. É óbvio que ele emagreceu porque estava sofrendo muito. Todavia, a fim de expressar a sua dor significativamente, ele está dizendo que é como se seus amigos tivessem consumido sua carne.

Se o nosso coração fosse macio como algodão, não emagreceríamos. O seu coração é teimoso e de duro como uma pedra? Quando alguém lhe calunia, lhe acusa injustamente, ou espalha rumores a seu respeito, você fica com muita raiva da pessoa? Sem suportar essas coisas com paciência, você não iria direto para a pessoa e começaria a discutir? Poderia até perder o sono por causa da raiva, e obviamente, emagreceria. Se você for esse tipo de pessoa que perderia peso dessa forma, você precisa entender que o seu coração está duro como uma pedra.

Quando jogamos uma pedra em um pedaço de algodão, este acaba abraçando a pedra de forma macia, sem barulho. Se tivermos corações gentis como o algodão, não faremos barulho nenhum em relação às ações dos outros. Ainda que alguém com coração de pedra lhe bata, você o abraça com amor e gentileza, e assim, não há barulho e não razão pra você emagrecer.

Não devemos falar palavras que causam dor nos outros – não devemos ser aqueles que fazem com que os outros percam peso. Jó diz que está emagrecendo porque não conseguiu aceitar as palavras de seus amigos, mas eles ainda continuam falando com ele! Qual é o sentido de fazer tal coisa? Se Jó tivesse aceitado as palavras de seus amigos, ele não teria perdido peso e o seu problema teria sido resolvido.

Além do mais, a outra pessoa, que continua falando, também está pecando. Se fizermos com que nossos corações sejam gentis como o algodão e nos tornar grãos de trigo que morre no chão, aonde quer que formos, haverá paz e as nossas famílias e locais de trabalho serão evangelizados.

"Quem dera as minhas palavras fossem registradas! Quem dera fossem escritas num livro, fossem talhadas a ferro no chumbo, ou gravadas para sempre na rocha! Eu sei que o meu Redentor vive, e que no fim se levantará sobre a terra. E depois que o meu corpo estiver destruído e sem carne, verei a Deus" (19:23-26).

'Ferro' é como caneta aqui.

Jó está dizendo que se ele escrevesse as coisas que tem passado em um livro, elas poderiam ser apagadas ou rasgadas, mas se em um rocha, durariam por muito tempo. Ele quer dizer que ele tem um grande desejo de registrar permanentemente o quão terríveis são suas dores e sofrimento.

Antes você não cria em Deus e sofria à toa ou era vitimado, você não já disse algo como, "Quem sabe da minha situação? O céu e a terra? Onde posso registrar esse sofrimento injusto?"

Você pode dizer essas coisas se tiver maldade em seu coração. Se suportarmos pacientemente e colocar tudo nas mãos de Deus, confiando Nele, Ele trabalhará para o bem de tudo (Salmo 37:5). Assim, não tem necessidade de registrarmos nada.

No versículo 25 vemos, "Eu sei que o meu Redentor vive." Contudo, não trata-se de algo que Jó tem certeza, mas de algo que ele tinha ouvido antes.

Há uma grande diferença entre o nível onde se tem certeza da fé, e o nível onde ela se abala, isto é, é inconstante. Se a sua fé abalável, você às vezes tem muitas dúvidas, se simpatiza com o mundo e peca.

O versículo 26 diz, "e depois que o meu corpo estiver destruído e sem carne, verei a Deus." Também isso é algo que ele havia ouvido falar.

Até pessoas que não são crentes dizem coisas como "O Céu tem pecado pesado comigo!"; "Deus está sendo tão ruim comigo!", e "Acho que vou para o céu, pois vivi de uma boa maneira." Entretanto, todas essas palavras acabarão em nada. São faladas apenas paras as pessoas se confortarem.

4. Corações Astutos e Covardes

"Eu o verei com os meus próprios olhos; eu mesmo, e não outro! Como anseia no meu peito o coração! Se vocês disserem: 'Vejamos como vamos persegui-lo, pois a raiz do problema está nele', melhor será que temam a espada, porquanto por meio dela a ira lhes trará castigo, e então vocês saberão que há julgamento" (19:27-29).

Jó havia ouvido falar de Deus e O servido, e assim ele não podia andar diante Dele como um estranho. Antes, Jó havia servido a Deus fielmente, mas, agora está reclamando e dizendo que Ele é um Deus mau. Sendo assim, como poderá ele vê-Lo depois que morrer? quando Jó pensava no momento em que se encontraria com Deus, ele ficava nervoso e o seu coração ficava ansioso.

O versículo 28 é uma das passagens mais difíceis de se entender. Trata-se de uma defesa de argumentos. O 'nele' aqui se refere a Jó. Seus amigos estão falando sem parar para esmagar suas palavras e faze-lo render.
Os amigos de Jó tem falado que toda a causa do problema está em Jó. Mas Jó não reconhecia isso. Ele se sentia como vítima de acusado injustamente dizendo que a causa de seus problemas era Deus, que o havia ferido. Ele quer que Deus se renda e O culpa por tudo.
Os amigos de Jó culpam-no por tudo, ele Jó culpa a Deus!
Mas ainda que Jó explicasse as coisas aos seus amigos, eles não o ouviriam. Assim, o coração de Jó ficou ansioso e agora ele tenta defender seus argumentos ainda mais, escapando da flecha de seu ataque com palavras escorregadias e culpando ambos os lados.

Não devemos culpar os outros pelas coisas nem julgar as pessoas segundo o que achamos. Contudo, Jó está culpando outras pessoas por algo que ele havia causado. Ele estava fazendo uma conjectura culpando tanto a Deus como a seus amigos.
Jó conseguia fazer isso porque tinha muito conhecimento, mas não deveria fazer com que ninguém sofresse com algo

que havia sido causado por ele mesmo. Se pudermos, devemos assumir a responsabilidade daquilo que tivermos feito. Se culparmos a uma terceira pessoa, então o nosso coração estará sendo covarde e astuto.

No versículo 29, Jó conclui que a ira traz o castigo da espada. Isso é verdade. É porque as pessoas ficam iradas que existem brigas, violência, e até assassinatos. Jó está chegando a uma conclusão intimidadora e forte ao dizer que o resultado da ira é o castigo da espada.

Ele quer dizer, "Vocês com sua raiva me torturaram, e assim, como resultado, haverá castigo para vocês!" A ira jamais traz nenhum benefício. Deus certamente julgará o bem e o mal. Nesse momento, Jó está usando essas palavras para intimidar seus amigos.

Mesma se a outra pessoa ficar nervosa conosco e cuspir em nós, não devemos ameaça-la ou intimida-la. Como Jesus agiu? Ele foi açoitado, usou uma coroa de espinhos e sofreu na cruz, e ainda assim orou a Deus dizendo, "Perdoa-os, eles não sabem o que fazem."

Estêvão estava sendo apedrejado pelas pessoas por pregar o evangelho quando orou a Deus, "Senhor, não os consideres culpados por esse pecado!"

Um homem com a verdade não ameaça a outra pessoa mesmo que os atos desta sejam maus. Que jamais nos tornemos homens maus que ameaçam ou intimidam os outros.

Capítulo 20
O Resultado de Ser Mal
- O segundo argumento de Zofar

1. Não Sejamos Agitados
2. Que Tipo de Coração Nós Temos?
3. O Resultado de Ser Mal
4. Despojemos de Sentimentos Maus

"Os céus revelarão a sua culpa; a terra se levantará contra ele.
Uma inundação arrastará a sua casa, águas avassaladoras,
no dia da ira de Deus" (20:27-28).

1. Não Sejamos Agitados

"Então Zofar, de Naamate, respondeu: 'Agitam-se os meus pensamentos e levam-me a responder porque estou profundamente perturbado. Ouvi uma repreensão que me desonra, e o meu entendimento faz-me contestar'" (20:1-3).

O 'coração ansioso' de Jó (19:27) e a 'agitação' de Zofar aqui são um pouco diferentes. O 'coração ansioso' de Jó se refere ao futuro, quando ele se encontrará com Deus, e ele está dizendo que tendo murmurado contra Ele, ele será afligido com dor e sofrimento diante Dele. A 'agitação' de Zofar aqui refere-se à auto-realização. Zofar repreendeu Jó juntamente com seus amigos, mas percebeu que o conteúdo das repreensões também se aplicavam à sua própria vida. Como ele tinha alguma consciência, ele então se agitou.

Hoje, muitas pessoas não assumem responsabilidade pelo o que disseram. Algumas com uma boa consciência podem até sentir um pouco de vergonha, mas outras, não sentem absolutamente nada.

Se um homem não assume responsabilidade sobre o que ele disse, perde-se a confiança nele. Esse tipo de pessoa tem um coração agitado e sente vergonha.

Nesse caso, se ele simplesmente calar sua boca e parar a discussão, ele não mais sentirá vergonha, mas Zofar e seus amigos estão tentando confortar a si mesmos falando palavras más.

O versículo 3 explica porque Zofar sente-se agitado.

Zofar ouviu uma repreensão que o fez sentir envergonhado, e seu entendimento fez com que ele respondesse. A razão de Zofar ter se agitado com um sentimento de auto-repreensão é porque a sua consciência mostrou-lhe que as palavras que ele tinha dito a Jó com seus amigos estavam voltando e se aplicando em si mesmo. Ele viu que não estava fazendo o que dizia, assim como Jó.

Enquanto Zofar repreendia Jó juntamente com seus amigos, ele tinha se perguntava se realmente estava fazendo a coisa certa. Podemos ver que ele ainda tinha um pouco de consciência.

Aqui, podemos entender "meu entendimento faz-me contestar" só quando discernimos isso com a verdade, isto é, como pode um homem agitado falar com sabedoria?

Se você der conselho a alguém e disser para fazer o que você não pode fazer, você terá algumas pontadas na consciência, a saber, se tiver alguma. Isso quer dizer que você está se repreendendo, e assim, ao mesmo tempo, você tenta dar desculpas para se defender.

Nesse caso, vejamos o que Zofar está fazendo.

Como suas palavras estavam atingindo-o e Jó também, ele tenta dar desculpas agora. Ele tenta atacar com várias palavras a fim de mudar a situação.

Vejo esse tipo de coisa com bastante freqüência no ministério também. Quando aconselho alguém mostrando o que deu errado, às vezes não se arrependem, mas começam a dar desculpas. Contudo, quando aceitam o meu conselho e se arrependem e convertem, conseguem ter um coração com a verdade dentro de alguns meses. Entristeço-me ao ver pessoas que não tentam se arrepender.

As pessoas não querem que seus erros sejam apontados e, por isso, elas tentam esconde-los. Elas tem corações astutos e dão desculpas, sem revelar aquilo que realmente pensam. Isso é buscar o próprio interesse. Se não nos despojarmos desse tipo de coração, não conseguiremos que nossos corações sejam transformados por muito tempo.

Quando uma pessoa está agitada porque sua consciência está pesada, ela começa a dar desculpas. Quando alguém aponta alguns dos seus erros, o seu coração não se agita e você já já não encontra uma maneira de dar desculpas? "Como posso me livrar dessa situação? Quais são as desculpas que posso dar? Como posso achar os pontos fracos dessa pessoa para responde-la?" Seu coração alguma vez já se apressou para achar as respostas para esses tipos de pensamento?

Aqueles que tentam escapar de uma situação são o mesmo tipo de pessoa que os amigos de Jó. Não podem ser considerados limpos, pois Deus olha o interior dos corações.

2. Que Tipo de Coração Nós Temos?

Aqueles que vivem na verdade jamais devem se agitar, independente da situação. Os justos refletirão profundamente a fim de encontrar uma resposta para dar ao outro. Se alguém está colidindo com você, é melhor parar de conversar com essa pessoa. É melhor porque assim você não briga e vive em paz.

Temos de manter isso em mente. Se nos agitamos em uma

conversa, teremos emoções de raiva e ira. Uma vez com esses sentimentos, nossos rostos e olhos ficam vermelhos e a pele ao redor dos olhos se mexe e enruga. Se a discussão ainda continua, não mais podemos segura-la e podemos até ferir a outra pessoa com palavrões. Deus não gosta desse tipo de coisa, mas sim o inimigo.

Aqueles que são agitados e emotivos dessa forma não conseguem ouvir a voz do Espírito Santo, pois ela é ouvida pelo coração que é calmo como um lago. Quando as pessoas tem agitação e sentimentos negativos, elas não podem ouvir a voz do Espírito. Só a ouvimos quando nos paramos com nossos pensamentos carnais e removemos a maldade de dentro de nós. Independente do quanto oramos e do conhecimento que temos da palavra de Deus, se insistirmos em nossa própria maneira de pensar, não podermos ouvir a voz do Espírito Santo.

A fim de ouvir a voz do Espírito, temos de dar um fim no nosso jeito de pensar pessoal. Temos de nos livrar das inverdades em nossos corações – isso nos ajudará a quebrar as estruturas dos nossos próprios pensamentos.

Aqueles que possuem uma boa consciência se dão meia volta e ficam quietos quando seus erros são apontados, mas aqueles que são maus dão desculpas e tentam falar mais e mais. Não só dão desculpas como também tentam culpar outra pessoa, demonstrando vários tipos de maldade.

Esses ainda acham que são sábios com as desculpas que criam.

Por exemplo, quando alguém bate neles uma vez, eles batem de volta duas. Se alguém os ataca, eles atacam de volta. Assim, eles pensam, "É assim que tem que ser. Eu sou sábio." Esse é um coração com maldade.

Se alguém aponta algum erro seu e você retribui apontando

dois erros da pessoa, você se sente bem ao fazer isso? Quando você vê que a outra pessoa não consegue responder, você sente que ganhou o jogo.

Esse tipo de coisa vem do coração mau, procurando seus próprios interesses. Ao refletir sobre isso com a verdade, vemos que isso é muito tolo e cruel! Podemos ver que as características da pessoa que age assim são más e cruéis. Como essa pessoa é tola!

3. O Resultado de Ser Mal

"Certamente você sabe que sempre foi assim, desde a antigüidade; desde que o homem foi posto na terra, o riso dos maus é passageiro, e a alegria dos ímpios dura apenas um instante. Mesmo que o seu orgulho chegue aos céus e a sua cabeça toque as nuvens, ele perecerá para sempre, como o seu próprio excremento; os que o tinham visto perguntarão: 'Onde ele foi parar?'" (20:4-7)

Aqui, podemos ver a razão pela qual Zofar pensava que ele era um homem sábio. Era porque ele considerava Jó um homem mal.

Zofar estava dizendo a Jó, "Você não sabe que o triunfo do ímpio é curto, e que a sua alegria é temporária? Portanto, você não é tanto um ímpio como um perverso?"

Depois de espetar Jó com essa palavra, ele pensou que tivesse falado palavras de sabedoria.

O perverso não reverencia a Deus, e assim, suas ações não são corretas. Como Jó tinha muito conhecimento, Zofar continua dizendo, "Você não entende?"

Vemos na história de Israel e na história moderna que a vitória dos ímpios dura pouco.aqui, o que Zofaz disse está certo, mas não se aplica a Jó, mas ele acha que está certo e que é sábio. Como ele é todo!

Os filhos de Deus que vivem na bondade e na verdade são abençoados com bênçãos do alto, e assim são ricos na terra e ainda desfrutam da vida eterna no reino dos céus. As pessoas do mundo dizem que os ímpios prosperam mais, mas quando vêem o resultado, percebem que não é bem assim.

O versículo 6 diz, "mesmo que o seu orgulho chegue aos céus", e isso quer dizer que a autoridade e honra dos ímpios e dos perversos são reveladas ao mundo e seus nomes são conhecidos. É a explicação para a autoridade e honra que os perversos tem. No versículo 7, a palavra 'excremento' também aparece. Excremento é lixo inútil sujo e de mal odor. Isso está sendo usado em comparação a Jó, mas Jó não é um ímpio ou perverso. Logo, não pode ser aplicado a ele.

Na história da humanidade, podemos encontrar muitas pessoas que pareciam desfrutar de grande fama e prosperidade para sempre, mas de repente se viram em situações comparáveis a excremento. Foram desamparadas e insultadas pelos outros. Isso é pior do que ser excremento.

Como elas seguiam só os seus próprios interesse com a ganância humana, elas obedeciam a vontade do inimigo, diabo e Satanás. Muitas pessoas se tornaram vítimas e tiveram de derramar sangue inocente. Esses são casos de dor e sofrimento.

Verifiquemos se temos ou não esse tipo de coração ímpio e perverso. Caso a resposta seja sim, que nos arrependamos e convertamos.

"Ele voa e vai-se como um sonho, para nunca mais ser encontrado, banido como uma visão noturna. O olho que o viu não o verá mais, nem o seu lugar o tornará a ver. Seus filhos terão que indenizar os pobres; ele próprio, com suas mãos, terá que refazer sua riqueza. O vigor juvenil que enche os seus ossos jazerá com ele no pó" (20:8-11).

Se falamos com alguém com maus sentimentos, falamos como se a outra pessoa fosse um pecador, mesmo que não seja na verdade; ou podemos falar como se ela não fosse inocente quando é na verdade. Entretanto, aqueles que agem com a verdade, não sendo controlados por seus sentimentos de ódio, raiva ou ira, não cometem esse tipo de erro.

No versículo 7 vemos, "os que o tinham visto perguntarão, 'Onde ele foi parar'?" isso quer dizer que suas obras eram todas más e todas acabaram caindo por terra. As pessoas não querem nem se lembrar dessas obras, e também não conseguem se lembrar de nada de bom que a pessoa tenha feito. Só se lembram de coisas ruins e cospem na pessoa.

O versículo 8 diz, "ele voa e vai-se como um sonho." Um sonho não tem utilidade nenhuma quando se acorda, mesmo que tenha sido lindo. Zofar diz que os ímpios e perversos desaparecerão como os sonhos, mesmo que desfrutem de fama, honra e prosperidade temporárias.

Jó estava mostrando seu ressentimento sobre seu passado, pensando sobre o mesmo. Quando seus amigos viram tal coisa, começaram a se divertir as custas de Jó. Estavam julgando-o com sua maldade. Jó não se via como um ímpio, mas seus amigos estavam criticando-o, fazendo assim, com que ele se sentisse vitimado.

Então a passagem diz, "banido como uma visão noturna." Até o rei de uma nação pode ser caçado e exilado. Ele sai de seu palácio e vai para uma montanha para achar abrigo. Tudo sobre ele desmorona.

Zofar continua, "Jó, como você foi mal e perverso, sua fama, honra, e prosperidade lhe foram tomadas, e tudo desapareceu como um sonho insignificante." Podemos ver como Zofar era mal aos olhos de Deus. Podemos ver que as palavras que os amigos de Jó lhe falaram foram realmente fortes e temíveis. Como a dor de Jó era imensa!

O versículo 10 diz, "Seus filhos terão que indenizar os pobres."

Os amigos de Jó estavam cheios de fúria e insultaram Jó com coisas que nem lhe diziam respeito na verdade. 'Seus filhos indenizarem os pobres' quer dizer que os filhos dos perversos pediriam graça aos pobres. Na Bíblia, podemos ver como o fim dos ímpios e perversos era miserável, como por exemplo, o fim de Saul e dos filhos do rei Acabe.

Os pobres aqui não apenas significa aqueles que são financeiramente pobres, mas também aqueles que tem relativamente menos fama e autoridade. Agora, os ímpios pedirão misericórdia a essas pessoas.

Por exemplo, um rei ou presidente chega para pedir misericórdia a seus subordinados. Isso é indenizar os pobres, como diz a passagem. Quando é descoberto algum ato de corrupção e o presidente renuncia, ele tem de pedir o favor dos pobres e dar a riqueza que havia acumulado.

Jó agia com bondade para com os outros, mas agora, a sua

posição mudou e ele estava sendo condenado por seus amigos. Ele deve ter sentido a mesma dor como se sua carne estivesse sendo comida.

Jó disse que era como se seus amigos estivesse consumindo a sua cerne. Contudo, na verdade, era ele quem estava consumindo a si mesmo. Aqueles que tem um coração gentil e macio como o algodão, abraçam tudo, inclusive palavras severas como rochas, e assim, não há marulho quando colidem com eles. Em contrapartida, aqueles cujos corações são como rocha ou concreto fazem barulho ao colidirem com alguma outra coisa. Portanto, não é mesmo que como se Jó estivesse comendo sua própria carne?

Quando abrimos a boca, devemos tomar cuidado em relação às palavras que falamos. Não devemos ofender ou ferir os sentimentos de nossos irmãos ao tentar fazer com que percebam ou se convertam de seus erros.

O versículo 11 diz, "O vigor juvenil que enche os seus ossos jazerá com ele no pó."

Podemos entender isso muito bem se olharmos para a história. Já houve reis e rainhas que tinham grande autoridade, mas suas vidas acabaram miseráveis no final.

"O vigor que você tinha se foi por causa de sua maldade. Agora, a sua força se foi e você tem de deitar no pó, como um cadáver."

Os amigos de Jó estão criticando-o de forma cruel.

Algumas pessoas acham que os ímpios são mais prósperos e os invejam, mas isso não está certo. No fim, a perversidade sempre cai por terra.

Não podemos invejar pessoas perversas tenham ficado ricas e adquirido grande sucesso por caminhos desonestos. Ainda que a pessoa ganhe milhões trapaceando os outros, que benefício há nisso?

Essas pessoas viverão com preocupações com medo de seu dinheiro ser roubado ou que seu crime seja revelado. Aqueles que ganham dinheiro de formas ilícitas, não sabem gasta-lo bem. Terminam a vida depois de desfrutar de prazeres insignificantes.

Além do mais, seus filhos se acham em situações miseráveis e o destino final para eles é o inferno. Logo, preferiríamos ser pobres e ter vidas justas para entrar no reino dos céus. Uma vida assim é muito mais abençoada.

4. Despojemos de Sentimentos Maus

"Mesmo que o mal seja doce em sua boca e ele o esconda sob a língua, mesmo que o retenha na boca para saboreá-lo, ainda assim a sua comida azedará no estômago; e será como veneno de cobra em seu interior. Ele vomitará as riquezas que engoliu; Deus fará seu estômago lançá-las fora. Sugará veneno de cobra; as presas de uma víbora o matarão" (20:12-16).

"Mesmo que o mal seja doce em sua boca e ele o esconda sob a língua" significa que a maldade fica escondida para ser usada a qualquer hora. Na opinião de Zofar, Jó tinha de se despojar de sua maldade, mas ele a considerava doce e a escondia debaixo de sua língua para que ele pudesse utiliza-la quando quisesse.

Aqui, Zofar diz que a murmuração de Jó contra Deus é mal. Ele está dizendo que os amigos tem admoestado Jó até agora, mas ele não está se despojando de sua maldade, mas a esconde sob a língua para usa-la a qualquer momento.

No entanto, de fato, seus amigos consideravam doces maldades ainda maiores, escondia-as em suas línguas, e agiam com maldade – como isso é ridículo!

Na verdade, os amigos de Jó são mais maus que ele, mas dizem que Jó é que é mau. Eles não se dão conta de sua maldade mesmo!

Apesar de ser considerado íntegro e honesto entre os homens carnais, Jó não era um homem espiritual. Ele agia errado segundo a verdade, mas não reconheceu suas faltas. Achava que estava certo.

Muitos de nós acham que conhecem a verdade, mas revelam sua maldade quando são espetados por palavras ou tem seus erros e falhas apontados.

Entretanto, podemos de fato ter prazer em fazer coisa assim. Escondemos a maldade debaixo de nossas línguas e continuamos a agredir os outros verbalmente – mas não achamos que isso é uma maldade. Podemos até ter a intenção de apontar os erros dos outros a fim de melhorar as coisas e beneficia-los, mas a verdade é que o efeito pode ser o oposto.

Se a outra pessoa não aceita o nosso conselho, se enfraquecerão e ficarão desencorajadas. Assim, não devemos deixar que uma coisa assim aconteça;

No versículo 14, como Zofar não entende nada sobre o coração ou alma, ele está utilizando a comida como ilustração.

Ele diz que a maldade escondida sob a língua é como comida e vai para o estômago, que é uma referência ao 'coração.' Se a maldade se torna um alimento, ela vai para o estômago e se torna como veneno de cobra – como isso é assustador.

Cobras são bastante assustadoras! Elas trazem morte. Espiritualmente, o veneno de cobras se refere à morte, e a cobra, que é uma serpente venenosa, é o mesmo que o inimigo – o diabo. Veneno também é algo amargo e sujo, e é mais forte que a cobra em si. O veneno da cobra traz morte, e o veneno de cobra se refere a uma maldade mais forte.

"E será como veneno de cobra em seu interior" significa que Jó tem uma maldade bastante forte e em grande quantidade. Zofar está dizendo que Jó é um homem muito mau.

Nesse momento, Zofar está aumentando a intensidade de sua agressão com seus sentimentos negativos. Dizer que alguém é como uma cobra venenosa é uma maneira realmente bem forte de dizer que a pessoa é mau. E uma vez que ele está usando a palavra 'veneno de cobra' é pior ainda. Logo, Jó deve ter ficado com muita raiva ao ouvir essas coisas.

O versículo 15 diz, " ele vomitará as riquezas que engoliu; Deus fará seu estômago lança-las fora." Zofar não disse isso porque entendia a vontade de Deus, mas porque tinha ouvido isso de seus antepassados, e o disse com sentimento de ódio.

Deus faz com que colhamos o que plantamos e nos retribui de acordo com o que fizemos. Se fizermos maldades, é óbvio que no fim colheremos maldade. Quando olhamos para a história do mundo, podemos ver que aqueles que fizeram o mal acabaram morrendo de maneiras miseráveis.

Esse é o princípio do mundo espiritual e das leis de Deus. Suponha que você tomou o caminho errado e de maldade para o seu próprio benefício. A outra pessoa é trapaceada por você e parece que tudo está a seu favor. Contudo, isso durará pouco, pois Deus vive e as coisas serão viradas de cabeça para baixo e no fim você derramará muitas lágrimas.

E a sua tristeza não terminará na terra, mas será eterna e você sofrerá para sempre no fogo.

O versículo 16 diz, "sugará veneno de cobra; as prezas de uma víbora o matarão." O que isso quer dizer? O veneno de cobra significa algo mal que traz a morte. 'Sugar veneno' significa que como Jó praticava o mal, ele enfrentaria as conseqüências.

"Não terá gosto na contemplação dos regatos e dos rios que vertem mel e nata. Terá que devolver aquilo pelo que lutou, sem aproveitá-lo, e não desfrutará dos lucros do seu comércio. Sim, pois ele tem oprimido os pobres e os tem deixado desamparados; apoderou-se de casas que não construiu" (20:17-19).

Lemos, "não terá gusto na contemplação dos regatos e dos rios que vertem mel e nata." Isso quer dizer que Jó perdeu toda a sua terra e tudo que lhe fornecia prosperidade, e que ele não mais conseguirá ver tais coisas.

É que na opinião de seus amigos, Jó estava completamente na miséria. Eles crêem que ele não conseguirá se levantar mais.

Algum de vocês, leitores, acha que foi completamente destruído e não tem forças para se erguer novamente assim como Jó? Isso não é fé, mas pensamento humano. Se Deus começar a trabalhar, as coisas podem mudar de uma vez só. Embora você tenha desmoronado, se você se arrepender, converter e agradar a Deus com a sua fé, você poderá se levantar nova e rapidamente. Será ainda mais bem sucedido do que antes.

O versículo 18 diz, "terá que devolver aquilo pelo que lutou, sem aproveita-lo." Isso significa que ainda que Jó tenha adquirido as coisas de uma forma justa, ele não conseguirá desfrutar delas, pois elas desaparecerão.

Assim, o versículo 19 nos conta porque as coisas aconteceram daquela forma. Foi porque Jó oprimiu e desamparou os pobres, e apoderou-se de casas que ele não havia construído. Na verdade, Jó nunca havia feito tais coisas, mas Zofar achava que sim, seguindo seus maus sentimentos.

Na história da humanidade, muitas autoridades como

presidentes ou ministros não se importaram com os pobres. Isso é o mesmo que os oprimir ou abandonar. Como essas autoridades só buscavam seus próprios benefícios, sua ação era o mesmo que tomar a casa das pessoas pobres.

Entretanto, como Jó não era o tipo de pessoa que Zofar achava que era, logo, Zofar estava criando algo que não era verdade. Temos de entender como sentimentos de ódio são inúteis e tolos. Quando alguém tem esses sentimentos, a pessoa comete grandes pecados e ainda fazem com que outros passam por momentos difíceis.

Quando nossas palavras são distorcidas por nossos sentimentos, temos de evita-las, pois elas transferirão sentimentos assim.

Brigas e discussões acontecem por causa de sentimentos maus, e é por isso que temos de nos despojar. A expressão desses sentimentos fazem com que a outra pessoa se aborreça, fique com raiva, ou faz com que a pessoa reclame da outra. Isso absolutamente não é certo segundo a verdade; e por isso temos de nos livrar de sentimentos negativos.

Quando oramos continua e fervorosamente, podemos habitar na graça e ser fortalecidos por Deus Pai e receber a ajuda do Espírito Santo. Dessa forma, somos capazes de nos livrar de nossos sentimentos maus. Se ofendermos os outros com nossos sentimentos negativos e expressar ódio em nossos relacionamentos com os outros, estaremos cometendo muitos tipos de pecados.

"Certo é que a sua cobiça não lhe trará descanso, e o seu tesouro não o salvará. Nada lhe restou para devorar; sua prosperidade não durará muito. Em meio à sua fartura, a aflição o dominará; a força total da desgraça o atingirá. **Quando ele estiver de estômago cheio, Deus dará vazão às tremendas chamas de sua ira, e sobre ele despejará o seu furor"** (20:20-23).

Aqui, 'ele' se refere ao homem mau, mas na verdade, Zofar está se referindo a Jó. Quando a cobiça entra no coração de uma pessoa, ela não se satisfaz com nada e só cresce cada vez mais. Quando a semente da fé brota, podemos mover montanhas, mas quando o desejo entra, ele concebe o pecado.

"Então esse desejo, tendo concebido, dá à luz o pecado, e o pecado, após ter se consumado, gera a morte" (Tiago 1:15). Quando uma pessoa tem desejo por dinheiro, fama, ou autoridade, ela não consegue se controlar e não consegue deixar de usar métodos injustos, cometendo pecados.

Se formos gananciosos, poderemos até criar esquemas para prejudicar trapacear os outros. Algumas pessoas não se importam com os meios que usam para implementar sua fama ou autoridade. Elas sacrificam muitos indivíduos e chegam até a envolver sangue para adquirirem o poder que desejam.

Zofar está olhando para Jó com olhos carnais, e por isso não pára de critica-lo. No entanto, Deus estava refinando Jó a fim de faze-lo ser um vaso melhor e abençoa-lo com maiores bênçãos. Não é verdade que Jó havia perdido tudo que tinha e seus filhos porque ela uma homem mau e não era grato por ter o que tinha.

O versículo 21 diz, "nada lhe restou para devorar; sua prosperidade não durará muito." Essas palavras são verdadeira. Zofar está dizendo o que havia ouvido de seus antecedentes.

Em outras palavras, quando a ganância é concebida, tudo pode parecer ir bem no princípio, mas depois todas as coisas são tomadas pelas pessoas e desaparecem de várias formas.

Na história do mundo, quando o líder de um país pensava

e agia com ganância, tudo, inclusive sua fama, autoridade e prosperidade desmoronava e desaparecia no fim.

Houve um presidente coreano que teria sido grandemente respeitado se tivesse seguido a lei adequadamente. Contudo, como a ganância entrou em seu coração, ele mudou a constituição e foi presidente duas vezes. Suas promessas não foram cumpridas, e ele elaborou um outro plano. Enfim, ele acabou enfrentando uma morte miserável.

O versículo 22 diz, "em meio à sua fartura, a aflição o dominará." O que isso significa?

Ser dominado pela aflição significa que a pessoa passará por coisas tristes e difíceis. A fartura virará desgraça, e assim, a prosperidade não durará muito e a aflição será inevitável. Isto é, a prosperidade de Jó não durou muito – tudo desmoronou e ele foi dominado pela aflição porque ele é mau.

O versículo 23 diz, "Quando ele estiver de estômago cheio, Deus dará vazão às tremendas chamas de sua ira, e sobre ele despejará o seu furor." Estar de estômago cheio é desfrutar de prosperidade e se sentir seguro por causa da abundância que se tem.

Por exemplo, um presidente executou muitas obras e no final de seu mandato escolheu não mais se candidatar, contudo, como ele fez tudo com maldade, a ira de Deus desceu sobre ele e assim as coisas que fez não ficaram em oculto, mas todos os seus bens foram confiscados.

Então, o que quer dizer 'Deus dará vazão às tremendas chamas de sua ira'? Quantas coisas se tornaram flechas que estão caindo sobre Jó? Como ele é mau, ele está rodeado por seus amigos e está sendo agredido.

"Se escapar da arma de ferro, o bronze da sua flecha o atravessará. Ele a arrancará das suas costas, a ponta reluzente saindo do seu fígado. Grande pavor virá sobre ele; densas trevas estarão à espera dos seus tesouros. Um fogo não assoprado o consumirá e devorará o que sobrar em sua tenda" (20:24-26).

Vemos, "se escapar da arma de ferro, o bronze da sua flecha o atravessará." Isso pode ser explicado em dois aspectos.

O primeiro significa o seguinte: "Jó! Você está tentando evitar o conselho de seus amigos, e assim não há outra saída para nós senão lhe aconselhar com palavras tão fortes. Mesmo que não aceite o nosso conselho, o bronze da sua flecha está esperando por você."

O outro significa que quando uma arma de ferro é usada, você pode bloquear-se para que ela não lhe atinja, mas a flecha é rápida, e é difícil de se proteger dela. Isso quer dizer que o bronze da flecha é mais temível e causa mais dor que uma arma de ferro.

O versículo 25 diz, "Ele a arrancará das suas costas, a ponta reluzente saindo do seu fígado. Grande pavor virá sobre ele."

Quando uma flecha fica presa no corpo de uma pessoa, ela sente uma dor insuportável, mas quando ela é arrancada, a dor vai geralmente passa, mas o versículo diz que pavor vem sobre a pessoa.

Esse versículo não é fácil de entender se tentarmos interpreta-lo literalmente. Por exemplo, um homem é trapaceado e perde seu dinheiro. Fica com tanta raiva e não agüenta a situação. Suponha que esse homem então mate a pessoa que o trapaceou.

Ele matou a pessoa seguindo seu desejo, mas quando vê aquela pessoa morta, o pavor vem sobre ele e ele pensa, "tornei-me um assassino." Quando tudo está acabado, ele tem medo e fica aterrorizado. Arrepende-se do que fez.

"Jó! Depois que a flecha for arrancada você sentirá grande dor e terror."

Zofar está intimidando Jó para faze-lo ficar com medo. Nós não devemos fazer isso a fim de causar dor e terror em outras pessoas.

Logo, no fim do Livro de Jó, a ira de Deus cai sobre os três amigos e através da intercessão de Jó eles são perdoados.

O versículo 26 diz, "densas trevas estarão à espera dos seus tesouros. Um fogo não assoprado o consumirá e devorará o que sobrar em sua tenda."

Em geral, Zofar tinha inveja das grandes posses de Jó. É por isso que ele está dizendo a Jó que por causa de sua ganância ele havia acumulado riquezas como um homem mau, densas trevas vieram sobre ele, e ele não podia mais se mover. Assim, ele teria de ser confinado ou perambular pela terra.

É como dizer, "Jó, os desastres estão acontecendo com você porque você é mau. Deus virou as costas para você e Satanás está trabalhando em sua vida. Portanto, não foi nenhum homem que fez com que você estivesse passando por tudo isso, e não há outra saída para você a não ser perecer."

Em densas trevas, não podemos interagir com ninguém nem nos movermos livremente; ficamos presos ou no máximo ficamos tentando tatear as coisas. Fama, autoridade e dinheiro se vão porque os corações das pessoas nos abandonam.

"Os céus revelarão a sua culpa; a terra se levantará contra ele. Uma inundação arrastará a sua casa, águas avassaladoras, no dia da ira de Deus. Esse é o destino que Deus dá aos ímpios, é a herança designada por Deus para eles" (20:27-29).

Zofar está dizendo que como Deus revela a iniqüidade de Jó, todos os seus caminhos são exterminados. Se o céu não perdoa, tudo na vida não tem sentido. Portanto, sua casa, posses, e tudo em sua vida desaparecerá.

A terra pode prover todas as bênçãos materiais ao homem durante sua vida, e Zofar está dizendo que mesmo todas essas coisas desaparecerão. Ele diz que tudo que Jó está passando é a herança designada por Deus para os ímpios – que Jó obviamente está recebendo.

Entretanto, temos de saber que Deus não pré-destinou todas s coisas que aconteceriam com Jó como Zofar diz. Deus colocou princípios nesse mundo que definem o que acontecerá se agirmos de uma forma ou de outra.

O Deus Soberano sabe de todas as coisas do futuro e é um Deus que já sabe e já planejou uma justiça perfeita. Ele estabeleceu os princípios e os limites, mas Ele não toma decisões do nada.

Ele já estabeleceu o plano da salvação através da lei, e portanto, se seremos ou não salvos só depende de nós mesmos, de nosso livre arbítrio.

Se Deus pré-destinasse o nosso destino, Ele não poderia nem precisaria nos julgar.

O Autor:

Dr. Jaerock Lee

Dr. Jaerock Lee nasceu em Muan, Província Jeolla Sul, República da Coréia do Sul, em 1943. Aos vinte anos, Dr. Lee sofria de várias doenças incuráveis. Por sete anos seguidos esperou a morte sem esperança de recuperação. Um dia, durante a primavera de 1974, foi levado por sua irmã a uma Igreja e, quando se ajoelhou para orar, o Deus vivo imediatamente o curou de todas as enfermidades.

No momento em que Dr. Lee conheceu o Deus vivo através daquela incrível experiência, ele amou a Deus com todo o seu coração e sinceridade e, em 1978, foi chamado para ser servo de Deus. Ele orava tão fervorosamente que podia entender claramente a vontade de Deus e cumpri-la totalmente. Ele obedeceu à Palavra de Deus. Em 1982, fundou a Igreja Manmin Joong-ang, em Seul, Coréia do Sul. Inúmeras obras, incluindo curas milagrosas e maravilhas, tomaram lugar naquela Igreja.

Em 1986, Dr. Lee foi consagrado pastor na Assembléia Anual da Igreja Sungkyul e, quatro anos depois, em 1990, seus sermões foram transmitidos para Austrália, Estados Unidos, Rússia, Filipinas e muitos outros locais ao longo da Companhia de Transmissão do Extremo Oriente, a Estação de Transmissão Asiática e o Sistema de Rádio Cristão de Washington.

Três anos depois, em 1993, a Igreja Central Manmin Joong-ang foi escolhida uma das "Cinqüenta maiores Igrejas do Mundo" pela revista *Christian World* e o Dr. Lee recebeu o Doutorado Honorário em Divindade pela Escola da Fé Cristã, na Flórida, Estados Unidos. Em 1996, tornou-se P.H.D em Ministério pelo Seminário Teológico de

Kingsway, em Iowa, nos Estados Unidos.

Desde 1993 Dr. Lee tem liderado a evangelização mundial através de muitas cruzadas internacionais na Tanzânia, Argentina, Los Angeles, Baltimore City, Havaí, Nova Iorque, Uganda, Japão, Paquistão, Quênia, Filipinas, Honduras, Índia, Rússia, Alemanha, Peru, República Democrática do Congo, Israel, e Estônia.

Em 2002, foi chamado de "pastor internacional" pelos maiores jornais cristãos da Coréia, por seu trabalho nessas cruzadas. Em especial, sua 'Cruzada de Nova Iorque 2006' realizada na Madison Square Garden, arena mais famosa do mundo, foi transmitida a 220 nações; e em sua 'Cruzada Unida de Israel 2009' realizada no Centro Internacional de Convenções em Jerusalém, ele proclamou corajosamente que Jesus Cristo é o Messias e o Salvador. Seu sermão é transmitido a 176 nações via satélites incluindo a GCN TV, e ele foi listado como um dos 10 Líderes Cristãos Mais Influentes de 2009 e 2010 pela popular revista russa *In Victory* e pelo *Christian Telegraph* por seu poderoso ministério de transmissão televisiva e de pastoreamento internacional.

Conforme dados de março de 2016, a Igreja Central Manmin tem uma congregação de mais de 120.000 membros. São 10,000 congregações e 56 congregações domésticas espalhadas pelo país e pelo mundo. Até hoje, mais de 102 missionários já foram enviados a 23 países, incluindo os Estados Unidos, Rússia, Alemanha, Canadá, Japão, China, França, Índia, Quênia e muitos outros.

Até hoje, Dr. Lee já escreveu 100 livros, incluindo os Best Sellers *Experimentando a Vida Eterna antes da Morte; Minha Fé Minha Vida I & II; A Mensagem da Cruz; A Medida da Fé; Céu I & II; Inferno* e *O Poder de Deus*. Suas obras foram traduzidas para mais de 76 línguas.

Suas colunas cristãs estão nos jornais *The Hankook Ilbo, The JoongAng Daily, The Dong-A Ilbo, The Chosun Ilbo, The Seoul Shinmun, The Kyunghyang Shinmun, The Korea Economic Daily, The Korea Herald, The Shisa News*, e *The Christian Press*.

O Dr. Lee é atualmente líder de várias organizações missionárias e associações: diretor na The United Holiness Church of Jesus Christ, Presidente Vitalício da Assosição Missão Mundial de Avivamento do Cristianismo; Presidente e Fundador da Rede Global Cristã (GCN), Fundador e Membro da Diretoria da Rede Mundial de Médicos Cristãos (WCDN); e Fundador e Membro da Diretoria do Seminário Internacional de Manmin (MIS).

Outras obras poderosas do autor

Céu I & II

Um esboço detalhado dos ambientes maravilhosos que os cidadãos do céu desfrutam e a linda descrição dos diferentes níveis dos reinos dos céus.

Minha Fé Minha Vida I & II

A autobiografia do Dr. Jaerock Lee exala o mais fragrante aroma espiritual para seus leitores através de sua vida extraída do amor de Deus florescido em meio a ondas fortes, um jugo pesado, e profundo desespero.

A Mensagem da Cruz

Uma poderosa mensagem para despertar todas as pessoas que estão dormindo espiritualmente. Nesse livro podemos ver porque Jesus é o único Salvador e encontrar o verdadeiro amor de Deus.

A Medida da Fé

Que tipo de lar celestial, coroa e recompensa estão preparados para você no céu? Esse livro fornece, com sabedoria, meios para você medir sua fé e cultivá-la de modo a torná-la melhor e mais madura.

Inferno

Uma mensagem profunda de Deus, que não deseja que nem uma alma sequer vá para as proofundezas do inferno, a toda a humanidade! Você descobrirá coisas nunca antes reveladas sobre a cruel realidade do Ades e do Inferno.

www.urimbooks.com

www.ingramcontent.com/pod-product-compliance
Lightning Source LLC
LaVergne TN
LVHW011943060526
838201LV00061B/4194